A GRANDE UPANISHAD da FLORESTA

(Brhâdaranyâka Upanishad)

Carlos Alberto Tinoco
(Padma Sherab)

A GRANDE UPANISHAD da FLORESTA

(*Brhâdaranyâka Upanishad*)

MADRAS

© 2013, Madras Editora Ltda.

Editor:
Wagner Veneziani Costa

Produção e Capa:
Equipe Técnica Madras

Revisão:
Arlete Genari
Jerônimo Feitosa
Francisco Jean Siqueira Diniz

Dados Internacionais de Catalogação na Publicação (CIP)
(Câmara Brasileira do Livro, SP, Brasil)

Tinoco, Carlos Alberto
A grande Upanishad da floresta: (Brhadaranyaka Upanishad)/Carlos Alberto Tinoco (Padma Sherab). – São Paulo: Madras, 2013.

Bibliografia

ISBN 978-85-370-0857-7

1. Ioga 2. Upanishads I. Título.

13-05613   CDD-294.59218

Índices para catálogo sistemático:
1. Upanishads: Tradição filosófica da antiga sabedoria dos Vêdas: Hinduísmo: Origem: Cristianismo 294.59218

É proibida a reprodução total ou parcial desta obra, de qualquer forma ou por qualquer meio eletrônico, mecânico, inclusive por meio de processos xerográficos, incluindo ainda o uso da internet, sem a permissão expressa da MADRAS Editora, na pessoa de seu editor (Lei nº 9. 610, de 19. 2. 98).

Todos os direitos desta edição reservados pela

MADRAS EDITORA LTDA.
Rua Paulo Gonçalves, 88 — Santana
CEP: 02403-020 — São Paulo/SP
Caixa Postal: 12183 — CEP: 02013-970
Tel. : (11) 2281-5555 — Fax: (11) 2959-3090
www. madras. com. br

Dedicatória

Ao meu saudoso pai, a quem aprendi a amar, depois que partiu, dedico este livro.

Índice

Prefácio 11
Apresentação 13

Capítulo I
As Upanishads 17

Capítulo II
As Filosofias da Índia 27
    Pensamento ortodoxo 28
    Escolas inortodoxas 39

Capítulo III
Brhâdaranyaka Upanishad: Plano de Estudo 43

Capítulo IV
Brhâdaranyaka Upanishad 45
Introdução de Shankaracharya 47
Primeiro Livro: *Madhu-Kândha* 57
    Primeiro *Adhyâya* 58
        Primeiro *Brâhmana* 58
        Segundo *Brâhmana* 61
        Terceiro *Brâhmana* 64
        Quarto *Brâhmana* 75
        Quinto *Brâhmana* 89
        Sexto *Brâhmana* 101
    Segundo *Adhyâya* 103
        Primeiro *Brâhmana* 103

- Segundo *Brâhmana* 110
- Terceiro *Brâhmana* 112
- Quarto *Brâhmana* 115
- Quinto *Brâhmana* 121

Segundo Livro: *Yâjñavalkya* 131
- Terceiro Adhyâna 131
  - Primeiro *Brâhmana* 131
  - Segundo *Brâhmana* 132
  - Terceiro *Brâhmana* 137
  - Quarto *Brâhmana* 141
  - Quinto *Brâhmana* 142
  - Sexto *Brâhmana* 143
  - Sétimo *Brâhmana* 144
  - Oitavo *Brâhmana* 145
  - Nono *Brâhmana* 150
  - Décimo *Brâhmana* 154
- Quarto *Adhyâna* 166
  - Primeiro *Brâhmana* 166
  - Segundo *Brâhmana* 171
  - Terceiro *Brâhmana* 175
  - Quarto *Brâhmana* 189
  - Quinto *Brâhmana* 201
  - Sexto *Brâhmana* 205

Terceiro Livro: *Khilakânda* 207
- Quinto *Adhyâna* 207
  - Primeiro *Brâhamana* 207
  - Segundo *Brâhamana* 208
  - Terceiro *Brâhamana* 209
  - Quarto *Brâhamana* 210
  - Quinto *Brâhamana* 210
  - Sexto *Brâhamana* 212
  - Sétimo *Brâhamana* 213
  - Oitavo *Brâhamana* 213
  - Nono *Brâhamana* 214
  - Décimo *Brâhamana* 214
  - Décimo primeiro *Brâhamana* 215
  - Décimo segundo *Brâhamana* 215
  - Décimo terceiro *Brâhamana* 216
  - Décimo quarto *Brâhamana* 217

    Décimo quinto *Brâhamana* 222
  Sexto *Adhyâna* 223
    Primeiro *Brâhamana* 223
    Segundo *Brâhamana* 228
    Terceiro *Brâhamana* 236
    Quarto *Brâhamana* 241
    Quinto *Brâhamana* 249
Bibliografia.. 251

Prefácio

É com uma sempre renovada satisfação que prefacio, a convite, as obras de Carlos Alberto Tinoco. Este autor tem dado contribuições relevantes ao leitor brasileiro sobre o pensamento religioso indiano tradicional, especialmente no que tange ao Yoga enquanto um conjunto multifacetado de tradições espirituais orientadas à libertação espiritual do ser humano (*Moksha*). Uma de suas contribuições mais relevantes tem sido a oferta de traduções para o português das *Upanishads*, com estudos sistemáticos e comentários clássicos agregados de importantes filósofos indianos, como Shankarachárya.

As *Upanishads*, como bem tem revelado o autor em suas obras sobre o tema, constituem a mais elevada etapa de especulação metafísica do Hinduísmo, somente igualada, para alguns autores, pelos *Tantras* medievais e modernos, que de certo modo retomam as teses espirituais das *Upanishads*, mas adaptando-as a uma linguagem e uma prática religiosa mais acessível à contemporaneidade. Ideias como a igualdade entre a Consciência-Testemunha percebida pelo indivíduo (*Atmân*) e o Absoluto Universal (*Brahmân*), a simultaneidade entre transcendência e imanência do Absoluto, a possibilidade de entrar em contato com esse Absoluto por meio da absorção meditativa profunda (*Raja-Yoga*), ou de uma Gnose especial pautada pela sabedoria extra-humana (*Jñana--Yoga*) ou de uma prática devocional intensa e contínua (*Bhakti-Yoga*), foram gestadas nos *Vedas* e progressivamente cada vez mais explicitadas nas *Upanishads*, nas Epopeias (*Mahabharata* e *Ramayana*), nos relatos mitológicos (*Puranas*), em alguns aforismos temáticos (*Sutras*) e nos manuais de ritos e práticas místico-devocionais inspirados no pensamento tântrico (*Ágamas* e *Tantras*).

Especialmente no que diz respeito às *Upanishads Brhadaranyaka e Chandogya*, o leitor há de perceber uma mixagem de ideias e simbolismos ancestrais profundamente vinculados à cosmogonia *védica* (veja-se os casos do sacrifício do cavalo – *Ashvamedha* – e da criação do mundo e do homem – *Viráj*, narradas na *Brhadaranyaka*), com elementos de prática do Yoga e com o reforço das ideias *upanishádicas* gerais (igualdade entre *Atmân* e *Brahmân*, etc.).

Nunca é demais lembrar que a compreensão de textos como esses exige do leitor o cultivo de uma atitude interior de genuína humildade, de renúncia a fazer analogias com ideias derivadas de outras tradições espirituais e de se despir do contexto cultural contemporâneo, de recorte ocidentalizado, materialista e excessivamente racionalista. Com tais atitudes, certamente o leitor poderá perceber o convite interno dessa Sabedoria imortal, desenvolvida na Índia ancestral, mas patrimônio de toda a humanidade.

Que a Sabedoria que transcende o mundo faça recair muitas bênçãos para Carlos Alberto Tinoco e seus leitores!

Namastê!

Aristides da Rocha Oliveira Junior

Apresentação

As *Upanishads** são consideradas como um tipo de literatura sagrada da Índia que contém a mais elevada sabedoria dos *Vêdas*. Foram escritas em linguagem velada, obscura e, muitas vezes, confusa. Por que isto? Será que os seus autores anônimos eram pouco versados no idioma sânscrito? Ou será que escreveram assim, porque pretendiam ocultar dos incautos leitores um tipo de conhecimento exotérico, um conhecimento espiritual que deveria ser mantido em segredo? A resposta, ao que tudo indica, é esta última. Assim, as *Upanishads* contêm a chave para se acessar o aspecto mais profundo do ser humano, aquilo que os antigos sábios da Índia chamaram de *Âtman*.

Em 1996, publiquei pela editora Ibrasa nove *Upanishads* do grupo das principais, incluido os comentários de *Shankaracharya,* além dos meus. Essas *Upanishads* são as seguintes:

- *Isha*
- *Kena*
- *Katha*
- *Prasna*
- *Mundaka*
- *Mandukya*
- *Taittiriya*
- *Aitareiya*
- *Svetasvatara*

---

*As palavras sânscritas ou derivadas desse idioma foram geralmente grafadas em itálico.

Em 2005, publiquei pela Madras Editora um livro intitulado *As Upanishads do Yoga*, contendo oito desses textos, desta vez, todos dedicados ao Yoga.

A palavra *Upanishad* é de origem sânscrita, cuja etimologia significa (upa + ni + shad) sentar-se com humildade, em plano inferior, para ouvir. Trata-se de uma alusão ao fato do discípulo sentar-se aos pés do mestre, com humildade, para ouvir.

A palavra *Upanishad* é do gênero feminino. Não se deve dizer "os *Upanishad*s, e sim "as *Upanishad*s".

As *Upanishad*s são consideradas pela tradição hindu como a mais profunda essência da tradição filosófica da antiga sabedoria dos *Vêdas*. Elas são a chave de acesso ao aspecto mais profundo do ser humano, aquilo que os *rishis* ou antigos sábios da Índia chamaram de *Âtman*. O *Âtman* é a essência de tudo, está em tudo e não apenas no ser humano. São textos de difícil compreensão que procuram expressar, com palavras, aquilo que está além das palavras, além do pensamento racional. Então, esse "aquilo" não pode ser compreendido, não pode ser percebido? Certamente que sim, pois muitos outros o perceberam. Por meio de um mestre ou guru que já o conheça, tal conhecimento pode ser alcançado. Ou por meio de uma prece, de um ritual, do silêncio ou da prática do Yoga. É um mistério profundo, os ensinamentos contidos nas *Upanishad*s. Elas devem ser lidas em círculos fechados, onde o guru as explica de forma clara, não em público. O estilo em que foram escritas as *Upanishad*s é velado, aparentemente confuso, pois os seus autores anônimos assim o fizeram, com o propósito de ocultar dos incautos e menos preparados, os profundos conhecimentos nelas contidas.

As *Upanishads* devem ser lidas com profundo respeito, sobretudo, com humildade. Deve-se procurar compreendê-las, não com a razão, mas com a intuição.

O filósofo Arthur Schopenhauer (1) assim se refere às *Upanishads:*

> "Cada linha mostra a sua firmeza! Definitiva e completamente harmoniosa em seu sentido!
> Transcendem de cada senteça pensamentos profundos, originais, sublimes. Do conjunto emana um elevado, santo e ardente espírito! Em todo o mundo não há um estudo, exceto o que se fizer nos originais, tão benéfico e elevado como o das *Upaishads*. Têm sido o consolo da minha vida, e serão o consolo da minha morte!

> "... a *Upanishad* é o fruto da mais elevada sabedoria humana".

Quantas são as *Upanishads?* Sobre esta pergunta, as opiniões são diferentes. *Radhakrishnam* (2), falecido ex-vice presidente da Índia, limita-as em 108, como sendo as mais fiéis e originais à antiga *tradição vêdica*. Já Louis Renou eleva essa quantia para 300, incluindo os textos *pós-vêdicos* e alguns recentes.

Os textos da literatura *vêdica* são os seguintes:

- Hinos ou *Samhitâs;*
- *Brâhmanas*-manuais de orientação aos sacerdotes, sobre como proceder nos rituais;
- *Aranyakas* (livros da floresta) são textos mais ou menos especulativos ou filosóficos;
- *Upanishads* são textos especulativos e filosóficos sobre a natureza do ser humano e da sua identidade com o Absoluto *Brahmân,* dentre outras coisas;
- *Sutras* são textos quase sempre pequenos que versam sobre diversos assuntos, tais como: leis, astronomia, astrologia, arquitetura, Yoga, etc.;
- *Itihasas,* onde se encontram os poemas *Mahabharata* e *Ramayana,* além dos *Puranas;*
- *Tantras* são textos recentes escritos após o século VI d.C. Dentre eles se distinguem os *shivaístas* (coletâneas), os *vishnuístas (agamas)* e os *tantras* propriamente ditos.

Toda a literatura *vêdica* está subdividida nos seguintes ramos:
- *Rig-Vêda;*
- *Sâma-Vêda;*
- *Atharva-Vêda;*
- *Yajur-Vêda,* negro e branco.

Assim, existem *Samhitâs, Brâhmmas, Aranyakas, Upanishads,* etc., pertencentes a cada ramo do *Vêda.*

Visando dar credibilidade aos textos que escreveram, muitos místicos e charlatães indianos, ao longo da história, chamaram seus textos de *Upanishads.* A *Allah Upanishad,* por exemplo, foi redigida no século XVI d.C., durante o reinado do imperador mulçumano Akbar. Essa tentativa de tomar emprestado o termo sânscrito *Upanishad* para intitular sua obra foi um escamoteamento empregado pelo autor visando dar-lhe autoridade.

* * *

De acordo com o Código de *Manú* (3), o *Sûtra* conhecido por *Manarva Dharma Sastra,* o Supremo Senhor gerou as seguintes castas:

- *Brâhmanes* ou sacerdotes, criados da boca do Senhor;
- *Kshâtryas* ou guerreiros, criados dos braços do Senhor;
- *Vaishyas* ou comerciantes, criados das coxas do Senhor;
- *Shudras* ou serventes, criados dos pés do Senhor.

As castas são o flagelo da Índia. Ninguém conseguiu extingui-las. Apesar da pós-modernidade ter entrado na Índia, com o poder do capitalismo, as castas ainda existem.

Carlos Alberto Tinoco
(Yogatatva@yahoo.com.br)
(www.carlostinoco.blogspot.com)

Nota do Editor

A Madras Editora não participa, endossa ou tem qualquer autoridade ou responsabilidade no que diz respeito a transações particulares de negócio entre o autor e o público.

Quaisquer referências de internet contidas neste trabalho são as atuais, no momento de sua publicação, mas o editor não pode garantir que a localização específica será mantida.

BIBLIOGRAFIA

1. SHOPENHAUER, Arthur, 1877. *Parerga und Paraliponema*, vol. V-VI, In: Saemmtliche Werke, Leipzig, Brodhaus, 2ª edição, p. 428.
2. RADHAKRISHNAN, S., 1953. *The principal Upanishads.* New York: Humanities Paperback Library.
3. DONINGER, Wedinger; SMITH, Brian K., 1991. *The Laws of Manu.* London: Peguin Books, p. 6-7.

CAPÍTULO I

As Upanishads

"Não percebi, a princípio, o momento em que transpus o limiar desta vida. Que força foi essa que me fez despontar neste mistério, como um botão de flor numa floresta à meia-noite?

Quando, pela manhã, olhei para a luz senti logo que eu não era um estrangeiro neste mundo; que o Insondável, que não tem nome nem forma, me tomara em seus braços sob a forma de minha mãe".

(*TAGORE, Rabindranath. 1948. Gitanjali.* Rio Janeiro: José Olympio, 4ª edição, poema 95, p. 110-111)

N. S. Subrahmanian (1) escreveu, surpreendentemente, que foram escritas um total de 1.180 *Upanishads*, todas fiéis à tradição *vêdica*, de acordo com o seguinte esquema:

Ramo do *vêda*	Número de *Upanishads*
Rig-Vêda	21
Yajur-Vêda	109
Sâma-Vêda	1.000
Atharva-Vêda	50
Total de *Upanishads*	1.180

Diz ainda *Subrahmanian* que a maioria desses textos foi perdida ao longo do tempo, restando apenas 108. Esses 108 textos, referidos pela *Muktika Upanishad, Subrahmanian* os divide nos seguintes grupos:

Grupos	Número da Ordem	Ramo do *Vêda*	Nome da *Upanishad*
1 – As dez mais importantes	1	YB	*Isha*
	2	S	*Kena*
	3	YN	*Katha*
	4	A	*Prasna*
	5	A	*Mudaka*
	6	A	*Mandukya*
	7	YN	*Taittiriya*
	8	R	*Aitareya*
	9	S	*Chandogya*
	10	YB	*Brhrâdaranyaka*
2 – *Samanya Vedanta*	11	YN	*Svatasvatara*
	12	YN	*Akshy*
	13	A	*Atmopanishad*
	14	R	*Âtman-Bodha*

	15	YB	*Adhyatman*
	16	A	*Anapurna*
	17	YN	*Suka-Rahasya*
	18	YN	*Skanda*
	19	YN	*Sarva-Sara*
	20	YN	*Sariraka*
	21	YN	*Garbha*
	22	S	*Vajra-Suci*
	23	S	*Savitri*
	24	YN	*Ekaksara*
	25	YB	*Subala*
	26	R	*Madgala*
	27	A	*Surya*
	28	S	*Maitrayani*
	29	YB	*Mantrika*
	30	YB	*Mukti*
	31	S	*Mahopanishad*
	32	YB	*Niralamba*
	33	YB	*Prasnagni*
	34	R	*Kaushitaki Brahmana*
	35	YB	*Paingala*
3 – *Shaiva Upaishads*	36	A	*Atharva-Shika*
	37	A	*Ganapati*
	38	YN	*Dakshinamurti*
	39	YN	*Panca-Brahma*
	40	A	*Brhajabal*
	41	A	*Atharva-Shira*
	42	A	*Brasma-Jabala*
	43	YN	*Kalagni-Rudra*
	44	S	*Jabali*
	45	R	*Aksha-Malika*
	46	S	*Rudraksha-Malika*
	47	YN	*Rudra-Hrdaya*
	48	A	*Sharabha*
	49	YN	*Kaivalya*

4 – Shakta Upanishads	50	A	Tripura-Tapini
	51	R	Tripura
	52	YN	Sarasvati-Rahasya
	53	R	Saubhagya-Laksmi
	54	A	Bhavana
	55	R	Bhav-Rica
	56	A	Devi
	57	A	Sita
5 – Vaishnava Upanishads	58	YB	Tara-Sara
	59	S	Avyakta
	60	YN	Narayana
	61	A	Krishna
	62	YN	Kali-Samtarana
	63	S	Vasudeva
	64	A	Dattatreya
	65	A	Hayagriva
	66	A	Garuda
	67	A	Gopala-Tapini
	68	A	Tripad-Vibhuti
	69	A	Rama-Rahasya
	70	A	Rama-Tapini
	71	A	Nrishimba-Tapini

6 – *Yoga Upanishads*	72	S	*Yoga-Chudamani*
	73	A	*Maha-Vakya*
	74	YN	*Dhyana-Bindu*
	75	R	*Nada-Bindu*
	76	YB	*Advaya-Taraka*
	77	YB	*Mandala-Brahmana*
	78	YN	*Brahma-Vidya*
	79	N	*Tri-Shika-Brahmana*
	80	YN	*Amrita-Bindu*
	81	YN	*Amrita-Nada*
	82	YN	*Kshurikâ*
	83	S	*Darshana*
	84	A	*Pashupata-Brahmana*
	85	YN	*Yoga-Kundalini*
	86	YN	*Yoga-Shika*
	87	YN	*Yoga-Tattva*
	88	YN	*Tejo-Bindu*
	89	YN	*Varaha*
	90	YB	*Hamsa*
	91	A	*Shandilya*
7 – *Samnyasa Upanishads*	92	S	*Maitreya*

93	A	*Parabrahma*
94	YN	*Brahma*
95	YB	*Bikshuka*
96	YB	*Parama-Hamsa*
97	S	*Aruni*
98	YB	*Turiyatita-Avadhuta*
99	YN	*Avadhuta*
100	YB	*Jabala*
101	YB	*Yajnavalkya*
102	YB	*Satyayani*
103	S	*Kundike*
104	R	*Nirvana*
105	A	*Parama-Hamsa-Parivrajaka*
106	S	*Samnyasa*
107	YN	*Katha-Rudra*
108	A	*Narada-Parivrajaka*

R = *Rig-Vêda;* A = *Atharva-Vêda;* S = *Sâma-Vêda;* YB = *Yajur-Vêda* Branco; YN =*Yajur-Vêda* Negro

Em que data teriam sido escritas as *Upanishads?* Esta pergunta é difícil de ser respondida. A datação de textos indianos é um assunto muito controvertido. Na Índia, os antigos *rishis,* ou antigos autores anônimos dos textos do Hinduísmo, não se preocuparam em datar nem assinar os mesmos, com raras exceções. Pensaram que, por estarem escrevendo em estados modificados de consciência, os textos não tinham autores nem data. Eram intemporais e sem autores.

Entretanto, atualmente já é possível datar, com certo grau de certeza, vários textos *vêdicos*. Mircea Eliade, conhecido historiador das religiões, estabeleceu uma divisão quanto às *Upanishads*. Segundo ele, esses textos podem ser divididos em "antigas", "médias" e "recentes". As antigas, seriam as *Upanishads Brhâdaranyaka, Chandogya, Aitareya, Taittiirya* e *Kaushitaki*, escritas em prosa, provavelmente entre 1000 e 500 a.C. As médias mais importantes seriam *Katha, Prasna, Maitri, Mandukya, Mundaka e Svetasvatara,* escritas provavelmente entre 500 e 200 a.C. Algumas delas foram escritas em verso, outras em prosa e outras ainda em prosa clássica. A *Katha,* por exemplo, foi escrita em forma de diálogo, fazendo lembrar Platão. As recentes teriam sido escritas após 200 d.C.

As antigas *Upanishads* e os ensinamentos de Buddha teriam se desenvolvido paralelamente. Não ocorreram mútuas influências, embora o Budismo tenha nascido do Hinduísmo. Diz-se que o Budismo representou uma reforma no Hinduísmo. Das 108 *Upanishads* citadas anteriormente, 20 teriam sido escritas antes de Buddha.

Como as *Upanishads* entraram no Ocidente? Em seguida, veremos a resposta.

Em 1641, quando a Índia estava sob o domínio muçulmano, o príncipe Mohammed Dara Shakor, filho do imperador mogul Shah Jahan, um mulçumano de espírito aberto e que seguia o misticismo dos sufis, interessou-se pelas *Upanishads* e pediu aos seus sábios que traduzissem do sânscrito para o persa – idioma falado pelos muçulmanos – 50 *Upanishads* dentre aquelas mais recomendadas pelos sábios hindus. A tradução deve ter sido um trabalho coletivo, feito com a ajuda dos *Pandits* (eruditos em sânscrito) e foi terminada em 1657. Em 1775, Le Gentil, residente em Faizabad, presenteou um exemplar desse manuscrito a Anquentil Duperron. Em1801-1802, Duperron traduziu esses 50 textos do persa para o latim, introduzindo-os na Europa. A coleção ficou conhecida por *Oupnek'hat*. Foi esse o texto lido e muito elogiado por Arthur Schopenhauer. Segundo Paul Deussen (DEUSSEN, Paul, *The philosophy of the Upanishads*, 1979) a tradução da coleção *Oupnek'hat* para o latim é difícil de ser lida, e Schopenhauer necessitou de um verdadeiro *insight* para perceber o núcleo principal ou a essência do texto latino. Criticando a tradução latina de Duperon, Deussen, no livro citado, compara a essência oculta do texto a um caroço envolto em repelente casca. A tradução *Oupnek'hat* exerceu também forte influência na filosofia de Nietzsche, além da de Schopenhauer.

Segundo Paul Deussen (IDEM, **Idem**), a forma como foram escritas as *Upanishads* antigas foi a seguinte:

1 – Prosa antiga:
- *Brahâdaranyaka;*
- *Chandogya;*
- *Taittiriya;*
- *Aitareya;*
- *Kena.*

2 – Verso:
- *Katha* (ou *Kathaka*);
- *Isha;*
- *Svatasvatara;*
- *Mundaka;*
- *Mahanarayana.*

3 – Prosa posterior ou clássica:
- *Prasna;*
- *Maitrayani;*
- *Mandukya.*

Este último grupo, ou forma de composição, representou um retorno à prosa, porém, marcadamente diferente em relação ao primeiro grupo. Nesse grupo, a linguagem usada não era a forma arcaica. Isto se nota especialmente na *Maitrayani*. O estilo sugere a prosa do sânscrito antigo, porém diferente.

Deve ser destacado que o sábio *vedantino* Adi Shankaracharya escreveu comentários valiosos às *Upanishads* antigas, devendo-se destacar os seus comentários feitos às *Upanishads* do grupo das mais importantes ou principais.

Shankaracharya ensinava que:
- o Ser é único, sem segundo e radicalmente simples;
- o *Âtman* também é simples e é esse Ser;
- *Brahmân* é esse *Âtman* e esse Ser.

A natureza do Ser é *Sat – Chit – Ananda*, ou seja, uma "Consciência que Dura Eternamente e é Cheia de Bem-Aventurança". Pela simplicidade e inalterável identidade, a essência do Ser é espírito. Caso contrário, Ele seria mutável, divisível, mortal.

O pensamento de *Shankaracharya* lembra a ontologia de Parmênides. O que é o Ser? É Unidade Absoluta, identidade fundamental de causa e efeito. Ele não nasce, não evolui porque já está pronto e acabado, nem morre.

Shankaracharya, ou simplesmente *Shankara*, foi o idealizador dos mosteiros ou da ordem dos *swamis*. Teria vivido entre 788 e 820 d.C., na região de *Malabar*, no sul da **Índia**. Lendas atribuem que ele é uma reencarnação do deus *Shiva*. Aos 8 anos de idade, já era um *samnyasin*.

Escreveu comentários ou introduções às *Upanishads*, aos 16 anos. Nos 16 anos restantes da sua vida, praticou o *Vedanta* monista ou *Advaita Vedanta*, mantendo longas discussões com sábios, sobretudo budistas, convertendo-os, após longas polêmicas.

Vale lembrar que *Shankara* viveu e escreveu em plena Idade Média indiana. Seus escritos refletem aquele momento histórico, um período muito conturbado da **Índia**, invadida por povos bárbaros, com suas religiões exóticas. O estilo de *Shankara* é algumas vezes confuso e de difícil entendimento. Seus textos refletem uma metafísica complexa, em que o uso da lógica está presente.

Citando o autor deste livro (TINOCO, C.A., 1996. *As Upanishads*):

"A negação do mundo ou a negação da realidade externa, o descaso para com a organização da produção, a ênfase no desprezo pelo trabalho, a renúncia aos objetos do desejo, conforme se percebe no pensamento de *Shankara*, tornou-se o projeto social do Hinduísmo, o objetivo de vida dos indianos. Além disso, a questão das castas e o confronto cultural com o Ocidente materialista levaram a economia indiana ao caos".

O leitor interessado na leitura desses comentários deve procurar ler o livro do autor, intitulado *As Upanishads* (TINOCO, C. A., 1996).

BIBLIOGRAFIA

1. SUBRAHMANIAN, N. S., 1985. *The encyclopaedia of Upanishds*. New Delhi: Sterling Publishers Private Limited.
2. DEUSSEN, Paul, 1979. *The philosophy of the Upanishads*. New Delhi: Munshiram Manohalal Publishers PVT. LTD., p. 37.
3. IDEM. **Idem**. p. 22 a 25.
4. TINOCO, Carlos Alberto, 1996. *As Upanishads*. São Paulo: Ibrasa, p. 132.
5. TINOCO, Carlos Alberto. 1997. *As Upanishads*. São Paulo: Ibrasa.

CAPÍTULO II

As Filosofias da Índia

"Tudo que existe, seja pássaro
Ou lótus, tem em *Brahmân*
O seu princípio.
Tudo o que se move, seja o sol
Ou as estrelas, tem em *Brahmân*
A sua origem.
Quando *Brahmân* nasceu de um ovo de ouro,
Foram criados o firmamento e a terra".

(DE QUEIROZ, Waflan. 1974.
A Fonte de Zeus: Poemas Sacros.
Natal: Fundação José Augusto, p. 35)

O trecho a seguir foi extraído do livro intitulado *As Upanishads do Yoga* (TINOCO, C. A. 2005),

"Os *Vêdas* são como um divisor de águas, dividindo as principais correntes filosóficas da Índia em duas grandes vertentes. Assim, pode-se dizer que o pensamento filosófico da Índia está constituído por:

    a. Pensamento Indiano Ortodoxo
    b. Pensamento Indiano Heterodoxo

PENSAMENTO ORTODOXO

O pensamento ortodoxo é formado por escolas filosóficas que procedem dos *Vêdas*. Segundo Joseph Campbell (CAMPBELL, Joseph In: ZIMMER, Heinrich, 1986. *Filosofias da Índia*) e a maioria dos estudiosos dos *Vêdas*, há seis escolas de pensamento consideradas ortodoxas, conhecidas também como "os seis *Darsanas*" ou seis "pontos de vista". Seriam baseadas nos *Vêdas*, aceitando a autoridade e a veracidade deles, enfocando-os sob aspectos diferentes. Essas escolas seriam:

ESCOLA	TEXTO BÁSICO	DATA EM QUE FOI ESCRITO	FUNDADOR
1-*NYAYA*	*Nyaya-Sutra*	Sec. VII a.C.	*Gautama* (*)
2-*VAISESIKA*	*Vaisesika-Sutra*	Sec. II a.C.	*Kanada*
3-*MIMANSA*	*Purvamimansa-Sutra*	Sec. II a V d.C.	*Jaimini*
4-*VEDANTA*	*Brahma-Sutra, Bagavad Gita, Upanishads antigas*	Sec. VII a II a.C.	*Badarayana*
5-*Samkhya*	*Sastitantra* (desaparecido)	(?)	(?)
6-*YOGA*	*Yoga-Sutra*	Sec. II a.C. a II d.C.	*Patânjali* (**)
(*) Não se trata de Sidarta Gautama, o Buda. (**) O Yoga existia desde muito antes de Cristo. Foi *Patânjali* quem codificou o Yoga, recolhendo e sistematizando seus conhecimentos milenares. *Patânjali* incluiu o Yoga no seio da ortodoxia *vêdica*, por meio dos seus *Yoga Sutra*.			

Em seguida, será feita uma exposição resumida de cada uma dessas escolas.

1 – *Nyaya*: é uma escola analítica e não especulativa. Contribui muito para o desenvolvimento do pensamento racional, científico. Defende a concepção de que é possível atingir o Absoluto por meio do pensamento lógico. É uma escola adequada ao debate, admitindo que todas as formas de conhecimento são simples instrumentos de revelação da realidade. O que percebemos é a realidade filtrada através dos nossos sentidos e modificada pelos nossos condicionamentos. De certa maneira, a escola *Nyaya* estabeleceu uma teoria do conhecimento, quando diz que existem quatro fontes de conhecimento correto, que são: 1 – percepção (*pratiaksha*); 2 – inferência (*anumana*); 3 – analogia (*upamana*); 4 – o testemunho fidedigno (*sabda*). O fundador da escola *Nyaya*, *Gautama*, era chamado pela alcunha de *aksapada*, cujo significado é "o de olhos fixos nos pés". É uma escola teísta que mantém ponto de vista semelhante ao Yoga, onde Deus é uma alma individual, onisciente, onipotente e eterna como todas as outras. A Liberação Espiritual apresentada no *Nyaya Sutra*, Livro IV, é o desapego associado ao ascetismo, o que conduz a um estado de absoluta inconsciência, concepção muito parecida com o *Samkhya*. A escola *Nyaya* usa, no desenvolvimento dos seus raciocínios, pensamentos semelhantes ao silogismo.

2 – *Vaisesika*: na natureza existem seis categorias eternas que se combinam em diferentes proporções, a saber:
   a. substâncias (*padhatha*) compreendendo: terra, água, fogo, ar, éter, tempo, espaço, alma e mente;
   b. qualidades (*gunas*) abrangendo: cor, paladar, olfato, tato, número, extensão, individualidade, conexão, separação, prioridade, posterioridade, conhecimento, prazer, dor, aversão e vontade;
   c. movimento e ação (*karma*);
   d. associação (*samanya*);
   e. diferença (*visesa*);
   f. inerência (*samavaya*).

É uma escola atomística. Segundo essa escola, os átomos das diversas substâncias são desprovidos de extensão mas, quando se combinam uns com os outros, adquirem extensão e visibilidade. Etimologicamente, a palavra *vaisesika* procedente do termo sânscrito *vivesa*, que significa "diferença" e expressa as diferenças, traços distintos ou natureza manifesta das coisas individuais, segundo Campbell (IDEM. **Idem**). Kanada, fundador dessa escola, organizou diversas ideias e conceitos existentes de modo desordenado, encontrados em vários livros *vêdicos* existentes na época, codificando a escola *vaisesika*. Sobre a possibilidade de se alcançar o Supremo Bem, assim diz o *Vaisesika Sutra*: (AZEVEDO, Murilo Nunes, 1973. *O Olho do Furacão*):

> "O Supremo Bem resulta de um conhecimento produzido por um dharma particular, da essência dos predicados, substâncias, atributos, espécie e combinação de suas semelhanças e diferenças. O Supremo bem é a paz que resulta da compreensão do que é. Qualquer coisa é a resultante instantânea de uma série de componentes em constante alteração. A impressão em mim causada é deformada pelos condicionamentos, pela deformação dos meus sentidos que, consequentemente, produzem uma imagem falsa do fato puro. Quando, por meio de uma lei (*Dharma*) o homem conseguir compreender essa configuração instantânea de causas e efeitos, o Supremo Bem foi por ele atingido. Finalmente, vi o sol brilhando por trás das nuvens, e nunca mais esquecerei a sua face."

Vaisesika é uma escola filosófica que está mais próxima da tradição acadêmica ocidental do que os outros *Darshanas*. Richard Garbe (GARBE, Richard. IN: ZIMMER, Heinrich. 1986. *Filosofias da Índia*), comentando sobre a psicologia peculiar a este sistema, diz:

> "Tanto as almas como o órgão do pensamento são substâncias eternas, mas a alma tudo penetra, ou seja, não está presa ao tempo ou ao espaço, e, por outro lado, o órgão do pensamento é um átomo. Este último é intermediário entre a alma e os cinco sentidos, uma vez que, incitado pela alma, dirige-se ao sentido através do qual a alma deseja perceber ou agir (...) Se permanece imóvel na alma, a união desta última com os sentidos termina e nenhuma percepção ou ato de experiência é possível (...) Se o órgão do pensamento fosse onipresente como a alma, ou se a alma pudesse entrar em relação imediata com os objetos do conhecimento, todos os objetos seriam percebidos simultaneamente. Enquanto o órgão do pensamento, por um lado, outorga à alma o poder estimulante, por outro lado, seus atos são uma espécie de freio para impedir que a alma exerça mais de uma função por vez."

Sobre o atomismo, diz a escola *Vaisesika* que os átomos das várias substâncias não têm extensão e visibilidade. Durante os períodos de dissolução cósmica, entre os ciclos cosmológicos, os átomos não se combinam, não podendo haver universo visível. Entretanto, as almas conservam seus méritos e deméritos e, como consequência, se unem aos diversos átomos. Assim, estes renovam seus movimentos e um novo ciclo de criação é iniciado no universo. As diversas migrações e atos das almas no mundo material terminam por esgotá-las, fatigá-las, tornando-se necessário o início de nova noite cósmica de dissolução, para recompô-las. As ligações interatômicas são dissolvidas e, assim, o universo desaparece.

3 – *Mimansa*: há duas linhas de pensamento com esta mesma denominação: *Uttara-Mimansa* e *Purva-Mimansa*. A palavra *Mimansa* significa "pensamento profundo", "reflexão", "exposição" e quando aplicado à filosofia, quer dizer "reflexão" ou "exposição sobre o *Vêda*". Apenas para usar expressões ocidentais para esclarecer melhor, pode-se dizer que *Mimansa* é uma espécie de ciência escolástica sacerdotal que define os cânones ortodoxos da liturgia do *brahmanismo*. Por esta razão, a palavra *Mimansa* já aparece nos *Brâhmanas* mais recentes, com o significado de uma discussão a respeito de práticas rituais. Segundo Campbell (IBIDEM. **Ibidem**), o estilo do *Purva-Mimansa* é semelhante à Suma Teológica de São Thomas de Aquino. Sua unidade ou subdivisões é o *adhkarana* (encabeçamento) que se divide em cinco partes: 1 – Formula-se uma proposição; 2 – as dúvidas são refutadas quanto à sua legitimidade; 3 – as maneiras errôneas de tratá-las são abordadas; 4 – estas são refutadas; 5 – finalmente, apresenta-se a solução verdadeira como inevitável conclusão a toda discussão. A escola *Mimansa* admite a existência da alma e aponta a necessidade de libertá-la dos egos gerados nas encarnações anteriores. Trata-se de uma escola politeísta e de grande quantidade de rituais. Segundo *Jaimine* (AZEVEDO, Murilo Nunes. **Idem**), fundador da escola *Mimansa*, esta possui uma gnosiologia ou teoria do conhecimento, em que admite a existência de três modos para se atingir o conhecimento, ou três *pramanas*, que são: a) Percepção – é a apreensão direta produzida pelo contato sensorial. Nessa forma de aquisição do conhecimento deve ser levado em conta o contato sensorial entre o objeto e o órgão sensorial implicado no processo e suas diferentes qualidades; b) Dedução – é o raciocínio lógico que se extrai como decorrência da relação entre dois objetos, ou quando se percebe uma qualidade em um objeto e, assim, deduzimos a existência de outra qualidade no outro objeto;

c) <u>Testemunho</u> – usado na demonstração da existência do *dharma*. Este não pode ser compreendido por meio dos órgãos sensoriais. Semelhante à escola *Samkhya*, não admite a existência de Deus como espírito supremo, embora aceite a existência dos deuses e seres espirituais. Não admite a concepção cíclica da criação, e sim um processo de vir a ser e dissolução, sem base para organizar e sistematizar esse processo, abordando-o sob a forma de ciclos de evolução e involução. Possui elementos de uma axiologia capaz de fornecer ao homem um modo correto de se portar em relação ao *dharma*.

4 – *Samkhya*: é uma escola que apresenta uma exposição teórica da natureza humana, especificando e enumerando seus elementos (*bhandas*) e descrevendo sua condição quando alcança a iluminação (*moksha, kaivalya*). Antes de ser sistematizada esta escola, sua terminologia já se encontrava na *Katha Upanishad*, por volta do século IV a.C. É na *Svetasvatara Upanishad* que se encontram elementos referentes ao Yoga e ao *Samkhya*. Pouquíssima coisa se sabe a respeito da história desta escola ortodoxa, até o aparecimento do primeiro trabalho sistematizado, escrito por *Ishwarakrishna* possivelmente no século V d.C., com o título de *Samkhya – Karikâ*. Os estudiosos aceitam a existência de um *Samkhya* antigo, anterior à sua sistematização por *Iswarakrishna*. Elementos desse período antigo podem ser encontrados no *Mokshadharma*, um dos livros integrantes do poema épico *Mahabharata*. Procurando uma relação entre as *Upanishads* e o *Samkhya*, diz Mircea Eliade (ELIADE, Mircea, 1979. *História das Crenças e das Ideias Religiosas*): "Em resumo, o *Samkhya* prolonga as *Upanishads* insistindo no papel decisivo do conhecimento na obtenção da liberação. A originalidade dos primeiros mestres *Samkhya* reside na sua convicção de que a verdadeira 'ciência' pressupõe uma análise rigorosa das estruturas e dinamismos da Natureza, da vida e da atividade psicomental, completada por um esforço no sentido de delimitar a modalidade *sui generis* do espírito (*Purusha*)".

A palavra *Samkhya* pode ser traduzida por "desmembramento" ou "discriminação". No *Mahabharata* a palavra *Samkhya* significa "conhecimento filosófico". No texto *védico* intitulado *Santiparvan*, *Samkhya* e Yoga significam "os dois conhecimentos eternos", sendo a primeira palavra a teoria filosófica e a segunda, prática espiritual.

É importante assinalar que o *Samkhya* e o Yoga são considerados complementares, formando o sistema *Samkhya-Yoga*. As diferenças entre essas duas escolas filosóficas são as seguintes: 1 – o *Samkhya* clássico é ateu e o Yoga é teísta, postulando a existência de um Senhor da Natureza denominado *Ishwara*; 2 – de acordo com o *Samkhya*, o único caminho para se alcançar a libertação é o conhecimento metafísico. Por outro lado, o Yoga atribui pouca importância a isto, como veículo para a libertação. Nos *Yoga Sutra, svâdhyâya* é a palavra para designar "estudo próprio", uma referência à necessiade do estudo das escrituras (*Yoga Sutra*. II, 32 e, 44). Mas, nos textos do Yoga, não há muitas referências à necessidade do estudo das escrituras. Estas são as diferenças básicas entre as duas escolas, dentre outras.

5 – Yoga: a palavra Yoga é originária do verbo sâncrito *yuj*, que significa unir, juntar e é do gênero masculino. Esta escola tem por objetivo o despertar da consciência através da libertação do homem da roda do *samsara*, ou "roda dos nascimentos e mortes". Muito usada pelo Hinduísmo, a palavra *samsara* aparece principalmente nas *Upanishads*, significando a transmigração da alma, seu processo contínuo de encarnar e desencarnar em razão da lei do *karma*. A doutrina do *samsara* tem origem desconhecida, e as tentativas de explicá-la a partir de elementos ou raízes não arianas resultaram infrutíferas. Decorrente da ignorância central do ser humano denominada *avidyâ*, surge de modo compulsório o ato contínuo de encarnar, desencarnar e assim sucessivamente, arrastando a alma individual (*jiva*) a mergulhar nesse ciclo terrível. *Avidyâ* é uma consequência do envolvimento do *Âtman* (ou *Purusha*) nos processos psicomentais do ego, que o faz confundir-se com tais processos. A palavra *Âtman* é do *Vedanta, Pushusha* é do *Samkhya-Yoga*. Têm acepções diferentes.

A origem do Yoga é remota, tendo surgido provavelmente do xamanismo pré-histórico. O Yoga sempre foi muito respeitado pelas religiões ortodoxas e inortodoxas. Algumas dessas escolas assimilaram o Yoga com o objetivo de angariar prestígio. Assim, existe um *Yoga brahmânico* ou *vêdico*, um *Yoga jainista*, um *Yoga* budista e um *Yoga* no *Vedanta*. O Yoga ao qual se refere este texto é o *Yoga vêdico*, ou seja, o Yoga visto dentro do *brâhmanismo*.

Há vários textos *vêdicos* sobre o *Yoga*. Os principais são:

TEXTO	AUTOR	DATA EM QUE SURGIU
Yoga-Sutra	*Patânjali*	Séc. II ou III a.C.
Upanishads do Yoga	Diversos	Séc. II a IV d.C.
Yoga Bhasya	*Vyasa*	Séc. VII d.C.
Tattwa-Vaisharadi	*Vacaspati Mishram*	Séc. IX d.C.

Goraksha-Shataka	*Gorakshanatha*	Séc. X d.C.
Yoga Varttika	*Vijnana Bhiksu*	Séc. XVI d.C.
Hatha-Yoga-Pradipka	*Svatmarana*	Séc. XVI d.C.
Maniprabha	*Ramananda Sarasvati*	Séc XVIII d.C.
Shiva Samhita	(?)	(?)
Gheranda Samhita	(?)	(?)

Referências ao Yoga na literatura vêdica podem ser encontradas desde os Hinos do *Rig-Veda* e do *Atharva-Vêda,* de acordo com Georg Feuerstein (FEUERSTEIN, Georg, 1977. *Manual de Yoga*), permeando crescentemente a literatura *vêdica* desde os primeiros textos ou Hinos (também chamados *Samhitâs*), densificando-se nas *Upanishads, Itihasas* (*Mahabharata, Ramayana* e *Puranas*) e *Tantras.* Foi nas *Upanishads* onde o Yoga foi aprofundado de modo mais explícito, sobretudo nas *Upanishads do Yoga.*

O Yoga é um conjunto de ensinamentos ou técnicas que objetivam a percerção do Si Mesmo, ou *Purusha,* situado além do Ego. O Yoga clássico de *Patânjali* é dualista, pois admite *Purusha* e *Prakritî* (matéria primordial) como elementos distintos. Nada sabemos sobre o Yoga anterior aos *Vêdas*, embora evidências apontem sua existência antes dos arianos. Ele aparece de forma sistematizada nos textos acima indicados. Sem sombra de dúvidas, o Yoga foi de tal forma assimilado pelo *brâhmanismo* que, pode-se dizer, ele, sob muitos aspectos, resume os *Vêdas*, sendo sua maior síntese.

6 – *Vedanta*: a palavra *vedanta* significa "fim do *Vêda*" e designava, no passado, as *Upanishads*, pelo fato de estarem localizadas no final dos textos vêdicos. Primordialmente, *Vedanta* designava o conjunto de ensinamentos encontrados nas *Upanishads.* Com o decorrer do tempo e somente tardiamente, aproximadamente durante os primeiros séculos antes de Cristo, *Vedanta* passou a ser a denominação específica de um sistema filosófico que se opõe aos outros *Darsanas*, especialmente ao *Samkhya* e ao Yoga.

Um fato importante para o nosso estudo foi a descoberta em Mohenjo-Daro de um dos 1.200 selos de esteatita, provavelmente usados para marcar as cargas marítimas, nos quais se encontra a representação plástica de um *yogin*, parecendo ser um protótipo do

Figura 1: Proto Shiva.

deus *Shiva* (Figura 1). A imagem apresenta três faces, estando sentado na postura de um ásana conhecido por samanásana, apresentando seus órgãos genitais em evidência. Um par de grandes chifres coroa sua cabeça. A figura está ladeada por outras de animais, tais como um tigre, um rinoceronte, um búfalo, um elefante e alguns cervos. Há também uma escrita não decifrada. Este selo, bastante conhecido, evidenciaria que o Yoga já existiria na Índia desde tempos remotos. Divindades como Shiva e Kali, a deusa Mãe, não são arianas e devem ter sido assimiladas pelo panteão *vêdico* no seu processo de sincretismo. Segundo Mircea Eliade (ELIADE, Mircea, 1996. *Yoga-imortalidade e Liberdade*):

> "Tanto na literatura jurídico-teológica como nos trechos didáticos e religiosos do famoso poema épico conhecido por *Mahabharata*, pode-se realizar uma espécie de rastreamento da expansão e penetração do Yoga no panteão do Hinduísmo. No entanto, é muito difícil precisar o início e as etapas dessa expansão. Evidentemente, essa expansão que permeia grande parte da história do pensamento *vêdico* não se deu sem certa resistência. Muitas vozes se elevaram contra a divulgação dos ascetas *yogins*, que apregoavam não ser possível a obtenção da liberação final (*Moksha*) nem a obtenção dos poderes ocultos (*sidhis*), sem as práticas do Yoga. Essa reação se verifica primeiro nos círculos oficiais do brâhmanismo ortodoxo, formado principalmente por metafísicos vedantinos. Estes guardavam

distância das técnicas ascéticas e meditativas características do Yoga, consideradas contrárias ao ideal do *Vedanta*. No comentário ao *Vedanta-Sutra*, Shankaracharya, famoso *vedantino*, diz que o Yoga "conduz à posse de poderes extraordinários", mas que "as beatitudes supremas não podem ser alcançadas pelo caminho do Yoga". O verdadeiro *vedantino* escolheria, certamente, o caminho da metafísica e não o do Yoga".

Neste caso, o *Vedanta* se opõe ao Yoga e ao *Samkhya*, pois estas duas escolas estão muito próximas. Muito pouco se sabe sobre a história mais antiga dessa escola, também chamada escola *vedantina*. As diferenças principais entre os sistemas *Samkhya-Yoga* e o *Vedanta*, que são opostos, podem ser resumidas no esquema abaixo:

VEDANTA	*Samkhya*-YOGA
1 – *Brahman (Upanishads)* é o Espírito Supremo.	1 – Não há *Brahman* Supremo. Há *Ishwara,* deus sem importância (*Yoga*). Não há Deus (*Sankya*)
2 – Há apenas *Brahmân*, pois tudo é *Brahmân*. Toda a diversidade do mundo é fruto de *mây*â, a ilusão provocada pelos sentidos. O mundo, tal como o percecebemos, é irreal.	2 – Há *Purushas* (espíritos individuais) incontáveis e a *Prakritî* (matéria primordial). Ambos são eternos e não tiveram princípio, sendo incriados. Ambos são reais.
3 – *Âtman* e *Brahmân,* além de idênticos, são ambos pura consciência. Há quatro estados de consciência para o *Âtman*: *Vaishvanara* = vigília; *Taijasa* = sono com sonho; *Prajna* = sono sem sonho; *Turya* = *Samadhi*. (Ver *Mandukhya Upanishad*)	3 – *Purusha* não pensa. Está oculto pela *Prakritî* que é formada pelos três *gunas: rajas, tamas* e *sattwa*. *Purusha* e *Prakritî* são distintos. Quando os *gunas* cessam (*nirodâ*), percebe-se o *Purusha,* diferente de *Ahamkara* (ego).

4 – Há cinco corpos ou envoltórios do *Âtman* (ver *Taittiriya Upanishad):*
- *Anamaya-Kosha*
- *Pranamaya-Kosha*
- *Manomaya-Kosha*
- *Jñanamaya-Kosha*
- *Anandamaya-Kosha*

4 – Dentro do corpo material que desaparece com a morte, há o corpo sutil, formado por:
- cinco *jnanendryas*
- os cinco *Pranas*
- órgão interno, formado por: manes, ahamkara e *buddhi* (*Samkhya*). Há os *Shariras* (*Yoga*)

5 – O mundo foi criado por *Brahmân* (*Aitareya Upanishad*).

5 – O mundo é incriado e existiu sempre.

6 – *Âtman* é uma partícula do *Brahmân* Supremo, sendo ambos idênticos (*Bhagavad Gitâ* e várias *Upanishads*, por exemplo: Isha, Katha, Mundaka, Mandukya, Taittiriya, Aitareya, Svetasvatara *e outras).*

6 – *Purusha* (o âmago espiritual do ser vivente) está em oposição à *Prakritî*.

7 – O *Âtman* é superconsciente, imensamente sábio e cheio de bem-aventurança. Sua natureza é SATCHITANANDA (consciência que existe eternamente e é pura bem-aventurança).

7 – *Purusha* não pensa, sendo inconsciente.

8 – O *Vedanta* é ariano, apesar de sofrer influências dos dravidianos (*).

8 – O *Samkhya* e o Yoga são autóctones, e não arianos (**).

(*) Dravidianos são os povos que habitavam a Índia antes da invasão dos povos arianos, vindos do oeste. Atualmente, habitam principalmente o sul da Índia.
(**) Os arianos foram os autores da literatura *vêdica*.

O *Vedanta* mais antigo também é chamado de "*Vedanta* não Sistemático" e a sua literatura consiste dos seguintes textos:

- As *Upanishads* (antigas);
- O *Brahman Sutra* (ou *Vedanta Sutra*);
- O *Bhagavad Gita* (incluído no cap. VI do *Mahabharata*).

O *Brahma-Sutra* foi redigido no início da Era Cristã. Atribui-se sua autoria a *Badarayana*. É um texto de difícil compreensão, formado por 555 aforismos bastante enigmáticos. Provavelmente, a interpretação desses textos cabia aos mais versados no *Vedanta*. Enquanto o *Samkhya,* no que se refere aos seus elementos, não estava definido sistematicamente entre os séculos IV e VII d.C., o *Vedanta* conhece seu desabrochar a partir de *Shankaracharya* (Século IX d.C.).

O "*Vedanta* Sistemático" poderia ter seu marco inicial aproximadamente no século I da Era Cristã. Um dos principais sábios do *Vedanta* Sistemático foi *Shankaracharya* (788 a 820 d.C.). Apesar do seu vasto conhecimento, *Shankaracharya*, ou simplesmente *Shankara* não esgotou as possibilidades místicas e filosóficas do *Vedanta*. Durante vários séculos depois dele, muitos mestres espirituais tiveram a oportunidade de elaborar sistemas paralelos. Muitas críticas dos sábios *vedantinos* posteriores foram feitas à equação *Âtman* = *Brahmân*, conduzindo o *Vedanta* a reformulações constantes. Sobre essa relação, fundamentações sistemáticas e rigorosas foram sendo elaboradas gradativamente ao longo dos anos, estabelecendo uma ontologia, que era também uma teologia, uma cosmologia ou, resumidamente, uma soteriologia. Com isso, surgiu o *Vedanta* Sistemático, consolidando-se com *Shankara*.

As seis escolas ou *Dârshanas* podem ser agrupadas em três pares, de acordo com a sua semelhança ou afinidade, do seguinte modo:

1 – Sistema *Samkhya-Yoga;*
2 – Sistema *Mimansa-Vedanta;*
3 – Sistema *Vaisesika-Nyaya.*

Os seis *Dârshanas* ou seis "pontos de vista" são considerados seis aspectos de uma única tradição ortodoxa. Embora aparentemente ou até abertamente contraditórios, são tidos, segundo Joseph Campbell (CAMPBELL, Joseph. In: ZIMMER, Heinrich. **Ibidem**. Apêndice 2) como "projeções complementares da verdade única em vários planos de consciência", intuições válidas a partir de diferentes pontos de vista, como a experiência dos sete cegos que tocam o elefante na popular fábula budista.

O Yoga clássico, que está consubstanciado nos *Yoga-Sutras* de *Patânjali*, não aceita a identificação *upanishádica* ou *vedantina* entre *Âtman* e *Brahmân*. A metafísica de *Patânjali* é dualista, ou seja, ele admite a existência da alma individual, ou *Purusha*, e de um ser ou deus denominado *Ishwara*, distintos. Como já foi abordado anteriormente, o Yoga também admite distinção entre *Purusha* (alma individual) e *Prakritî* (matéria primordial). A maioria das escolas do Yoga, tanto da época de *Patânjali* como em períodos subsequentes, adotaram uma postura monista ou não dualista, doutrina que já se encontrava nos hinos do *Rig-Veda*. As escolas do Yoga que vieram depois de *Patânjali* e que adotaram uma postura dualista podem ser consideradas como um Yoga Pós-Clássico. Os textos mais importantes do Yoga Pós-Clássico são as *Upanishads do Yoga*. Foram escritos em épocas diversas e em regiões diferentes que possuíam pontos de vista diferentes dentro da tradição do Yoga (embora todos eles sejam de forte tendência não dualista).

ESCOLAS INORTODOXAS

O pensamento indiano heterodoxo ou inortodoxo é constituído por aquelas escolas filosóficas que não seguem a ortodoxia dos *Vêdas*.

O século VI a.C. na Índia foi uma espécie de divisor de águas, do ponto de vista da ortodoxia *brahmânica*. Foi nesse período que apareceram escolas filosóficas em desacordo com a poderosa tradição *vêdica*. Os *shramanas*, filósofos ambulantes, passaram a discutir abertamente a supremacia dos *brâhmanes*. Alguns deles criaram sistemas filosóficos que sobreviveram ao tempo, ou até os dias atuais. *Sidarta Gautama*, o Buddha, era conhecido na sua época por *Gautama Shramana*. Foi Buddha, um príncipe que abandonou o palácio onde vivia para encontrar a iluminação. Ele é considerado, com muita propriedade, um reformador do Hinduísmo. A cidade de Maghada parece ter sido uma espécie de ponto de encontro dos *shramanas*. É importante assinalar que a casta dos *vaishias*, enriquecida pelo seu papel de classe social que movimentava as riquezas, passou a financiar os debates públicos dos *shramanas* com os *brâhmanes*. Certamente, foram os *vaishias* que financiaram os movimentos de reforma do Hinduísmo. Foram eles que fizeram decisivas doações ao Budismo, doações estas que foram muito importantes para a propagação e sobrevivência da doutrina do Buddha.

As principais escolas de pensamento heterodoxo são, resumidamente, as seguintes:

1 – *Budismo*: Escola fundada por *Sidarta Gautama,* o Buddha (563 a 483 a.C.). Foi a única doutrina filosófico-religiosa da Índia que difundiu-se além das suas fronteiras originais, dominando toda a Ásia, incluindo o Japão. O cânone budista é enorme, não sendo possível dominá-lo no espaço de uma vida apenas. Dentre as Escolas Inortodoxas, o Budismo foi a que mais floresceu, sendo hoje uma religião mundial. Há um Yoga budista composto de muitos textos, de acordo com as ramificações desta escola.

2 – *Jainismo*: *Vardhamana Mahavir* (553 a 480 a.C.), também conhecido por *Jaim,* contemporâneo de Buddha, criou o jainismo. De acordo com o Jainismo, *Mahavir* é considerado não o primeiro, mas o último de uma série de 24 sábios, seguidores de uma mesma tradição pré-ariana, denominados *thirtankaras*. Como Buddha, *Mahavir* nada escreveu. Procedente da casta dos *kshâtryas*, era filho da nobre e prestigiosa tribo *licchavi*. Abandonou a família e aceitou a vida ascética, submetendo-se a rigorosas disciplinas e exercícios espirituais. O jainismo é rigorosamente contra a destruição da vida, o que passou a ser interpretado com extremo rigor, devendo o devoto tomar todas as precauções para não destruir o mais elementar e diminuto inseto. Diz o jainismo que nada é verdadeiro, exceto sob um ponto de vista particular. Sob outro ponto de vista, qualquer verdade torna-se mentira. Todos os juízos são limitados e condicionados. Apenas os *Thirtankaras* podem atingir a verdade. Nem mesmo os *Vêdas* expressam a Verdade, uma vez que não são inspirados pelo Absoluto. O jainismo não aceita a existência de Deus, e sim de deuses. Aceitando a dualidade espírito-matéria como algo presente em todo o mundo, o *karma* desempenha papel importante, cuja cessação acontece mediante a liberação da matéria, por meio de uma série de austeridades extremas. O neófito que ingressa na vida monástica recebe uma tijela, para com ela pedir esmolas, e uma vassoura, para afastar insetos que não devem ser mortos ao caminhar. Recebe também um pedaço de tecido para cobrir a boca, evitando, assim, engolir pequenos insetos. Andavam nus (*digambaras*) ou vestidos de branco (*svetambaras).* Para alcançar libertação espiritual, o jainismo aceita o suicídio, sobretudo pela inanição, o que representaria a maior vitória do espírito sobre a matéria, sobre a forte vontade de viver. Muitos jainistas morreram dessa forma, o que chocava até mesmo o povo da Índia.

Há um Yoga jainista, muito semelhante ao do Hinduísmo. Alguns autores do Yoga jainista, como Hahibadra Suri (aproximadamente 750 d.C.) utilizaram-se de algumas ideias de *Patânjali*. Os principais textos do Yoga jainista são os seguintes: *Yoga-Bindu* e *Yoga-Drshti-Samucaya* de *Hahibhadra, Yoga-Sastra* de *Hemacandra, Nyiama Sara* de *Kunda Kunda*. São muito pouco estudados no Ocidente.

3 – *Carvaca*: É uma doutrina materialista, cuja obra básica é o *Brhaspati Sutra*, escrita no ano 600 a.C. A doutrina principal dessa escola é a *Lokayata*. Defende a concepção de que este mundo é o único que existe, nada havendo além dele. A vida após a morte é uma mentira aceita por ignorantes que se apegam às ideias dos ultrapassados *Vêdas*. A alma não existe. Só é real o que se pode perceber. No *Bhraspati Sutra*, quase desaparecido, há denúncias contra os sacerdotes *brâhmanes* em linguagem livre de qualquer obstáculo metafísico. Os prazeres sensoriais e os sofrimentos são os fatos mais importantes da vida. Os prazeres são os únicos que devem ser cultivados. Os principais elementos são: ar, água, fogo e terra. A doutrina hedonista *Carvaca* se adequaria muito bem à modernidade.

4 – *Ajvicas*: Este é o nome dado aos seguidores de *Maskarin Gosala*, contemporâneo de *Mahavir*, sendo seu amigo. *Gosala*, após grandes austeridades, adquiriu poderes mágicos. De acordo com textos budistas e jainistas, ele matou um dos seus discípulos com o seu "fogo mágico", vindo a falecer em decorrência de uma "batalha de bruxaria" travada contra *Mahavir* e da maldição deste. Por volta de 485 a.C. *Gosala* pregava um rigoroso fatalismo. Todos os homens, todas as criaturas evoluem, não por esforço próprio, mas em virtude das forças do destino. Com isso ele recusa a doutrina do *karma*. Após percorrerem um ciclo de 8,4 milhões (*mahakalpas*), todos os seres evoluem. Foi fortemente combatido por Buddha, que considerava falsa a doutrina fatalista dos *ajvikas*. Estes sobreviviam pedindo esmolas, andavam nus e seguiam regras alimentares rigorosas, sendo que alguns deles se suicidavam por meio da fome. O processo de iniciação na ordem era algo bastante violento: os neófitos deveriam queimar as próprias mãos, apertando um objeto quente. Eram enterrados até o pescoço e seus cabelos eram arrancados um por um. Possuíam tradições ascéticas e técnicas de meditação, embora estas sejam ignoradas. Há referências a um *nirvana*, comparável à beatitude das outras místicas. Exceto por algumas referências mantidas em outros livros de outras escolas, nada sobreviveu da doutrina de *Maskarin Gosala*.

5 – *Doutrina de Ajita Kesambava*: Esta escola dizia que todas as coisas eram constituídas pelos quatro elementos básicos: terra, ar, fogo e água. Era uma doutrina materialista, pois afirmava existir apenas a

matéria, nada restando do homem após a morte. Daí, nada importa se é praticado o bem ou o mal durante a vida.

Outras doutrinas que podem ser mencionadas são a de *Sanjaia Velatthiputa*, *Purana Kassapa* e *Paduka Kaccaiana*. Todas elas estavam em oposição aos *Vêdas*, desafiando sua autoridade de forma ostensiva, pública, nesse período em que a Índia foi sacudida por livres pensadores (*shramanas*)".

BIBLIOGRAFIA

1. AZEVEDO, Murilo Nunes, 1973. *O Olho do Furacão*. Rio de janeiro: Civilização Brasileira, p. 213-214;
2. AZEVEDO, Murilo Nunes. **Idem**, p. 219;
3. CAMPBELL, Joseph. In: ZIMMER, Heinrich, 1986. *Filosofias da Índia*. São Paulo: Palas Athenas, p. 419-424;
4. IDEM. **Idem**. p. 421;
5. CAMPBELL, Joseph. In: ZIMMER, Heinrich. **Ibidem**. Apêndice 2, p. 419-424;
6. CAMPBELL, Joseph. In: ZIMMER, Heinrich. **Idem**. p. 420;
7. ELIADE, Mircea, 1979. *História das Crenças e das Ideias Religiosas*. Rio de Janeiro: Zahar, tomo 2, vol. 1, p. 66;
8. FEUERSTEIN, Georg, 1977. *Manual de Yoga*. São Paulo: Cultrix;
9. ELIADE, Mircea, 1996. *Yoga-imortalidade e Liberdade*. São Paulo: Palas Athenas, p. 128;
10. GARBE, Richard. IN: ZIMMER, Heinrich. 1986. *Filosofias da Índia*. São Paulo: Palas Athenas, p. 421.

CAPÍTULO III

Brhâdaranyaka Upanishad: Plano de estudo

"Mas, como é possível que a Alma Universal tome a forma de uma Alma individual?"

(*Yogatattva Upanishad*, 9)

A *Brhâdaranyaka Upanishad*, integrante do grupo das principais, será aqui estuda e comentada do seguinte modo:
1. Serão traduzidos cada um dos versos da *Brhâdaranyaka Upanishad*, extraídos dos seguintes autores:
    * MARTÍN, Consuelo, 2002. *Gran Upanishad del Bosque (Brihadâranyaka Upanisad)*. Madrid: Editorial Trotta;
    * MÜLLER, Max, (?). *The Upanishads*. New York: Dover Publication Inc., Parte II;
    * *NIKILANADA, Swami,* 1979. *The Upanishads – a New Translation*. New York: *Ramakrisna-Vivekananda* Center, vol. 4.
2. Em seguida, serão comparados cada um dos referidos versos, um a um;
3. Finalmente, o autor deste livro, após a referida comparação, extrairá o seu próprio verso, baseado nos demais. Isto será uma garantia de que não haverá problemas com os direitos autorais;
4. A *Brhâdaranyaka Upanishad* será precedida do comentário de *Shankaracharya;*
5. A *Brhâdaranyaka Upanishad* aqui abordada, será acompanhada, em cada verso, dos comentários do autor deste livro.

CAPÍTULO IV

Brhâdaranyaka Upanishad

"Do irreal, conduza-me ao Real,
Das trevas, conduza-me à Luz,
Da morte, conduza-me à Imortalidade."

(*Brhâdararyaka Upanishad,* I, 3, 28)

Introdução de Shankaracharya
(Extraído de *Nikilonanda*, p. 5-16)

Om. Saudação a *Brahmân*[1] e aos outros sábios, formando a linhagem de professores que são os propagadores do Conhecimento do *Brahmân*. Saudação para o nosso próprio professor.

Com as palavras: "A cabeça do cavalo do sacrifício é a alvorada", etc., começa a *Upanishad* que forma parte do *Vajasaneyi Brahmana*.[2] Eu estou escrevendo este comentário conciso sobre a *Upanishad* pelo bem destes que desejam se distanciar do *samsara*, para que possam obter o conhecimento e a identidade de *Brahmân* e *Âtman*, o que destrói *avidyâ*, a causa da projeção do universo[3] fenomenal.

Esse conhecimento do *Brahmân* é difundido pelo nome de *Upanishad*, porque ele arranca o *samsara* com sua causa (*avidyâ*) desses que são devotados ao seu estudo; pela raiz dita, quando usada com os

---

1. A palavra *Brahmân*, no contexto presente, denota *Hiranyagarbha*, ou o Absoluto identificado na Mente Cósmica. A palavra também denota *Brahmâ*, a primeira manifestação do Absoluto sem-atributos por meio de *maya*. *Hiranyagarbha* é a semente e a origem de todas as outras entidades, portanto, invocando suas bênçãos, o dirigente invoca as bênçãos de todos os *dêvas*, ou forças cósmicas luminosas.

2. Outro nome do *Sukla Yajur-Veda*. A seção *Brâhmana*, da qual a *Upanishad* forma a parte conclusiva, é a segunda seção dos *Vêdas* (Ibid, p. 2 ff).

3. O propósito das escrituras é mostrar o caminho para destruir o sofrimento da vida, junto com sua causa, a ignorância. O conhecimento da identidade do *Brahmân* e do *Âtman* são os meios, e esta identidade é o objeto de assunto das escrituras. Conhecimento são os significados, a liberação, o resultado.

prefixos *upa* e *ni*, expressa este significado.⁴ O livro também é designado pelo nome de *Upanishad*, porque ele serve ao mesmo propósito.

Esta *Upanishad* em particular, consistindo de seis partes, é chamada de *Brhâdaranyanka* porque foi ensinada na floresta (*aranya*) e também por causa do seu tamanho *(brihat)*.

Agora, nós começaremos a mostrar sua relação com a porção ritualística dos *Vêdas*.

Todas as pessoas naturalmente buscam ater-se ao que é bom e evitar o que é mal. Os meios de alcançar esses dois objetivos⁵ não são sempre conhecidos por meio da percepção e dedução.⁶ Os *Vêdas*, em sua grandeza,⁷ são assim devotados em revelar estes meios, uma vez que eles não são conhecidos por meio da percepção e dedução.

Em relação ao que é percebido pelos sentidos, o conhecimento dos meios de alcançar o bem e evitar o mal é alcançado por meio da percepção e dedução; portanto, este conhecimento não é buscado nos *Vêdas*.

Mas, a menos que uma pessoa esteja ciente da existência do Ser em uma vida futura,⁸ ele não se sentirá inclinado a atingir o que é bom na vida e evitar o que é mal. Nesse âmbito há o exemplo dos materialistas.⁹

---

4. O significado de *triste* é destruir; o significado de *upa* é próximo; e o de *ni* é completamente. A palavra *Upanishad* significa, etimologicamente, aquele conhecimento o qual, quando recebido por uma forma discipular (*upa*) um professor, totalmente (*ni*) destrói (*tristeza*) a ignorância, a qual é a causa de tal identificação com o universo fenomenal e seu consequente sofrimento.

5. Os meios de realização do Bem Supremo é o Conhecimento do *Brahmân*.

6. Percepção e dedução são usados como evidência válida, somente referente a objetos físicos no mundo fenomenal; mas o Conhecimento do *Brahmân* está acima do nível mental.

7. Ambas seções dos *Vêdas*, ou seja, a ritualística e a filosófica, são necessárias para um homem, se ele pretende obter o Bem Supremo. Por meio da execução dos sacrifícios e outras formas de idolatria estabelecidas na seção ritualística, seu coração torna-se purificado, e ele é então qualificado a adquirir as disciplinas da *Upanishad* (a seção filosófica) e o Conhecimento do *Brahmân*. Assim, a primeira parte dos *Vêdas* é uma ajuda indireta, em que a experiência é obtida seguindo-se a instrução da *Upanishad*.

8. Isso se diz a existência de um Ser, independente do corpo.

9. Os materialistas não acreditam em um Ser independente do corpo; portanto, eles não admitem a possibilidade de uma vida futura. De acordo com eles, o que é chamado de Ser consciente é um produto de elementos materiais. Quando o corpo é destruído após a morte, o Ser consciente também desaparece. Assim, de acordo com eles, a experiência da felicidade ou infelicidade em uma outra vida ou por um Ser independente do corpo é mera imaginação.

Assim, o propósito das escrituras é estabelecer a existência do Ser em uma vida futura e discutir os meios particulares de se atingir o bem e evitar o mal naquela vida.

Por exemplo, a *Katha Upanishad* começa sua instrução com as palavras: "Existe esta dúvida sobre um homem quando ele está morto: uns dizem que ele existe, outros, que não" (I. i. 20), e conclui: "Ele há de ser percebido como Existência" (II. iii. 13). A mesma *Upanishad*, adiante, começa um tópico com as palavras: "Eu irei lhe falar sobre este profundo e eterno *Brahmân* e também sobre o que acontece com o *Âtman* após encontrar a morte" (II. ii. 6.), e conclui: "Alguns *Jivas* entram no ventre para ser incorporados como seres orgânicos e alguns vão em matéria não orgânica – de aordo com o seu trabalho e de acordo com o seu conhecimento" (II. ii. 7). Em outro lugar, na *Brhâdaranyaka Upanishad*, encontramos um tópico começando com as palavras: "A pessoa torna-se autoiluminada" (IV. iii. 9.), e terminando com: "Conhecimento, trabalho e experiências passadas do Ser" (IV. Iv. 2.); e outra passagem: "Alguém se torna bom por meio do bom *karma* e mal por meio do mal *karma*" (III. ii. 13). Também, em uma passagem começando com: "Irei instruí-lo" (III. i. 15.), esta mesma *Upanishad* estabelece a existência do Ser, independente do corpo, "repleto de consciência..." (II. i. 16-17).

Objeção: É uma questão de percepção.[10]

Resposta: Nós não admitimos a nossa contenção, pois vemos uma divergência de opiniões entre escolas diferentes. Se o conhecimento da existência do Ser em um outro corpo fosse uma questão de percepção (*pratyaksha*), então os materialistas e os budistas não nos desafiariam com a afirmação de que não há um Ser. Pois ninguém disputa a existência de um objeto de percepção, tal como um vaso, dizendo que o vaso não existe.

Objeção: Você está errado, já que um tronco morto de uma árvore, por exemplo, é visto variadamente – seja como um homem, animal ou similar.

Resposta: Não, pois a divergência de pontos de vista [referindo-se ao tronco] desaparece quando a verdade é sabida. Não se pode obter visões contraditórias quando a real natureza de um objeto, como o tronco, é

---

10. Que o Ser existe independente do corpo é uma experiência comum. Todos admitem a existência do "Eu-consciência". Por que alguém deveria se preocupar sobre as evidências escriturais?

definitivamente sabida pela percepção. Os budistas, apesar do fato de que "há uma consciência", persistentemente negam a existência de um Ser independente do corpo.[11] Portanto, a existência de um Ser, o qual é bem diferente dos objetos ordinários da percepção, não pode ser estabelecido por meios de percepção.[12]

Igualmente, nem a existência do Ser pode ser estabelecida por dedução.[13]

Objeção: Nós não aceitamos sua afirmação, pois o *Sruti* aponta certos graus de dedução (*linga*)[14] para provar a existência do Ser, e esses graus de dedução são objetos de percepção direta.

Resposta: Nós não concordamos, pois é percebido (diretamente) que o Ser não possui relação alguma com uma vida futura. Na realidade, a existência do Ser é conhecida por meio das evidências escriturais e também por certos graus empíricos de dedução, citados pelas escrituras; mas os adeptos da *Mimamsa* e *Nyaya*, por meio do seguimento dos passos das escrituras, fantasiam que esses graus de dedução *védicos*, tais como o "eu-consciência", são os produtos da sua própria inteligência, e afirmam que o Ser pode ser conhecido da percepção direta e dedução.[15]

---

11. Os budistas admitem a existência do corpo sutil, o qual eles identificam com o ego.

12. Sobre a realidade do Ser, as escrituras sozinhas abastecem provas. Discutir e argumentar pode apenas indicar isso. Os visionários iluminados conhecem o Ser, por experiência direta.

13. Dedução é baseada na percepção sensorial.

14. Certas qualidades, tais como amor, ódio, prazer, dor e vontade, são específicas do Ser e são percebidas diretamente. Portanto, de acordo com os adeptos das escolas de filosofia *Mimamsa* e *Nyaya*, a existência do Ser pode ser provada, tanto por percepção direta como por dedução.

15. Tais qualidades, como dor, prazer, amor e ódio, ditas inerentes ao Ser, podem muito bem ser características da mente. Assim, certas outras características das quais a existência do Ser pode ser deduzida, pode ser citada pelos oponentes. Mas isto também é feito com base na evidência escritural. A partir das escrituras em si, podemos aprender que ninguém poderia respirar sem o *Âtman*. Compare: "Quem poderia fazer a função do apana, quem poderia fazer a função do *prâna*, se a Bênção (*Brahmân*) não existisse no coração? *Brahmân* sozinho causa bênção" (*Taittiriya Up.* II 7.) Mas os oponentes da *Vedanta* não dualística imaginam que eles mesmos descobriram todos esses meios para a existência do Ser e, portanto, afirmam que o Ser pode ser conhecido por direta percepção e dedução. Mas eles meramente repetem o que já foi revelado nas escrituras. O propósito desta seção é enfatizar o fato de que as escrituras, as quais contêm as experiências dos visionários passados, são a única autoridade para a realidade do Ser, ou *Âtman*, o qual, estando totalmente além da mente e dos sentidos, não pode ser conhecido de nenhum outro jeito. Mas, a evidência escritural é para ser testada pela razão e finalidade corroborada pela experiência.

Seja como for, um homem que acredita em um Ser relacionado ao corpo futuro, procura conhecer os meios específicos pelos quais ele pode obter o bem e evitar o mal conectado àquele corpo. A porção cerimonial (*Karmakanda*) dos *Vêdas* serve ao propósito de familiarizá-lo com esses meios.

(Mas o seu conhecimento da porção cerimonial não pode trazer à tona o Bem Maior de um homem). Pois a causa do desejo de obter o bem e evitar o mal é ignorância referente ao EU, o qual expressa a si mesmo como a ideia de um ser, sendo o fazedor e o experienciador.[16] Essa ignorância pode ser removida somente por seu oposto, assim chamado, o conhecimento do Ser, o qual em sua verdadeira natureza é idêntico a *Brahmân*. Enquanto essa ignorância não for removida, um homem, impelido por tais defeitos inerentes a ele como anexos e aversão aos frutos de seus trabalhos, procede e age mesmo contra o que é recomendado ou proibido pelas escrituras, e acumula em larga medida, ações incorretas,[17] por intermédio do pensamento, palavras e corpo produzindo mal, tanto visível quanto invisível – tal é o poderoso impulso das limitações inerentes a ele. E, como resultado, ele é degradado (em uma vida futura) para uma posição mais baixa que um objeto inanimado.[18]

Mas às vezes as tendências *(samskaras)* criadas pela busca das escrituras pode ser bastante forte e, como resultado, ele acumula em larga medida – por meio de atos de pensamento, palavras e corpo – ação correta que conduz ao seu bem-estar. Tais ações corretas são de dois tipos: algumas adquiridas por meditação e outras desprovidas disso, ou seja, são mecânicas. A última permite ao executor obter a palavra dos *Manes* após a morte,[19] em que ação junta com meditação leva a mundos abrangendo de *devaloka*[20] até *Brahmaloka*. Assim, o *Sruti* diz: "Aquele que sacrifica ao *Âtman* é melhor que o que sacrifica aos deuses" (*Shat. Br.* XI. II. 6. 13.). E para citar *Smriti*: "Ações instituídas nos *Vêdas*

---

16. O Ser, em sua verdadeira natureza, está além do bem e do mal.

17. Isto se diz impressões de ações.

18. De acordo com o legislador Manû, por meio da ação certa realizada pelo corpo, um homem torna-se uma árvore ou um arbusto; e por meio de ação similar em palavra ou pensamento, ele se torna um pássaro ou homem de casta baixa. Justo quando um trabalho em particular irá produzir, seu resultado apropriado é determinado por sua intensidade.

19. Um plano mais baixo de existência.

20. A palavra celestial dos deuses. *Brahmaloka*, ou o Plano de *Brahmâ*, é o plano mais exaltado no universo relativo.

são duplicadas." (Manû Sam, XII. 88.) Quando ações certas e incorretas equilibram uma à outra, o resultado é nascimento em um corpo humano.

Assim, um homem dotado com o defeito natural do *avidyâ*, etc., pode nascer, como resultado de sua performance de ações certas e falhas, em qualquer um dos mundos desde o Plano do *Brahmâ* até o de objetos inanimados. Tudo isso cai dentro do domínio do *samsara*, que é dependente de nome, forma e ação.

Esse universo manifestado, caracterizado por meios e fins,[21] estava em um estado indiferenciado antes de sua manifestação. Como a relação causal entre uma semente e um broto é sem começo e fim, do mesmo modo é *samsara*, o qual é criado pela superposição no *Âtman*, da ignorância, da ação, ator e resultado.[22] *Samsara* é, por natureza, mau. Então, com o propósito de destruir a ignorância do homem que está enojado com o *samsara*, e também de modo a calcular o Conhecimento do *Brahmân*, o qual é o extremo oposto da ignorância, a *Upanishad* começa seu ensinamento.

A utilidade da meditação no Sacrifício do Cavalo[23] é a seguinte: Estes que não são qualificados a atuar no Sacrifício do Cavalo podem obter seu resultado pela meditação em si próprio. Citando as escrituras: "Através da meditação ou através de cerimônias (alguém obtém a fruta)" (*Aitareya. Br.* X. iv. 3. 9.); e "Isto (meditação e *prâna*), por si só, ganha o mundo" (*Br. Up.* I. iii. 28).

Objeção: Essa meditação é uma parte do sacrifício, não é isso?

Resposta: Não, pois as seguintes passagens escriturais permitem uma opção entre elas: "Ele que executa o Sacrifício do Cavalo, ou que o conhece[24] como tal" (Taittirya Sam. V. iii. 12. 2). Já que ele ocorre em um contexto lidando com meditação, e já que meditação similar é prescrita por cerimônias além do Sacrifício do Cavalo, [25] nós podemos entender que o mesmo resultado é conseguido com o auxílio de meditação também.

---

21. Isto é, sustentado pela lei da causa e efeito.

22. O Ser não dual é livre da noção de causalidade.

23. A *Brhâdaranyaka Upanishad* começa com uma meditação simbólica no Sacrifício do Cavalo. Somente reis *kshatriya* são nomeados a participar do Sacrifício do Cavalo e sentir o resultado. Mas *brâhmanes* e outros, que não são tão intitulados, podem meditar no sacrifício como especificado na *Upanishad* e, assim, colher seus frutos.

24. I. e. medita nisso.

25. Cf. "Este mundo, Gautama, é o fogo" (*Br. Up.* VI. ii. 11.)

O Sacrifício do Cavalo é o maior de todos os sacrifícios, pois ele permite ao participante identificar a si mesmo, com *Brahmâ*, tanto nos Seus aspectos coletivos como individuais.[26] Isto foi mencionado logo no começo da *Upanishad*; ao se referir ao Conhecimento do *Brahmân*, indica que todos os ritos caem dentro dos domínios da existência relativa.[27] Mais tarde, será mostrado que o resultado desse sacrifício é identificação com a morte.[28]

Objeção: Mas o resultado dos ritos conhecidos como *nitya*[29] não é relacionado com o *samsara*.

Resposta: Não é assim, pois a *Upanishad* soma os resultados de todos os ritos (na conclusão do capítulo).[30]

Todos os ritos estão conectados à esposa.[31] A passagem: "Deixe-me ter uma esposa... Isto é um desejo muito forte" (I. iv. 17) mostra que todas as ações são, naturalmente, incitadas por desejos. Em seguida, é mostrado, por meio de um filho, ritos e meditação que se ganha nesse mundo, o mundo dos *Manes,* e o mundo dos deuses, respectivamente (I. v. 16). A conclusão é de que tudo neste universo consiste de três tipos de comida: "Verdadeiramente, este (universo) é uma tríade de nome,

---

26. *Brahmâ*, ou *Hiranyagarbha*, a manifestação mais alta do *Brahmân* sem-atributos, é o universo relativo, representa a totalidade de todos os seres. Ele também tem um aspecto individual associado com a deidade residindo em *Brahmaloka*. O executor do Sacrifício do Cavalo vai, após a morte, a *Brahmaloka* e vivencia lá comunhão com *Brahmâ* e também se identifica com todos os seres.

27. De acordo com as *Upanishad*s, nenhuma ação que seja baseada na diferenciação de ator, instrumento ou ação e resultado intitula seu executor a perceber Imortalidade, a qual é obtida somente por meio do Conhecimento do *Brahmân*. Desde que o resultado do rito mais alto, o Sacrifício do Cavalo, pertence ao reino do universo relativo, nenhum outro ritual pode levar seu executor além disso. Porém, todas as ações integram seus executores com o mundo. Estes, que estão enojados com o universo relativo, perseguem o Conhecimento do *Brahmân* por meio das disciplinas prescritas por *Vedanta*.

28. Tudo no universo relativo é sujeito à morte.

29. A ação chamada *nitya* refere-se aos rituais obrigatórios diários. É diferente de ações executadas em ocasiões especiais (*naimittika*) ou executadas com um fim especial em vista (*kamya*). Os oponentes afirmam que o resultado dos rituais *nitya* está fora do universo relativo.

30. O mais alto fruto da ação é o alcance do Plano do *Brahmâ*, o qual é dentro do universo relativo.

31. Rituais existem para ser feitos em casa e não podem ser executados sem uma esposa. *Sannyasins* renunciam a todos os ritos.

forma e trabalho" (I. vi. 1.). Assim, o resultado manifestado de toda ação pertence ao universo relativo.

São esses três que, antes da manifestação do universo, estavam em um estado indiferenciado. Eles se tornam manifestos novamente (como o universo bruto), sob o controle dos efeitos das ações dos seres vivos (de ciclos anteriores), como uma árvore sai da semente.[32]

O universo, com seu aspecto duplo de manifestação e não manifestação, fica dentro do reino da ignorância. Pela ignorância, novamente, este universo, consistindo de formas sutis e brutas, e suas essências, é falsamente sobreposto[33] sobre o Ser, criando noções de ação, executor, e o resultado.

Apesar do Eu (Ser) ser bem diferente do universo – sendo desprovido de nome, forma e ação, não dual, eterna, pura, iluminada e livre – ainda Ele parece ser associado com a diversidade da ação, agente e resultado: justamente o contrário de Ele mesmo. Portanto, para o bem-estar dele que, por conta da realização: Isso é tudo que há sobre isso (*etavat idem*),[34] torna-se desgostoso com o universo caracterizado por meios e fins, e consistindo de diversidade de ação, agente, resultado, o Conhecimento do *Brahmân* é estabelecido para a remoção da ignorância – a semente de tais defeitos como desejo e ação – o qual é como a remoção da noção falsa de uma cobra em uma corda.

---

32. A natureza da felicidade e infelicidade no novo ciclo, é determinada pelas ações acumuladas dos *jivas* do ciclo anterior.

33. A palavra superposição (*adhyaropa*) tem um significado técnico em *Vedanta*. Ela significa atribuir falsamente as propriedades de uma coisa em outra por meio da ignorância. *Vedanta* dá o exemplo de se enxergar uma cobra em uma corda. *Brahmân* é não dual, é sempre livre. A partir da ignorância, o universo irreal de nomes e formas diversas é atribuído a Ele. Deve ser lembrado que o substrato não é afetado nem um pouco pelas características da entidade superposta. *Brahmân* permanece imutável, apesar da falsa superposição do universo fenomenal sobre Ele.

34. I. e. Todas as ações são limitadas; elas chegam a um fim.

A *Brhâdaranyaka Upanishad* começa com as palavras "A cabeça do cavalo do sacrifício é a alvorada" de modo a estimular meditação no Ritual-do-Cavalo. Além disso, a meditação no cavalo é enfatizada porque esse é o fator mais importante neste sacrifício. Sua importância é indicada pelo fato de que o sacrifício é nomeado após isso, e que *Prajapâti (Brahmâ)* é a deidade que o preside.[35]

---

35. *Sankaracharya* tem discutido dois pontos em sua introdução à *Brhâdaranyaka Upanishad*. Primeiro, ele estabeleceu que *Âtman*, ou *Brahmân*, sendo uma experiência além da mente e dos sentidos, não pode ser conhecida por meio de percepção direta ou dedução. Os *Vêdas* são a única autoridade para a realidade de *Brahmân*. Segundo, ele recusou admitir que *Jñana* (o Conhecimento de *Brahmân*) e *karma* (ação) não podem jamais coexistir. *Jñana* revela a existência da Realidade não dual, a qual é sem começo ou fim, sem motivo, sempre livre, sempre pura e sempre iluminada. O resultado do Conhecimento do *Brahmân* é o alcance da Imortalidade e a cessão de todos os males. Esse Conhecimento é uma experiência transcendental. Ação, por outro lado, reconhece fatores diversos, tais como o fazedor, instrumento e resultado. Ela é o produto do desejo, o qual é causado por ignorância. Os resultados da ação abrangem, do nascimento, como um objeto inanimado, ao nascimento como a deidade mais exaltada no céu mais alto; mas tudo isso pertence ao domínio do *samsara*, em que toda experiência tem um começo e um fim. Assim, as esferas de *Jñana* e *karma* são bem diferentes. O último é discutido na porção ritualística dos *Vêdas*, o qual ajuda um homem a gozar da felicidade aqui e no futuro. Mas *Jñana* é matéria de assunto das *Upanishad*s, o que mostra o caminho para o Conhecimento de *Brahmân*, ou o Bem Maior. Somente quando um homem está insatisfeito com as experiências do *samsara* por meio da realização da sua natureza efêmera, ele desiste de todos os ritos e cerimônias e persegue as disciplinas especiais mostradas nas *Upanishad*s para o conhecimento de sua unidade com *Brahmân*.

Madhu-Kânda

Invocação

"*Om*. Aquilo é pleno; este é pleno. Esta plenitude tem sido projetada daquela plenitude.
Quando esta plenitude emerge naquela plenitude, tudo o que permanece é plenitude.
Om. Paz! Paz! Paz!"

COMENTÁRIO: Aquilo é a Consciência Pura, atributo de *Brahmân*. A palavra "pleno" é aqui usada para significar o que é "perfeito", "completo". A expressão "esta plenitude" significa a manifestação do *Brahmân,* aquele que é Perfeito. A expressão "esta plenitude tem sido projetada daquela plenitude" significa que o Absoluto *Brahmân* saiu ou emergiu dele mesmo. A frase final significa que quando *Brahmân* sai de Si mesmo, o que resulta é o próprio *Brahmân*.

Primeiro Livro

PRIMEIRO *ADHYÂYA*
PRIMEIRO *BRÂHMANA*

VERSO 1: "*Om*. A cabeça do cavalo do sacrifício é a aurora, seu olho é o sol, seu *prâna* é o ar, sua boca aberta é o fogo chamado *vaishvânara*, e o corpo é o ano. Suas costas são o paraíso, a barriga é região intermediária, seus cascos a terra, seus lados os quatro pontos cardeais, suas costelas os cardeais intermediários, seus membros as quatro estações, suas articulações os meses e quinzenas, suas patas os dias e as noites, seus ossos as estrelas, sua carne as nuvens. Sua comida parcialmente digerida é a areia, seus vasos sanguíneos os rios, seu fígado e baço as montanhas, seus pelos são as ervas e as árvores. Sua parte dianteira é o sol ascendente, sua parte traseira o sol descendente, seu bocejo é o raio, as sacudidas do seu corpo são o trovão, sua urina é a chuva e o relincho é a voz".

COMENTÁRIO: Trata-se do ritual do cavalo, denominado *ashvamedha*. O referido sacrifício pode ser resumido da seguinte forma:

O ritual *ashvamedha* (sacrifício do cavalo) só poderia ser conduzido por um rei. Seu objetivo era a aquisição de poder e glória, a soberania sobre as províncias vizinhas e prosperidade para o rei.

O cavalo a ser sacrificado deve ser um garanhão, com mais de 24 e com menos de 100 anos. O cavalo era aspergido com água e o sacerdote *Ahvaryu* e os adoradores do ritual cantavam *mantras* no ouvido do animal.

Qualquer pessoa seguraria o cavalo e um cão era morto simbolicamente, como punição dos pecados. O cavalo era libertado na direção nordeste, para caminhar livremente para onde quisesse, por um período de um ano ou seis meses, de acordo com alguns comentaristas. O cavalo estava associado com o sol e o seu curso anual. Se o cavalo caminhasse solto por entre as províncias hostis e vizinhas ao sacrificante, estas deveriam ser subjugadas. O cavalo caminhante era assistido ou acompanhado por uma centena de homens jovens, filhos de príncipes ou de oficiais militares da alta corte, protegendo o cavalo de todos os perigos e inconveniências. Durante a ausência do cavalo, ininterruptas séries de cerimônias eram realizadas na residência do sacrificante.

Após o retorno do cavalo, mais cerimônias eram realizadas. O cavalo era atrelado a uma carruagem, junto com três outros, e *Samhitâs* do *Rig-Vêda* (*RV.* I. 6, 2) e do *Yajur-Vêda* (*YV.* 23. 5, 6) eram recitados. Depois, o cavalo era conduzido à água e banhado. Após isto, era ungido com manteiga clarificada pela rainha-mãe e duas outras consortes reais. A rainha-mãe ungia os quartos dianteiro do cavalo, e as outras, com um barril, os quartos traseiros. Elas também enfeitavam a cabeça do cavalo, o pescoço e a cauda com ornamentos dourados. O sacrificante oferece ao cavalo os grãos remanescentes da oferenda noturna. Após isto, o cavalo, uma cabra sem chifre e um touro selvagem eram presos a uma estaca sacrificial próxima ao fogo, e 17 outros animais eram unidos ao cavalo. Um grande número de animais, domésticos e selvagens, era amarrado em outras estacas (de acordo com um comentarista, eram 609 no total (*Yajur-Vêda*, 24).

Então, o cavalo era morto. Um verso do *Yajur-Vêda* (23, 15) era recitado:

"Cavalo, do teu corpo, dele mesmo, o sacrifício aceita o teu corpo. Tua grandeza não pode ser ganha por ninguém, mas somente por ti".

A rainha-mãe, ritualmente, chama as companheiras, esposas dos reis, por pena. As rainhas caminham em torno do cavalo morto, recitando *mantras*. A rainha-mãe, então, finge copular com o cavalo morto, enquanto as outras rainhas, ritualmente, pronunciam obscenidades. Na manhã seguinte, os sacecerdotes erguem a rainha-mãe no local onde ela permaneceu à noite com o cavalo. Após isso, versos do *Rig-Vêda* (*RV.* 4. 39, 6) eram recitados para purificar o ambiente, após o uso da linguagem obscena.

As três rainhas, com centenas de agulhas de ouro, prata e cobre, indicavam as linhas sobre o corpo do cavalo, ao longo das quais, ele seria dissecado. O cavalo era então dissecado e a sua carne, assada. Várias das suas partes eram oferecidas a uma hoste de deidades e conceitos personificados com exclamações de *svaha!, svaha!, svaha!*. O sacrificante concluía dizendo (*Rig-Vêda.* 1. 162):

"Possa este cavalo trazer para nós todo o rico sustento, saúde em boas vacas, bons cavalos e, principalmente, filhos.

"Que os *aditis* possam trazer-nos a libertação dos pecados; o cavalo com as nossas oblações ganha nossa adoração".

Os sacerdotes, após realizarem o ritual, eram recompensados com uma parte dos despojos desejados, durante o caminhar do cavalo, quando vivo. De acordo com os comentaristas, o espólio do leste era dado ao sacerdote *hotar*, enquanto o *adhvaryu* recebia a criada solteira, ou a irmã do sacrificante, e a quarta esposa do mesmo.

O texto faz uma analogia, uma espécie de comparação entre as diversas partes do cavalo e alguns aspectos relacionados à Terra. Assim, a cabeça do cavalo do sacrifício é o amanhecer, seu olho é o sol, sua energia vital é o ar, sua boca aberta é o fogo chamado *vaishvânara*, e assim por diante. A palavra sânscrita *vaishvânara* é específica do fogo. A *Mandukya Upanishad* dá outra intepretação à palavra citada. De acordo com o referido texto, há quatro estados básicos de consciência:

- *Vaishvânara* = estado de vigília;
- *Taijasa* = estado de sonho;
- *Prajña* = estado de sono sem sonho;
- *Turya* = estado superior de consciência ou *nirbija samâdhi*.

Nesta *Upanishad*, a palavra é empregada com outro significado, ou seja, no sentido do fogo.

VERSO 2: "O recipiente de ouro, chamado *mahiman*, é colocado na frente do cavalo e o que ele representa é o dia. Sua fonte é o mar Oriental. O recipiente de prata do mesmo nome é situado atrás do cavalo, e representa a noite. Sua fonte é o mar Ocidental. Esses dois recipientes aparecem um de cada lado do cavalo. Como um corcel que levava aos deuses, como um garanhão aos trovadores celestiais, como um mensageiro aos demônios e como um cavalo aos homens. O Ser Supremo é o seu estábulo e o Ser Supremo é a sua fonte".

COMENTÁRIO: Neste verso, continua a descrição do ritual do cavalo. Os dois recipientes, de ouro e prata, colocados na frente e atrás do cavalo, respectivamente, são denominados *mahiman*. O cavalo é uma representação do Ser Supremo, *Prajâpati*. O recipiente de ouro é um sinal de que o cavalo é *Prajâpati*. *Mahiman* é uma palavra sânscrita que pode significar "grandeza", "plenitude". É aqui empregada para designar os dois recipientes que simbolizam os mares Ocidental e Oriental, o dia e a noite. Há, nesse verso, uma alusão a um corcel que leva aos deuses e um garanhão aos trovadores celestiais (*Ajvîns*). O cavalo mensageiro dos demônios (*Asûras*) é *Arvân*. O cavalo que leva os homens é *Ashva*. O Ser Supremo *Prajâpati* é o estábulo onde o cavalo permanece atado, onde dorme. Mas, o Ser Supremo é também a origem do cavalo, sua fonte.

SEGUNDO *BRÂHMANA*
A ORIGEM DO UNIVERSO

VERSO 1: "No princípio, nada aqui existia. Tudo estava coberto pela morte, ou a fome, pois a fome é a morte. Ele criou a mente, dizendo: 'Que eu tenha uma mente!'. Caminhava de um lado para o outro fazendo adorações, quando apareceu a água. Então, pensou: 'Se, enquanto eu estava em adoração apareceu a água, esta será chamada fogo'. A água da felicidade chega para quem sabe o porquê de a água ter o nome de fogo".

COMENTÁRIO: Neste verso, o autor anônimo da *Brhâdaranyaka Upanishad* explica a origem do fogo. Trata-se também de uma cosmogonia, na qual é dito que, no início de tudo, nada existia. Naquele instante, quando nada havia, somente a morte existia. E a morte é aqui, comparada à fome, pois "a fome é a morte". Depois, o Ser Supremo criou a mente, criando-a em Si mesmo. Em seguida, é dito que enquanto Ele estava em adoração, apareceu a água, que é a origem do fogo.

VERSO 2: "Água, verdadeiramente, é fogo. O que foi, então, semelhante espuma sobre a água tornou-se solidificado; isto foi a terra. Após a terra ter sido criada, *Hiranyagarbha* ficou cansado. Dele, assim fatigado e aquecido, veio então Sua essência como uma Luz Brilhante. Isto foi o fogo".

COMENTÁRIO: Neste verso, o autor anônimo explica a origem do fogo, que se originou da água. Depois, é explicada a origem da terra, que veio de uma espuma que estava sobre a água. Depois que a terra foi criada, o Supremo *Hiranyagarbha* ficou cansado. Dele, cansado, apareceu a Sua essência, ou seja, uma "Luz Brilhante", que foi o fogo.

VERSO 3. "As três partes de *Virâj* se diferenciam de três maneiras, como o sol na terceira forma e o ar, na terceira forma. Assim, o *prâna*, que é *Virâj*, tem três partes. Sua cabeça é o leste, seus braços são o noroeste e o sudoeste. Sua parte posterior é o oeste, sua parte traseira é o noroeste e o sudoeste, suas costas são sul e o norte, suas espáduas o paraíso, seu ventre é o céu e seu peito é esta terra. Descansa na água. Assim, aquele que o conhece encontra lugar para o descanso, onde quer que vá".

COMENTÁRIO: *Prajapâti* (ou *Hiranyagharbha*) dividiu a si mesmo em três partes: a primeira é o sol, a segunda é o ar. (*Prajapâti* ou *Hiraniagarbha* transformou a si mesmo, em *Virâj*). *Virâj*, que por sua vez é o *prâna*, é dividido em três partes. Em seguida, o autor anônimo da *Brhâdaranyaka* explica o que sejam essas três partes, ou seja, sua cabeça é o leste, seus braços, o noroeste e o sudeste. A parte posterior de *Virâj* é o oeste, sua parte traseira é o noroeste e o sudeste, suas costas o sul e o norte. Suas espáduas o paraíso, seu ventre é o céu e o peito é a terra. Diz ainda o autor que aquele que o conhece encontra lugar para descansar, aonde quer que vá.

VERSO 4: "Ele desejou: 'Deixe um segundo ser nascer de Mim'. E Ele, a morte ou a fome, realizou a união da fala com a mente. O que foi a semente, se transformou no ano. Anteriormente a ele, não existia o ano. Ele, a morte, o criou durante todo o ano e, no fim desse período, ele o projetou. Então, quando ele nasceu, a morte abriu a boca (para tragá-lo). Ele, uma criança, gritou: '*Bhan!*' E assim nasceu a palavra".

COMENTÁRIO: A palavra "Ele" se refere a *Hiranyagarbha*. Ele desejou que um outro ser se originasse Dele mesmo, tornando-se um novo ser incorpóreo. A fala aqui significa os *Vêdas*. A união da fala com a mente significa, de acordo com a tradição, "visão eterna", o que contém a ordem da criação". Assim, *Hiraniagarbha* impulsiona o mundo, com a ajuda dos *Vêdas*. Desejoso de criar, Ele gerou intensamente sobre essa visão que se tornou manifesta como este universo material. A palavra "semente" é uma referência à causa de *Virâj*, o primeiro ser encarnado, segundo *Nikilananda* (p. 94). A expressão "anteriormente a ele" significa "anteriormente, antes de *Virâj*, aquele que fez o ano, não havia o ano, não havia o tempo". "Ele o projetou" significa que foi quebrado o ovo de *Hiranyagarbha,* e este projetou uma criança de si próprio. Esta criança ao nascer, gritou: "*Bhan*". Então, nasceu a fala ou a palavra, diz o texto.

VERSO 5: "Ele pensou: 'Se eu matá-lo, terei pouca comida'. Com estas palavras e com a mente projetou tudo isto, os *Vêdas, Rig, Yajur* e *Sama,* as métricas (os versos), os sacrifícios, o homem e os animais. Qualquer coisa que Ele projetasse de si mesmo, ele o comia. Verdadeiramente, por essa razão, Ele é *Aditi* (morte). Aquele que sabe como *Aditi* chegou a ter esse nome torna-se o devorador de todas as coisas e todas as coisas tornam-se sua comida".

COMENTÁRIO: A expressão: "Se eu matá-lo" se aplica a *Virâj*, que é a semente. Se a morte devorar *Virâj,* ela terá muito pouca comida. Mas, ela desejou uma grande quantidade de comida e desistiu de comê-lo. "Com essas palavras e com a mente, projetou tudo isso, os *Vêdas, Rig, Yajur e Sama,* as métricas, os sacrifícios, o homem e, os animais", significa "tudo o que existe e que a morte projetou de si, *Virâj,* mediante a união dos *Vêdas* com a mente". Todas as coisas citadas e projetadas estão relacionadas aos sacrifícios rituais. A morte é, aqui, identificada com todas as coisas. Aquele que aspira à libertação espiritual torna-se identificado com todas as coisas. É o que ocorre com aqueles que passam pela experiência do *samâdhi.* Daí que todas as coisas se tornam sua comida. *Aditi* é a morte, e o que sabe por que *Aditi* tem esse nome torna-se o devorador de tudo, e tudo se transforma em sua comida.

VERSO 6: "Ele pensou: 'Sacrifique-me novamente, com o grande sacrifício'. Ele estava cansado e praticou austeridades. Estando assim, sua reputação e a sua força abandonaram-no. Os órgãos são a reputação e vigor. Quando os órgãos o abandonaram, o corpo começou a se expandir e sua mente permaneceu assentada no corpo".

COMENTÁRIO: A expressão "Sacrifique-me novamente com o grande sacrifício", significa que Ele realizou o Sacrifício do Cavalo (*ashvamedha*) na Sua vida pregressa. Isto, segundo *Nikilananda* (p. 95), significa que Ele renasceu no presente ciclo como *Prajapâti.* Ele desejou realizar tal sacrifício na vida atual. Praticar austeridades significa que todos os esforços acarretam frutos por meio da austeridade. É pela austeridade que a mente alcança boa concentração, permitindo chegar à meditação e ao *samâdhi.* Ao realizar novamente o Sacrifício do Cavalo, ficou cansado, e suas forças e o seu vigor O abandonaram; os órgãos são a sua reputação. Quando os Seus órgãos O abandonaram, Seu corpo se expandiu e sua mente permaneceu em Seu corpo.

VERSO 7: "Ele desejou: 'Que este meu corpo esteja apto para o sacrifício e que eu encarne nele'. Como este corpo se expandiu, passou a se chamar cavalo (*ashvat*), e como se fez apto ao sacrifício, esta é a razão pela qual o Sacrifício do Cavalo passou a se chamar *ashvamedha.* Aquele que sabe disso, verdadeiramente conhece o Sacrifício do Cavalo. (*Prajapâti*, desejando novamente realizar o sacrifício com o grande sacrifício, imaginou a Si próprio como um cavalo) e, como o cavalo permaneceu livre, Ele refletiu sobre isso. Após um ano, Ele sacrificou a Si mesmo e enviou os animais aos deuses. Assim, os sacerdotes sacrificaram *Prajapâti*, o cavalo santificado que está dedicado a todos os deuses. Aquele que por ali brilha é o Sacrifício do Cavalo; seu corpo é o ano. Este fogo é *arka*, o fogo sacrificial, cujos membros são aqueles mundos. Assim, esses dois, fogo e sol, são *arka* e *ashvamedha*. Esses dois, novamente, tornam-se o mesmo deus, a morte. Aquele que conhece isso, conquista outra morte. A morte não pode vencê-lo; a morte torna-se seu ser; e Ele se torna uno com essas deidades".

COMENTÁRIO: Com a mente unida ao seu corpo, *Prajapâti* desejou que o seu corpo estivesse apto para o sacrifício. O Seu corpo expandido passou a se chamar *ashvat* (cavalo). Então, como o Seu corpo ficou apto para o sacrifício, essa é a razão pela qual o Sacrifício do Cavalo passou a se chamar *ashvamedha*. Todos os que sabem disso passam a conhecer o Sacrifício do Cavalo. *Prajapâti* desejou novamente realizar o sacrifício e imaginou-se como um cavalo, permanecendo livre. Transcorrido um ano, sacrificou a Si mesmo e enviou os outros animais domésticos e selvagens aos deuses e suas respectivas deidades. Então, transformado *Prajapâti* em cavalo, os sacerdotes O sacrificaram. Em seguida, o autor anônimo começa a fazer comparações: seu corpo é o ano; o fogo que ali está, é *arka*, o fogo do sacrifício, cujos membros são aqueles mundos; o fogo e o sol, são *arka* e *ashvamedha* e estes se tornam um mesmo deus, ou seja, a morte. Diz o autor anônimo desta *Upanishad* que todos os que sabem disso conquistam outra morte e esta torna-se seus próprios seres, ficando os que isso conhecem unos com os deuses.

TERCEIRO *BRÂHMANA*
OS *PRÂNAS*, SUAS GLÓRIAS E SEUS PODERES REDIMIDOS

VERSO 1: "Havia dois tipos de filhos de *Prajapâti*: os *Devas* (bons) e os *Asuras* (maus). Naturalmente, os *Devas* eram menores em número e os *Asuras*, mais numerosos. Guerrearam entre si pela posse destes mundos. Disseram os *Devas*: 'Vamos derrotar os *Asuras* com o sacrifício (*jyotishtoma*) pelo *udgîtha*".

COMENTÁRIO: Essa narrativa é uma referência a uma vida pregressa de *Prajapâti*. Nela, Ele realizou o Sacrifício do Cavalo e alcançou a elevada posição como *Prajapâti*, na presente existência. Os *Devas* e os *Asuras* são os órgãos da fala, do ouvido, etc., do próprio *Prajapâti*. A expressão "naturalmente" significa que os órgãos têm a tendência de se direcionarem aos objetos materiais, em desprezo aos objetos espirituais. Por essa razão, os *Devas* são menos numerosos que os *Asuras*. Eles guerrearam entre si, em razão de terem desejos, planos de evolução diferentes para os seres humanos e para a vida na terra. Nas suas lutas eternas, algumas vezes os *Asuras* ganhavam, e em outras, os *Devas* ganhavam. Para derrotar definitivamente os *Asuras*, os *Devas*, conversando entre si, propuseram para esse fim, a realização do sacrifício *jyotishtoma*, pelo *udgîtha*. A derrota dos *Devas* significa a degradação, a queda dos seres humanos. O contrário representa a preponderância da virtude, da paz, da harmonia, etc. A palavra sânscrita *jyitishma* significa um grande ritual, em que o suco do *soma* (bebida alucinogênica) era oferecido para se alcançar os céus. A palavra sânscrita *udgîtha* significa uma parte dos hinos do *Sâma-Vêda*, cantados durante os sacrifícios. Os *Devas* desejaram derrotar os *Asuras*, mediante a realização do ritual *jyoishtoma*, em que seria cantado hino do *Sâma-Vêda*, que é o *udgîtha*.

VERSO 2: "Eles disseram aos órgãos da fala: 'Canta o *udgîtha* para nós'. Bem, disseram eles, 'assim faremos'. E os órgãos da fala cantaram o *udgîtha*. O bem comum que procede desses órgãos deu aos *Devas*, por meio do canto, a delicada expressão que usaram para si mesmos. Os *Asuras* sabiam que através desse canto os *Devas* seriam por eles derrotados. Eles cantaram-no para os *Devas* e os penetrou com o mal. O mal é o que se encontra quando se fala de coisas impróprias".

COMENTÁRIO: Neste verso e nos que virão, a expressão "os órgãos" se refere às deidades ou o Espírito que controla os órgãos do corpo, identificando-os com cada um deles. Então, os *Devas*, depois de dizer isso, pediram ao órgão da linguagem, ou seja, pediram à deidade que se identifica com tal órgão. No *udgîtha*, diferentes tipos de sacerdotes participavam desse ritual, o *udgâtri* (sacerdote do *Sâma-Vêda*), o *hotri* (sacerdote do *Rig-Vêda*), o *adhvariu* (sacerdote do *Yajur-Vêda*) e o *atharvan* (sacerdote do *Atharva-Vêda*) davam sua aprovação ao ritual, mediante acenos. A expressão "o bem comum desses órgãos" significa o bem comum que procede do órgão da fala.

No ritual *jyoishtoma,* 12 hinos do *Sâma-Vêda* eram cantados pelo *udgâtri*. *Nikilanada* (p. 100) escreveu:

> "Os frutos do canto, os três primeiros deles, chamados *pavamâna,* iam para a pessoa para quem os benefícios do sacrifício eram destinados, e o resto ia para os sacerdotes cantantes".

Segundo o autor anônimo da *Brhâdaranyaka Upanishad,* os deuses maus, ou os *Asuras,* sabiam que os deuses bons, os *Devas,* seriam derrotados por intermédio do canto *udgîtha*. Os *Asuras* cantaram-no para os *Devas,* enchendo-os com o mal. Esse mal é encontrado todas as vezes que falamos coisas impróprias.

VERSO 3: "Então, eles disseram ao órgão do olfato: 'Cante o *udgîtha* para nós. 'Assim será', disse o órgão do olfato, que cantou para eles. O bem comum que provém do órgão do olfato o conseguiu para os *Devas*, cantando. O delicado olfato o utilizou para si próprio. Os *Asuras* sabiam que, por meio desse canto (*udgîtha*), derrotariam os *Devas*. Eles cantaram-no para os *Devas* e os penetrou com o mal. O mal é o que se encontra quando se cheira as coisas impróprias".

VERSO 4: "Eles então disseram para o órgão da visão: 'Cante o *udgîtha* para nós'. 'Faremos isto', disse o órgão da visão, e o cantou para eles. O bem comum que provém do órgão da visão o conseguiu para os *Devas*, cantando. O delicado órgão da visão o utilizou para si próprio. Os *Asuras* sabiam que com o auxílio desse canto (*udgîtha*), derrotariam os *Devas*. Eles cantaram-no para os *Devas* e os penetrou com o mal. O mal é o que se encontra quando se vê as coisas impróprias".

VERSO 5: "Eles então disseram para o órgão da audição: 'Cante o *udgîtha* para nós'. 'Faremos isto', disse o órgão da audição, e o cantou para eles. O bem comum que provém do órgão da audição o conseguiu para os *Devas*, cantando. O delicado órgão da audição o utilizou par si próprio. Os *Asuras* sabiam que, com esse canto (*udgîtha*), derrotariam os *Devas*. Eles cantaram-no para os *Devas*, e os penetrou com o mal. O mal é o que se encontra quando se ouve as coisas impróprias".

VERSO 6: "Eles então disseram à mente: 'Cante o *udgîtha* para nós'. 'Farei isto', disse a mente, e cantou para eles. O bem comum que provém do órgão da mente o conseguiu para os *Devas*, cantando. O delicado órgão da mente o utilizou para si mesmo. Os *Asuras* sabiam que, através desse canto (*udgîtha*), derrotariam os *Devas*. Eles cantaram-no para os *Devas*, e os penetrou com o mal. O mal é o que se encontra quando se pensa nas coisas impróprias. E também penetram essas outras deidades com o mal, e lhes perceberam como o mal".

COMENTÁRIO: Os versos de 2 a 6 são semelhantes. As deidades pediram à boca, ao nariz, aos olhos e à mente para cantar para elas o *udgîtha*, e eles o fizeram. O bem comum, oriundo de todos eles, o conseguiu para os *Devas*, cantando. Tais órgãos utilizaram esse canto *udgîtha* para eles próprios. Os espertos *Asuras* sabiam que, por meio desse canto, derrotariam os *Devas*. Eles cantaram-no para os *Devas*, e assim penetrou-os com o mal. O mal, em todos os versos citados, é o que se encontra quando se fala, se cheira, se ouve e quando se pensa em coisas impróprias. Diz ainda o verso 6 que as deidades penetram em outras deidades com o mal, percebendo-as como o mal. É o que se depreende dos versos referidos.

VERSO 7: "Então, disseram à energia vital (*prâna*), da boca: 'Canta o *udgîtha* para nós. 'Está bem', disse a energia vital, e cantou para eles. Os *Asuras* sabiam que, por meio desse canto, superariam os *Devas*. E os queriam maldizer. Mas, do mesmo modo que quando um torrão de terra ao bater em uma rocha se rompe em pedaços, eles também se romperam em pedaços e, lançando-se em todas as direções, pereceram. Por isso, os *Devas* se converteram (no que eram) e os *Asuras* foram esmagados. Aquele que sabe disso percebe o seu Verdadeiro Ser, e o inimigo que os convida, perece".

COMENTÁRIO: Neste verso, há uma clara referência à energia vital do Hinduísmo, denominada *prâna*. Eles se dirigem ao *prâna* localizado na boca. Aqui, há referência ao *prâna*, localizado no boca, portanto, próximo ao coração. Eles pediram ao *prâna* para cantar-lhes o *udgîtha,* e este concordou. Os *Asuras,* sempre espertos, sabiam que poderiam derrotar os *Devas*, por meio desse canto, maldizendo-os. O autor anônimo desta *Upanishad* faz uma analogia, comparando os *Asuras* a um torrão de barro que se choca com uma rocha, espatifando-se e lançando-se em todas as direções, perecendo. Por essa razão, os *Asuras* pereceram. Diz ainda o autor anônimo que todo aquele que sabe disso percebe o seu Verdadeiro Ser, o *Atmân*. O seu inimigo que o convida também perece.

VERSO 8: "Os órgãos disseram: 'Onde estava aquele que nos restituiu a Nossa Divindade?'. Após serem libertados espiritualmente, descobriram que a Divindade deles estava nas suas respectivas bocas, onde estava o *prâna*. Este é chamado *ayâsya*, por ser a essência dos membros do corpo".

COMENTÁRIO: Os órgãos de *Prajapâti*, que conseguiram restituir suas divindades pelo *prâna*, localizado na sua boca, disseram: 'Onde estava o que nos restituiu nossas Divindades?' E, após serem libertos espiritualmente, descobriram que as suas divindades estavam nas suas bocas, onde estava o *prâna*. Este, por sua vez, é chamado *ayâsya*. O *prâna* é assim chamado por ser a essência dos membros do corpo. O autor anônimo desta *Upanishad* quiz dizer que o *prâna* é o *Âtman* nele manifestado, que pode ser considerado como a divindade, o Ser interno de todas as coisas.

VERSO 9: "Esta deidade se chama *dur* porque a morte está longe dela. A morte está longe de quem a conhece".

COMENTÁRIO: A deidade aqui referida é o *prâna*, dentro do corpo, que os *Devas* reconheceram como o salvador deles. Segundo *Nikilananda* (p. 104), a morte é o *Asura* do apego por objetos físicos e também, o desejo por possuí-los. Estes são os responsáveis pelo ciclo de morte-renascimento, denominado *samsara*. A expressão "está longe dela" significa que o *prâna* está longe da morte, estando livre dela e dos apegos. A outra expressão "a morte está longe de quem a conhece" significa que a morte está longe do *prâna* porque ele é livre de apegos. A morte, apesar de estar próxima ao *prâna* e de estar relacionada com ele, está desvinculada dele, que não tem apego. A palavra sâncrita *dur* significa "distante".

VERSO 10: "Essa deidade que levou a morte – o mal dos *Devas* – a levou aonde terminam os pontos cardeais. Ali, deixou seus males. Por causa deles, ninguém deveria chegar perto de qualquer pessoa daquela região, nem tampouco ir até a região situada além da fronteira, para absorver esse mal, que é a morte".

COMENTÁRIO: Essa deidade que levou a morte, o mal dos *Devas*, é o apego aos objetos materiais. Portanto, a morte é o mal. Essa deidade levou a morte para bem longe, onde terminam os pontos cardeais, ali deixando os seus males. Diz *Nikilananda* (p. 104) que os *Devas* são os vários órgãos que se identificam com o *prâna*. Pode-se entender a expressão "onde terminam os pontos cardeais", como sendo uma referência aos locais onde as pessoas mantêm pontos de vista diferentes. Nesse local distante, o *prâna* dos *Devas* deixou seus males. A expressão "Por causa deles ninguém deveria chegar perto de qualquer pessoa daquela região" significa que ninguém deveria chegar perto de pessoas que ali estivessem, uma vez que esses males eram terríveis e as haviam contaminado, e poderiam também afetar quem dali se aproximasse. Ninguém deveria também ir além da fronteira, porque o mal também ali estaria. Esse mal que ali existente é a morte.

VERSO 11: "Depois de haver levado a morte – o mal dos *Devas* – a deidade os conduziu além da morte".

COMENTÁRIO: A deidade levou a morte, ou seja, levou os órgãos além do mal, fazendo-os realizar suas naturezas divinas. Outra interpretação a este verso, dada por Consuelo Martín (p. 61), é que se trata do resultado de meditação sobre o *prâna*, como sendo o próprio Ser. A deidade levou os órgãos da linguagem e os outros, identificados com o *prâna*, mais além da morte, porque esta, sendo o mal que limita o corpo, fica eliminada por meio da sua identificação com o *prâna*.

VERSO 12: "Primeiramente, foi levado o órgão da fala, o principal. Quando o órgão da fala se libertou da morte, transformou-se em fogo. Este fogo, tendo transcendido a morte, brilhou além dos seus limites".

COMENTÁRIO: O *prâna* levou, em primeiro lugar, o órgão da fala, o mais importante. E, quando esse órgão se libertou da morte, transformou-se em fogo. O órgão da fala não é consciente da sua verdadeira natureza, que é fogo. Livre do mal, ele brilhou com grande luminosidade, tornando-se consciente da sua verdadeira natureza, o fogo. Portanto, a palavra é fogo.

VERSO 13: "Depois, levou o órgão do olfato. Quando ele se tornou livre da morte, transformou-se no ar. Esse ar, tendo se libertado da morte, sobra mais além do seu âmbito".

VERSO 14: "Depois, levou o órgão da visão. Quando ele se libertou da morte, transformou-se no Sol. Esse Sol liberto da morte brilha mais além do seu âmbito".

VERSO 15: "Depois, levou o órgão da audição. Quando ele se libertou da morte, transformou-se nos pontos cardeais. Esses pontos cardeais, libertos da morte, ficam mais além do seu âmbito".

VERSO 16: "Depois, levou a mente. Quando ela se libertou da morte, transformou-se na Lua. Essa Lua liberta da morte brilha além do seu âmbito. Assim, verdadeiramente é aquela deidade que leva além da morte, aquele que conhece isso".

COMENTÁRIO: Resultados idênticos puderam ser obtidos quando a deidade conduziu os órgãos da fala, do olfato, da visão, da audição e a mente. E, quando esses se libertaram da morte, transformaram-se em fogo, em ar, no Sol, nos pontos cardeais e na Lua, respectivamente, todos esses brilharam além dos seus âmbitos. É a interpretação que se deduz, dos versos 12, 13, 14, 15 e 16.

VERSO 17: "Após isso, o *prâna* obteve alimento para si, cantando. Qualquer que seja a comida que se coma, esta também é comida pelo *prâna* que permanece nela".

COMENTÁRIO: Os órgãos da fala, e todos os outros citados nos versos anteriores, cantaram para seus próprios bens. Esses órgãos cantaram os três hinos denominados *pavamâna*, cujos resultados devem ser divididos com os órgãos referidos. Eles também cantaram os nove hinos *pavamâna* restantes, cujos resultados já previamente definidos iam para os sacerdotes, além de serem pagos pelo seus serviços. O *prâna* obteve para si mesmo o alimento, cantando os nove hinos *pavamâna*. Sem a comida, o *prâna* não pode habitar no corpo, pois este reside, em parte, na comida. Como consequência, os órgãos dos sentidos não podem sobreviver. Qualquer comida que seja absorvida por criaturas vivas também é assimilada pelo *prâna*. E a comida é assimilada pelo organismo, junto com o *prâna*. Este permanece unido à comida assimilada.

VERSO 18: "Então, os *Devas* disseram ao *prâna*: 'Verdadeiramente, esse alimento é suficiente', disseram eles cantando. 'Deixa-nos ter uma parte dessa comida'. 'Sentem-se, olhando para mim, disse o *prâna*'. 'Assim faremos. Agora, dê-nos, por favor, essa comida, disseram os *Devas*". Eles sentaram-se em torno do *prâna*. Esta é a razão pela qual qualquer comida que alguém coma através do *prâna* satisfaz os órgãos. Assim fizeram os seus parentes, sentando-se em torno do *prâna,* olhando-o, ele que os conhece; tornou-se seu apoio, o maior dentre eles, seu guia, um bom comedor daquela comida e seu senhor. Aquele dentre os seus parentes que deseje ser rival do homem que tem esse conhecimento não é capaz de manter seus descendentes. Mas, por outro lado, quem o segue ou deseja sustentar seus descendentes será capaz de fazê-lo".

COMENTÁRIO: Aqui, os *Devas* são os órgãos do corpo. Eles trazem para a luz os objetos do mundo. Foram eles que falaram cantando, com o *prâna*, dizendo que o alimento era suficiente. E pediram uma parte da comida. Daí, o *prâna* lhes pediu que sentassem, olhando para si.

E assim fizeram e comeram. Essa seria a razão pela qual qualquer comida que uma pessoa coma o faz por meio do *prâna*, satisfazendo seus órgãos. O autor anônimo desta *Upanishad* afirma que os parentes dos *Devas* fizeram a mesma coisa, ou seja, sentaram-se em torno do *prâna*, olhando-o, o *prâna* que os conhece. Desde que os *Devas* ou os órgãos, sentaram-se em torno do *prâna*, a comida que eles comeram mantém a vida, satisfazendo-os. Esses órgãos não são independentes da comida. Caso fossem, o corpo pereceria juntamente com eles. Os *Devas* sentaram-se em torno do *prâna* para nele se refugiarem, e este tornou-se o líder, o apoio dos órgãos. Por outro lado, aquele dentre os parentes dos órgãos que deseje rivalizar com o homem que possui esses conhecimentos, ou seja, os conhecimentos do *prâna* será capaz de manter os seus descendentes, os *Asuras*, rivais do *prâna*. Mas, como os órgãos desejam manter seus descendentes, devem seguir o *prâna*.

VERSO 19: "Este se chama *âyâsya ângirasa*, uma vez que é a essência dos membros do corpo. Sim, o *prâna* é a essência dos membros. Assim o é porque, quando o *prâna* abandona um membro do corpo, este murcha. Portanto, o *prâna* é a essência dos membros".

COMENTÁRIO: Os textos usados nesta tradução não explicam o que seja a expressão *âyaya ângirasa*. A expressão "... uma vez que é a essência dos membros do corpo", refere-se ao *prâna*, aqui denominado *âyâsa ângirasa*. Diz o autor anônimo desta *Upanishad* que uma espécie de prova de que o *prâna* é a essência do corpo consiste no fato de que, quando aquele abandona um dos seus membros, este murcha, fica sem vida. Esta seria a prova. Por outro lado, além de ser a essência dos membros do corpo, o *prâna* também pode ser interpretado como sendo os três *Vêdas*, *Rig*, *Sama* e *Yajur*, podendo ser ainda um objeto de meditação.

VERSO 20: "É também *Brihaspati* (o Supremo Senhor do *Rig-Vêda*). A fala é, certamente, *Brihaspati* e o *prâna* é o seu Senhor. Por esta razão, é também *Brihaspati*".

COMENTÁRIO: Aqui, o *prâna*, denominado *ângirasa*, é também *Brihaspati*, palavra oriunda de *Brihati*, palavra sânscrita que significa 'uma métrica do *Rig-Vêda* com 36 sílabas'. O texto segue, comparando a fala com *Brihaspati*, sendo o *prâna* considerado o Senhor deste. Daí, é também considerado *Brihaspati*.

VERSO 21: "É também *Brahmanaspati* o (Senhor do *Yajur-Vêda*). A fala é *Brahmân* e o *prâna* é o seu Senhor. Por isto é *Brahmanaspati*".

COMENTÁRIO: O texto segue comparando a fala com *Brahmân*, sendo o *prâna* o seu Senhor, o Senhor do *Yajur-Vêda* (*Bhahmanaspati*).

VERSO 22: "O *prâna* também é *sâman*. A fala, verdadeiramente, é *sâ* e este é *ama*. *Sâman* (os hinos do *Sâma-Vêda*) é conhecido por esta palavra, *sâ* (fala) e *ama* (*prâna*). Ou, porque o *prâna* é igual a uma formiga branca, igual a um mosquito, igual a um elefante, igual a esses três mundos, igual ao universo, é também *sâman* (o *prâna*). Quem conhece assim o *prâna*, alcança a união com ele ou vive no mesmo mundo que ele".

COMENTÁRIO: A palavra sânscrita *sâman* aqui significa a fala e o *prâna*. A fala é aqui comparada com o prefixo *sâ* e o sufixo *ama*, ou seja, *sâman* é a fala e o *prâna*. A que é igual o *prâna*? O verso segue, comparando-o a uma formiga, um mosquito, um elefante, a esses três mundos (que é o corpo de *Virâj*) e, finalmente, igual ao universo, ou seja *Hiranyagarbha*. O *prâna* é aqui comparado a algo que pode se expandir, desde o corpo de uma formiga, passando pelos três mundos, até o universo inteiro. O *prâna* perpassa toda a existência, assumindo diferentes corpos. Aquele que experiencia ou conhece o *prâna* por meio da meditação, atinge um elevado estado de consciência, possuindo grande felicidade por estar no mesmo nível que o *prâna*, confundindo-se com todas as coisas.

VERSO 23: "Ele é também *udgîtha*. O *prâna* é *ud*, uma vez que através dele todo o universo é mantido. A fala, por sua vez, é *githa*. E porque ele é *ud* e *githa*, é também *udgitha*".

COMENTÁRIO: A palavra sânscrita *udgitha* não são os hinos do *Sâma-Vêda*. É uma divisão deles. É algo que não se canta. O prefixo *ud*, significa "mantido" e compreende uma característica do *prâna*. Portanto, o *prâna* é *ud*. A fala é *githa* porque uma divisão do *Sâma-Vêda* é chamada *udgitha,* um tipo de som. Segundo Martín (p. 67), a palavra *githa* provém da raiz *gai,* que representa som. Por isso, é certo que o *prâna* deve ser chamado de *udgitha.*

VERSO 24: "Para explicar isso (há uma história): *Brahmadatta*, o bisneto de *Cikitâna*, quando bebia soma, disse: 'Que este soma me decapite se digo que *âyâsa ângirasa* cante o *udgitha* através de qualquer outro meio que não seja este'. Com efeito, ele cantou através da fala e do *prâna*".

COMENTÁRIO: Trata-se de uma narrativa que se encontra nos *Samhitâ* ou *Hinos dos Vêdas*. O texto então narra a história, na qual *Brahmadatta*, o bisneto de *Cikitâna*, faz uma afirmação, enquanto bebia o *soma*, uma bebida ritual citada nos *Hinos dos Vêdas*, principalmente do *Rig-Vêda*. Ele pede ao *soma* que o decapite, caso diga que o *prâna* ou *âyâsa ângirasa,* cante *udgitha* através de qualquer outro meio que não seja aquele que estava usando naquele momento. O *prâna*, que reside na boca, cantou o *udgitha*. Trata-se de uma referência aos sacerdotes que cantam no ritual realizado por antigos *rishis*. Aqui, *Brahmadatta* se consideraria um mentiroso, caso o *prâna* cantasse o *udgitha* por outro meio que não fosse o que estava usando naquele momento.

VERSO 25: "Aquele que conhece a riqueza deste *sâman* (o *prâna*), obtém riqueza. O tom é, com certeza, sua riqueza. Portanto, aquele que vai realizar os trabalhos ritualísticos como sacerdote, desejaria ter um tom de voz muito bom e deveria realizar suas obrigações como sacerdote com sua voz de bom tom. Por outro lado, as pessoas desejam ver nos rituais, um sacerdote com boa voz, como aquele que possui a riqueza. Aquele que sabe o que é a riqueza do *sâman*, a alcança".

COMENTÁRIO: Aqui, o verso diz que aquele que conhece a riqueza deste *sâman*, ou seja, do *prâna* que está na boca, obtém riqueza. O texto informa àquele que escuta que o tom da voz é a sua riqueza, ou seja, é seu ornamento. Por ser assim, aquele que vai realizar um ritual na condição de sacerdote deseja ter um bom tom de voz. Assim, todos desejam ver nos rituais um sacerdote ou oficiante com bom tom de voz. Aquele que sabe o que vem a ser a riqueza do *sâman*, consegue alcançá-la.

VERSO 26: "Aquele que conhece este ouro (*suvarna*) do *sâman* (*prâna*) obtém ouro. O tom da voz é, verdadeiramente, seu ouro. Aquele que sabe o que é o ouro do *sâman* obtém ouro".

COMENTÁRIO: No verso anterior, o autor anônimo desta *Upanishad* falou da doçura da voz. Neste verso, aponta pela palavra *suvarna*, a correta pronúncia do som. A palavra *survana* significa tanto ouro como pronúncia correta. Todo aquele que conhece a correta pronúncia do som (*survana*) do *prâna*, obtém ouro, sendo esta correta pronúncia, o seu ouro. E também, ao saber o que seja o ouro do *sâman*, obtém ouro.

VERSO 27: "Aquele que conhece o suporte do *sâman* (*prâna*) obtém um lugar para repousar. A fala é, verdadeiramente, seu suporte. Por estar suportado pela fala, o *prâna* é transformado em canto. Alguns dizem que o suporte está na comida".

COMENTÁRIO: Diz o verso que aquele que conhece o suporte do *prâna* (*sâman*) obtém um lugar para repousar. Aqui, a palavra "fala", como pensa *Nikilinanda* (p. 111), significa certas partes do corpo, tais como, a língua, o peito, o ouvido, a garganta, os dentes, os membros, o nariz e o palato. Diz ainda *Nikilananda* que este verso significa que uma pessoa pode meditar, tanto na fala ou na comida, como suportes do *prâna*. O verso segue dizendo que, por estar suportado pela fala, o *prâna* se transforma em canto, e outras pessoas dizem que o suporte do *prâna* é a comida.

VERSO 28: "Aqui se apresenta a edificante repetição (*Abhyâroha*) de hinos de purificação denominados *Pavâmanas*. O sacerdote chamado *prastotr* recita o *sâman*. Enquanto o canta, deve repetir estes versos (*Yajur*):

"Do irreal, conduze-me ao Real,

Das trevas, conduze-me à Luz,

Da morte, conduze-me à Imortalidade".

(*Asatô sa Sat gamayâ,*

Tamasô ma jyotir gamayâ,

Mritior mam r'itam gamayâ).

Ao pronunciar o verso "Do irreal, conduze-me ao Real", a palavra "irreal" significa morte, e "Real" significa Imortalidade; e, "Da morte, conduza-me à Imortalidade", quer dizer: "faça-me Imortal". Ao se dizer: "Das trevas, conduze-me à Luz", a palavra "trevas" significa a morte, e "Luz" significa a "Imortalidade"; e assim se dizer: "Da morte, conduze-me à Imortalidade", não parece que esteja oculto o significado".

Portanto, o cantor deveria estar seguro de obter comida por cantar os outros versos. Logo, enquanto os hinos são cantados, o sacrificante deve pedir um benefício que deseje. Quaisquer que sejam os objetos que esse cantor possua, desejados por ele mesmo ou pelo sacrificante, ele os obtém pelo canto. Esta meditação certamente ganha o mundo (*Hiranyagarbha*). Todo aquele que conhece o *sâman* (o *prâna*) não sente medo por não ser aceito neste mundo".

COMENTÁRIO: Este verso apresenta um mantra muito conhecido, denominado *Abyâroha*. É usado em rituais de iniciação espiritual, em que aquele que está sendo iniciado canta o referido mantra, várias vezes seguidas. Mas, pode ser cantado em aulas de Yoga, Sat-Sag, antes e após uma prática meditativa, etc. Trata-se de uma prece muito bonita, na qual quem faz a oração pede ao Absoluto *Brahmâm* que o conduza, do irreal para o Real, das trevas para a Luz e da morte para a Imortalidade. Ao ser cantado repetidas vezes, esse mantra coloca o recitante em contato com elevadas forças espirituais existentes dentro e fora dele. A frase "Do irreal, conduze-me ao Real" pode ser interpretada como um pedido do recitante para que o Absoluto o leve a sair das trevas da ignorância em que vive (*avidyâ*), para o verdadeiro conhecimento (*Vidyâ*), ou seja, a Libertação Espiritual, *moksha, kaivalya, apavarga* ou *mukti*. A Frase "Das trevas, conduza-me à Luz" pode ser interpretada do mesmo modo. As trevas são as trevas da ignorância, da falta de conhecimento de Si Mesmo, do *Âtman*. Trevas é confundir o que é mortal com o que é Imortal, o que é irreal com o Real, o transitório com o Eterno. A frase "Da morte, conduza-me à Imortalidade" significa que o recitante pede ao Absoluto que o leve do estado de ignorância em que vive, ou seja, a morte, para a Imortalidade, ou seja, para o Verdadeiro Conhecimento, o conhecimento de *Brahmân*.

QUARTO *BRÂHMANA*
A CRIAÇÃO E AS SUAS CAUSAS
(O SER, ORIGEM DE TUDO)

VERSO 1: "No início, tudo isto (este universo) era apenas o Ser (*Virâj*) em forma humana. Ele olhou em torno de Si e nada encontrou, a não ser a Si mesmo. Primeiramente, disse: 'Eu sou Ele'. Por isso, apareceu o nome Eu (*aham*). Desde este momento até hoje, quando uma pessoa se dirige a outra e diz primeiro: 'Sou Eu', e então diz o outro nome que possa ter. Por ser o primeiro e anterior aos demais, queimou todos os males e, por isso, é chamado *Purusha*. Todo aquele que sabe disso também queima a quem deseje estar à frete Dele (*Virâj*)".

COMENTÁRIO: Trata-se de um verso que descreve o início da criação ao começar sua manifestação, o universo era ou possuía a Forma Divina de *Virâj*, análoga à forma humana. *Virâj* é o primeiro ser encarnado, nascido do Ovo Cósmico, dotado de forma humana. Então

Virâj, olhando em torno de Si, nada viu, a não ser a Si mesmo, ou seja, Ele estava só. Ele era o próprio Absoluto. Após perceber isso, *Virâj* disse: "Eu sou Ele" e, em consequência dessa afirmação, surgiu a noção de "Eu", ou seja, surgiu o Ego (*aham*). A partir desse momento, qualquer pessoa, ao dirigir-se a outra e diz: "Eu sou", e diz o seu próprio nome. Sendo *Virâj* o primeiro Ser da criação, anterior a tudo, queimou todos os males, ou seja, todos os erros, toda ignorância. Depois disso, Ele, *Virâj,* passou a se chamar *Purusha*. Diz o verso que todas as pessoas que sabem disso queimam também todos os que desejem estar à frente de *Virâj*. A palavra sânscrita *Purusha* é do Yoga e do *Samkhya*. Pode ser encontrada, facilmente, nos *Yoga Sutra* de *Patânjali*. Significa o Eu Transpessoal, além do Ego. O Yoga reconhece dois tipos de consciência: *chitta* e *chit*. Chitta é a mente, o Ego, a personalidade histórica nascida da interação do indivíduo com a cultura, a família, a sociedade. Surge da interação do indivíduo com os discursos vigentes na sociedade em que vive. É, portanto, uma construção sócio-histórica sem nenhuma consistência própria, sendo mortal, mutável e falível. Por outro lado, *chit* é a consciência transpessoal, Imortal, Infalível, Imutável, o Si Mesmo, o *Purusha*, que pode ser percebida quando se consegue silenciar as tagarelices da mente. *Purusha* é aquilo que está por trás dos pensamentos, além da mente, além do pensamento. Para que se possa compreender melhor o que seja *Purusha,* transcreveremos abaixo três *sutras* do início do primeiro capítulo dos *Yoga Sutra* já referidos (TAIMNE, I. K., 1996):

"I.2. Yoga é a inibição das modificações da mente".

Este verso significa que a palavra Yoga é um estado da mente alcançado quando acontece a cessação das atividades ou modificações da mente (*chitta*).

"I.3. Então, o vidente está estabelecido em sua própria natureza essencial e fundamental".

O vidente é o praticante de Yoga que consegue parar as atividades da sua mente. Quando essas atividades cessam, então ele, o vidente, está estabelecido em sua própria natureza, a sua natureza fundamental e essencial, ou seja, a mente ou o Ego percebe o *Purusha*. O vidente então percebe que ele não é a sua mente mortal, falível, mas ele é o *Purusha*.

"I.4. Nos outros estados existe assimilação (do vidente) com as modificações (da mente)".

Neste sutra, Patânjali diz que, quando o praticante não consegue cessar as atividades da sua mente, ele passa a se confundir com o seu Ego. Em outras palavras, quando não se consegue cessar as atividades da mente, julgamos que somos os nossos próprios pensamentos, a nossa mente. Portanto, *Purusha* é uma consciência transpessoal, situada além do Ego.

VERSO 2: "Ele estava com medo. As pessoas sentem medo por estarem sós. Então, *Virâj* pensou: 'Desde que não existe nada mais que Eu mesmo, por que estou com medo?' Somente então seu medo desapareceu, o que deveria temer? Na verdade, o medo procede do outro".

Comentário: *Virâj* sentiu medo como qualquer outro ser comum, como por exemplo, nós mesmos. Ele estava com medo pela falsa noção de ser mortal, pois possuía corpo e órgãos como um ser humano comum. Qualquer pessoa tem medo por estar só, como *Virâj*. Ele pensou que, se não há ninguém mais que Ele mesmo, ninguém mais é seu próprio rival senão Ele mesmo. Assim, por que Ele estava com medo, se não há mais ninguém para matá-lo? Ao pensar assim, seu medo desapareceu. O medo procede de outra pessoa, não dele mesmo.

VERSO 3: "Ele, *Virâj,* não era feliz. Uma pessoa não é feliz, quando sozinha. Assim, desejou uma companheira. Ele tornou-se do tamanho de um homem e de uma mulher, abraçando-se. Partiu o seu corpo em duas partes. Daí, saíram marido e mulher. Por essa razão, disse *Yâjnavalkya,* esse corpo é a metade de uma pessoa, como uma das duas metades de uma ervilha partida ao meio. Entretanto, esse espaço é, de fato, preenchido pela companheira. Ele se uniu a ela. Dessa união, os seres humanos nasceram".

COMENTÁRIO: Aqui, *Virâj* estava aflingido por pesares, como qualquer ser humano. Isto por causa da sua solidão. Assim como *Virâj,* nenhuma pessoa é feliz quando está sozinha. Para conseguir uma companheira, *Virâj* visualizou a Si próprio como se estivesse abraçado a uma mulher. Então, o seu desejo foi satisfeito. Ele se tornou um homem, abraçado à sua companheira. Deve ser lembrado que *Virâj* não destruiu Sua forma original, para assumir outra. Ele permaneceu como sempre foi. Mas, criou uma nova parte de Si mesmo, do mesmo tamanho que o de um homem e de uma mulher, abraçados. *Yâjnavalkya* é o nome de um mestre espiritual, citado nesta *Upanishad.* Ele disse que a nova parte de *Virâj* correspondia às duas metade de uma pessoa, semelhante a uma ervilha partida ao meio. Ao desposar a sua companheira, *Virâj* sentiu-se completo. O espaço correspondente àquele ocupado pelo corpo da sua companheira foi preenchido por ela. Da união de *Viraj* com a sua companheira nasceram todos os seres humanos. Aqui, o verso especifica que *Virâj* ou *Prajapâti* dividiu a Si mesmo em duas metades: um homem e uma mulher, ambos elementos Dele mesmo. Aqui, não se especifica uma dualidade macho-fêmea. Ambos eram um só, *Virâj*.

VERSO 4: "Ela pensou: 'Como pode Ele unir-se a mim, depois de produzir a Si mesmo?' Bem, disse *Virâj*, permita-me esconder a Mim mesmo'. Ela se transformou em uma vaca e Ele em um touro que se uniu a ela; dessa união nasceram as vacas. Ela se transformou em uma égua e ele se transformou em um cavalo e, se uniu a ela. Dessa união, nasceram os animais de pelo. Ela se transformou em uma cabra e Ele em um bode. Ela se transformou em uma ovelha e Ele em um carneiro, que se uniu a ela e, daí, nasceram as cabras e as ovelhas. A partir disso, Ele produziu tudo o que existe, em pares".

COMENTÁRIO: Aqui, o verso apresenta, de início, a fala da companheira, pensando em como poderia *Virâj* unir-se a ela, depois de gerar a Si mesmo. Ele responde, dizendo que iria esconder a Si mesmo. Daí em diante, eles se transformam, sucessivamente, em uma vaca e um touro, em uma égua e um cavalo, em uma cabra e em bode, em uma ovelha e um carneiro. Todos esses se uniram e deram origem aos animais de pelo, às cabras e ovelhas, daí em diante, produzindo tudo em pares.

VERSO 5: "Então, *Virâj* pensou: 'Eu sou a criação porque produzi tudo isso'. E Ele chamava aquilo de criação. Todo aquele que sabe disso se faz criador nessa criação de *Virâj*".

COMENTÁRIO: Aqui, depois que *Virâj* criou o universo, Ele pensou que era toda a criação porque produziu tudo aquilo. Em outras palavras, o universo não é diferente Dele mesmo. E *Virâj* denominou tudo aquilo de "criação", a sua criação. E toda pessoa que sabe disso se torna também um criador dentro dessa criação de *Virâj*.

VERSO 6: "Então, Ele friccionou para frente e para trás, e produziu o fogo da sua fonte: a boca e as mãos. Entretanto, estas duas, a boca e as mãos, estavam sem pelos no interior. Quando eles (os sacerdotes) falam sobre os deuses (*Devas*), dizendo: 'Sacrifique a este, sacrifique ao outro'(estão equivocados); eles são a Sua projeção, porque Ele é todos os deuses. Desse modo, tudo o que é líquido, Ele produziu de uma semente. E aquilo é o *soma*. Este universo é alimento e aquele que come o alimento. *Soma* é alimento, e o fogo é o que come o alimento. É a criação suprema de *Virâj,* que projetou os deuses, que são também superiores a Ele. Isto é a elevada criação, porque Ele, apesar de mortal, manifesta o Imortal. Por isso, trata-se de uma criação suprema. Todo aquele que conhece isto se transforma em um criador nesta criação de *Virâj*".

COMENTÁRIO: Ao projetar de Si este universo formado por pares, *Virâj,* que desejava projetar ou criar os deuses, friccionou a boca com as mãos, para frente e para trás, e produziu o fogo diante Dele. A boca e as mãos estão sem pelos, porque são a fonte do fogo. Então, os sacerdotes que falam sobre os deuses, dizendo para sacrificar a esse ou àquele, estão equivocados. Esses sacerdotes foram projetados de *Virâj,* uma vez que Ele é todos os deuses. Friccionando, para frente e para trás, a boca com as mãos, *Virâj* produziu o fogo, diante de Si. De acordo com as escrituras *vêdicas,* os sacerdotes *brâhmanes,* que nasceram da boca de *Virâj,* dedicam grande importância ao fogo. O texto se refere aos sacerdotes que falam aos deuses, pedindo-lhes para sacrificar a este ou aquele, estão equivocados, pois os deuses são o próprio *Virâj.* Daí, diz o texto que Ele produziu tudo o que é líquido, a partir de uma semente, dizendo ainda que aquilo tudo era o *soma.* O universo inteiro é alimento e aquele que come o alimento, ou seja, o universo é tudo. Diz o texto que o *soma* é o alimento e é o fogo quem come o alimento. Ele, que foi a criação suprema de *Virâj,* projetou de si, os deuses, sendo estes superiores a Ele. Como *Virâj* criou os deuses que são mortais, Ele é também mortal e imortal, porque é o Supremo criador. Daí, o verso diz que todo aquele que sabe disto se transforma em um criador, dentro desta criação de *Virâj.* Ao que parece, o principal objetivo deste verso é dizer que todo os deuses (*Devas*), são *Virâj,* do mesmo modo que os objetos manifestados não são diferentes daquele que os manifesta. Como os deuses são projetados de *Virâj,* são a Sua manifestação. Os sacerdotes, conhecedores dos rituais, se dirigem aos deuses dizendo--lhes para que sejam feitos sacrifícios a *Indra, Agni, Shiva, Vishnu,* etc., pensando que são deidades separadas, o que é um engano, uma vez que elas são o próprio *Virâj.* Daí o porquê de o verso dizer que os sacerdotes estão enganados.

VERSO 7: "Tudo isto (o universo) era então indiferenciado. Ele tornou-se diferenciado por nome e forma. Chamava-se tal ou qual, e teria tal e qual forma. E até hoje se diferencia só em nome e forma. Chama-se tal ou qual, e tem tal ou qual forma".

"Aquele Ser penetrou nestes corpos, até a ponta das unhas, como uma navalha de barbear, ao introduzir-se em sua capa ou como o fogo no receptáculo que o origina.

"As pessoas não veem aquele Ser, uma vez que se apresenta incompleto. Quando Ele faz a função da vida, é chamado *Prâna*, quando fala a linguagem, quando vê o olho, quando ouve o ouvido e quando pensa a mente. Estes são os seus nomes, de acordo com as suas funções. Todo aquele que medita em cada um desses aspectos não conhece a totalidade, porque Aquele é incompleto por estar separado da totalidade, que é única.

"Deve-se meditar apenas no Ser, pois tudo o mais está unificado Nele. Por meio de todos os seres, deveria se descobrir o Ser, do mesmo modo que se conhece um animal, seguindo suas pegadas. Porque é por meio de tudo que se conhece Aquele. Todo aquele que O conhece dessa maneira alcança dignidade e reconhecimento, ante todos".

COMENTÁRIO: Diz o verso que, no início, o universo era indiferenciado, tormando-se diferenciado pelo seu nome e sua forma, sendo chamado desta ou daquele maneira, possuindo esta ou aquela forma, como explicam as diversas teorias cosmogônicas, fato que persiste até hoje. Como tudo é o Ser, ou seja, o *Âtman*, deve-se meditar Nele como sendo tudo. Quando se deseja encontrar um animal, basta seguir o seu rastro. Assim, deve-se descobrir o *Âtman* observando todos os seres e tudo.

VERSO 8: "O Ser (*Virâj*) é mais querido que um filho, mais querido que a riqueza, mais querido que qualquer outra coisa, por ser o mais íntimo. Poderia-se dizer a quem tivesse alguma coisa, mais querida que o Ser: 'Essa coisa deve desaparecer'. Deve-se meditar somente no Ser, como o Amado. Para todo aquele que somente medita no Ser como O Amado, as suas coisas queridas não são mortais".

COMENTÁRIO: Neste verso, o autor anônimo diz que o Ser Supremo (*Virâj*) é mais querido que tudo, mais que um filho e que as riquezas.

Por quê? Porque é algo que se encontra no íntimo de qualquer ser. *Virâj* está no coração do ser humano. Sobre isto, vale lembrar o seguinte verso da *Katha Upanishad* (TINOCO, Carlos Alberto, 1996):

PRIMEIRA PARTE
Capítulo II
Verso 20

"*Yama:* O *Âtman,* menor que a menor coisa, maior que qualquer coisa, está oculto nos corações de todas as criaturas. O homem liberto dos desejos permanece senhor do Ser Interno, através da tranquilidade dos sentidos e da mente, libertando-se dos grilhões que o prendem ao corpo."

SEGUNDA PARTE
Capítulo I
Versos 12 e 13

"O *Purusha,* do tamanho de um polegar, reside no corpo. Ele é o Senhor do passado e do futuro. Aquele que consegue conhecê-lo não pode ocultar-se a si mesmo, nunca mais."

"O *Purusha,* do tamanho de um polegar, é semelhante a uma chama pura sem fumo. Senhor do passado e do futuro, Ele é sempre o mesmo, hoje e amanhã. Verdadeiramente, é aquele que deve ser conhecido".

Nos versos acima citados, *Purusha* é *Virâj.* Como se pode ver, Ele se encontra no interior do homem e de qualquer ser vivo. Portanto, Ele é íntimo, como diz o verso 8 da *Brhâdaranyaka Upanishad.* Se alguém possui alguma coisa que seja mais querida que *Virâj,* poderia-se dizer que essa coisa deveria perecer, desaparecer. Daí, o verso diz que se deve meditar somente em *Vijaj,* como o Amado, como Aquele que está acima de tudo. Se assim se fizer, todas as suas coisas perecíveis não desaparecerão. Em outras palavras, quem medita no Ser Supremo como sendo o Mais Amado, o Mais Querido, as coisas que possui serão eternas como Ele, o Amado Supremo.

VERSO 9: "Os homens pensam: 'Mediante o conhecimento de *Brahmân*, chegaremos a ser tudo. Então, o que conheceu o Absoluto *Brahmân* para ter chegado a ser o todo?"

COMENTÁRIO: Este verso faz lembrar outro, da *Mundaka Upanishad* (TINOCO, Carlos Alberto, 1996):

> MUNDAKA PRIMEIRA
> Capítulo I
> Verso 3
>
> "*Saunaka,* respeitável chefe de família, certa vez aproximou-se de *Angiras* e perguntou: 'O que é aquilo que, após ser conhecido, todas as coisas se tornam conhecidas?'"
>
> Verso 4
>
> "Angiras respondeu: 'Há dois tipos de conhecimento que podem ser adquiridos. Eles são o Conhecimento Superior e o conhecimento inferior.'"
>
> Verso 5
>
> "O inferior é a leitura dos textos *vêdicos* (*Rig, Sama, Yajur* e *Atharva Vêda*), bem como o conhecimento da fonética, dos rituais, da gramática, da métrica, da etimologia. O Conhecimento Superior é aquele por meio do qual o Imperecível *Brahmân* é atingido."

A resposta de *Angiras* é o Conhecimento Superior, ou seja, depois que se conhece o Absoluto *Brahmân,* que é o Conhecimento Superior, tudo o mais se torna conhecido. Em outras palavras, quando se conhece *Brahmân,* tudo o mais se torna conhecido, chega-se a ser tudo. Daí o verso segue, dizendo que os homens perguntaram se o que conheceu o Absoluto *Brahmân* pode chegar a ser o todo.

VERSO 10: "No princípio, existia apenas *Brahmân* (*Virâj*). Ele só conhecia a Si mesmo, como: 'Eu sou *Brahmân*'. Por isso, Ele chegou a ser tudo. Qualquer um dos deuses que O conhecesse, chegaria a ser *Brahmân*. O mesmo acontece aos sábios e aos homens. O sábio *Vamadeva*, tendo descoberto o Ser como Aquele, pensava: 'Eu sou *Manû* e o Sol'. E até hoje todo aquele que, do mesmo modo, conheça Aquele como 'Eu sou *Brahmân*', chega a ser o universo. Os deuses não podem ser superiores a Ele, porque Ele é o Ser de todos eles. Enquanto aquele que adora algum deus, pensando: 'Ele é um e eu sou outro', não compreendeu. É como um animal, para os deuses. Assim como muitos animais servem ao homem, do mesmo modo, cada homem serve aos deuses. Igualmente, se um animal se desgarra dos outros, isto causa insatisfação ao dono; tanto mais, quantos mais são desgarrados! Portanto, desgosta aos deuses se os homens sabem disso".

COMENTÁRIO: Neste verso, o autor anônimo deve estar se referindo ao *Brahmân* condicionado. É importante assinalar que as *Upanishads* se referem a dois aspectos de *Brahmân*: *Saguna Brahmân* e *Nirguna Brahmân*. Saguna é o aspecto condicionado de *Brahmân*, por conta da ilusão ou *mâyâ*. Quando abordado sob esse aspecto, *Brahmân* pode possuir nomes, formas, vinculações aos aspectos materiais do universo. Trata-se de *Brahmân* com atributos. *Nirguna* é o aspecto incondicionado de *Brahmân*, entendido como sendo Pura Consciência. *Nirguna Brahmân* está além do espaço, do tempo e da causalidade. Mas, sem *Nirguna* não há espaço, tempo ou causalidade. *Nirguna Brahmân*, é a base de *Saguna Brahmân* ou Absoluto Pessoal, imanente ao universo e, condicionado por *mâyâ,* a ilusão. Criação, conservação e destruição, certamente, são atividades de *Saguna Brahmân*. Uma analogia pode ser feita. Imagine-se um vasto oceano. *Nirguna* é o oceano calmo, sereno, como um enorme lago, sem nenhuma ondulação na sua superfície. É o oceano de Pura Consciência, essência de tudo, nada havendo além dele. Quando há ondas na sua superfície, a realidade parece multifacetada, diversificada. *Mâyâ,* a misteriosa ilusão de *Brahmân*, cria as ondas e apresenta-nos o universo múltiplo, cheio de formas, cores, sons. É *Saguna Brahmân*. De fato, não existem duas realidades, mas sim uma só: o oceano. Encarapinhado ou sereno, o oceano é sempre o mesmo.

Neste verso, o *Brahmân* citado é o *Saguna Brahmân,* o *Brahmân* condicionado, encarnado, corporificado. Ele existia desde o começo dos tempos como: "Eu sou *Brahman*". Em razão disso, Ele chegou a ser tudo, incluindo o universo material. Ele encarnou-se no universo. Qualquer *deva* que o conhecesse, chegaria a ser como Ele. A mesma coisa acontece com os sábios e os homens. Como exemplo, é citado o sábio *Vamadeva*. Este, enquanto percebeu o Absoluto *Brahmân* como sendo aquele Supremo Ser, disse: "Eu sou *Manû,* eu sou o sol". *Manû* é o grande legislador da Índia, autor no *Manarva Dharma Sastra* ou simplesmente "Código de Manû", texto clássico do Hinduísmo sobre leis, já citado. Ao perceber *Brahmân,* reconheceu a si mesmo como sendo o

Sol e Manû. Do mesmo modo que Vamadeva, qualquer pessoa que conheça em si o Absoluto *Brahmân,* dizendo "Eu sou *Brahmân*", torna-se uno com o universo, torna-se tudo. Por outro lado, os *Devas* não podem ser superiores a *Brahmân* porque Este é o Ser de todos Eles.

Pessoas que adoram algum *Deva,* pensando que há separação entre eles e o Supremo que adoram, estão errados. Não compreenderam a unidade que existe entre homens e deuses, entre tudo. Essas pessoas são como animais, para os deuses. Daí, o verso diz que, assim como muitos animais servem aos homens, cada homem serve aos deuses. Quando um animal se desgarra do seu rebanho, isso entristece o seu dono. Quanto mais animais são desgarrados, maior é a tristeza do dono. O verso conclui afirmando que desgosta aos deuses, caso os homens saibam disso.

VERSO 11: "No início, tudo isto era, na verdade, o Absoluto, o Uno sem segundo. Sendo Uno, não floresceu. Projetou de Si uma forma excelente, a casta dos *kshatryas*, aqueles são *kshatryas* entre os deuses: *Indra, Varuna,* a Lua, *Rudra, Parjanya, Yama, Mrityu* e *Isâna.* De modo que não existe nada acima dos *kshatryas.* Que o *brâhmane* adore o *kshatrya,* sentando em posição inferior, no sacrifício *Râjasûya.* Ele concede esta glória ao *kshatrya.* O *brâhmane* é a fonte do *kshatrya.* Assim, portanto, embora o rei seja exaltado (no sacrifício), no final deste recorre ao *brâhmane,* sua fonte. Alguém que despreza um *brâhmane* golpeia sua própria fonte. Ele se torna pior, como alguém que despreza seu superior".

COMENTÁRIO: Diz o verso que no início tudo era o Absoluto sem segundo, ou seja, Ele só. Por isso, não floresceu. Pode-se dizer também que, no início, o Absoluto *Brahmân (Prajapâti, Virâj),* identificou a Si mesmo com a casta dos *brâhmanes.* No início havia apenas uma casta, os *brâhmanes.* Não havia diferenças de classes sociais, na sociedade. Os *kshatryas,* a casta guerreira, foi projetada do Absoluto, forma excelente. Essa casta estava entre os Deuses: *Indra, Varuna,* a Lua, *Rudra, Parjanya, Yama,* Morte (*Mrtyu*) e Isâna. De acordo com a tradição do Hinduísmo, os *brâhmanes* são os criadores da cultura espiritual da Índia, sendo esta a razão pela qual eles são respeitados. Mas, os *kshatryas* são os guardiões, os protetores da cultura hindu. Daí o verso considerar os *kshatryas,* superiores aos *brâhmanes.* Por isso, diz o verso que o *brâhmane* deve adorar o *kshatrya,* sentado em posição inferior, durante o sacrifício *Râjasûya.* O verso continua dizendo que o *brâhmane* é a fonte, é superior ao *kshatrya.* A expressão: "... embora o rei seja exaltado (no sacrifício), no final, recorre ao *brâhmane*", pode ser interpretada como: "Você, ó rei, é o *brâhmane*", na fala do sacerdote. Diz ainda o verso que, quando alguém despreza um *brâhmane*, é como se estivesse desprezando a sua própria sorte, tornado-se pior que alguém, que despreza seu superior. Vale destacar que os deuses citados significam o seguinte (*Nikilananda*, Swami, p. 126):

- *Indra*, o rei dos deuses;
- *Varuna*, o deus dos animais aquáticos;
- *Soma*, o rei dos *brâhmanes*;
- *Rudra*, o rei dos animais;
- *Parjanya*, o rei dos raios e da chuva;
- *Yama*, o rei dos *Manes* e da morte;
- *Mrityu*, o rei das doenças;
- *Isâna*, o rei das luminosas órbitas celestiais.

VERSO 12: "Sim, Ele, o Absoluto (*Virâj*), não floresceu. Ele projetou de Si, os deuses (*Devas*) denominados: *Vasus, Rudras, Âdityas, Visva-Devas* e *Maruts*".

COMENTÁRIO: Segundo *Martín* e *Nikilananda*, *Virâj* projetou de Si a casta dos *vaishyas*, a casta dos comerciantes, proprietários de terras, banqueiros. Os *vaishyas* estão reunidos em grupos porque tiveram êxito em adquirir riquezas em conjunto, não separados. Assim, os *Vasus* são oito; os *Rudras* são 12; os *Âdityas* são 30; os *Viva-Devas* representam todos os deuses, e *Maruts* são um grupo de 49. *Virâj* não progrediu no seu trabalho, por causa do seu desejo de adquirir riquezas. Ele projetou de Si os *vaishyas*, para adquirir riquezas por meio deles.

VERSO 13: "Apesar disso tudo, Ele não floresceu. Projetou de Si, a casta dos *shudra-pûsan*. Esta terra é *pûsan*. Porque ele alimenta tudo o que existe".

COMENTÁRIO: A palavra sânscrita *pûsan* significa "aquele que nutre". Por desejar ter um servente, *Virâj* projetou de Si a casta dos *shudras*. Os *shudras* são os que nutrem, como a terra, como *pûsan*. Porque Ele não floresceu, projetou de Si a casta dos *shudras*. Os *shudras* são a quarta casta, a dos serventes, criadas dos pés de *Prajapâti*. É a casta que serve às outras três.

VERSO 14: "Assim, Ele não floresceu. Projetou de Si algo especial, a Lei (*Dharma*). Esse *Dharma* é quem controla o *kshatrya*. Portanto, não há nada mais elevado que o *Dharma*. Assim, pois, um homem fraco espera derrotar outro mais forte, por meio do *Dharma*, como alguém que espera a ajuda um rei. Esse *Dharma* é mesmo, a Verdade. Entretanto, se um homem fala a Verdade, ele fala do que é justo e, se ele fala do que é justo, ele fala a Verdade. As duas coisas não são senão o *Dharma*".

COMENTÁRIO: Apesar de *Virâj* ter projetado de Si as quatro castas, Ele não floresceu. E, temendo que os *kshatryas* se tornassem fortes e indomáveis, projetou de Si o *Dharma*, a Lei, a retidão. O *Dharma* ou a Verdade, de acordo com as escrituras *vêdicas*, contém as experiências dos antigos *rishis* ou videntes. Quando praticado, pode ser chamado de Justiça e, quando entendido de acordo com as escrituras (*sastras*), pode ser chamado de Verdade. O *Dharma*, por ser o controlador de tudo, incluindo-se os *kshatryas*, não há nada mais elevado que ele, pois controla tudo. Assim como um homem fraco espera derrotar outro, mais forte, por intermédio do *Dharma*, alguém pode esperar a ajuda de um rei, que é mais poderoso que qualquer cidadão. O *Dharma*, sendo mais forte que tudo, controla tudo. O *Dharma*, praticado pelas pessoas, é a Verdade, a Justiça, é estar em harmonia com as escrituras. E, se um homem fala a verdade, ele fala do que é justo, ele fala a Verdade. Verdade e Justiça são a mesma coisa, são o *Dharma*.

VERSO 15: "Assim foram projetadas as quatro castas: *brâhmanes*, *kshatryas*, *vaishyas* e *shudras*. Entre os *Devas*, *Prajapâti* tornou-se um *brâhmane* sob a forma de fogo e, entre os homens, Ele se tornou um *brâhmane*. Ele tornou-se um *kshatrya* entre os homens, através dos divinos *kshatryas*, um *vaishya*, através dos divinos *vaishyas* e um *shudra*, através dos divinos *shudras*. Entretanto, as pessoas desejaram obter os resultados dos rituais entre os Deuses, através do fogo, e entre os homens, através dos *brâhmanes*. Porque *Prajapâti* projetou a Si próprio, como essas duas formas.

Agora, se alguém parte deste mundo sem realizar seu próprio Ser, sendo Este desconhecido, não o protege, como os Hinos Vêdicos não recitados ou qualquer outro trabalho não concluído. Se um homem que não conhece o Ser, realiza grande quantidade de atos meritórios neste mundo, esses atos, certamente, desapareceriam ao final. Deve-se meditar somente no Ser, e seus atos meritórios não perecerão. Esse Ser criará qualquer coisa que deseje".

COMENTÁRIO: O Supremo *Prajapâti* manifestou a Si mesmo entre os *Devas*, como um *brâhmane* sob a forma de fogo e, entre os homens, como *brâhmane*. Portanto, fogo e *brâhmane* são as suas manifestações mais diretas. Quanto às outras castas, Ele apareceu em outra forma. Ele tornou-se um *kshatrya* na Terra, apenas após ter se transformado no divino *kshatrya*.

Se uma pessoa deseja obter um lugar no céu entre os deuses, deve oferecer oferendas ao fogo, que é a forma do Supremo *Prajapâti*. É natural que as pessoas desejem obter resultados realizando rituais do fogo. Mas, se alguém parte deste mundo (morre) sem realizar seu próprio Ser, sendo este Ser desconhecido por ele (não alcança a Libertação Espiritual), essa pessoa fica sem proteção, da mesma forma que os Hinos Vêdicos que não são recitados ou, qualquer outro trabalho que não foi concluído. Diz ainda o verso que, se um homem desconhece o Ser e realizar grande quantidade de atos meritórios neste mundo, tais atos, com certeza, desapareceriam, no final de tudo. Daí, a necessidade de se meditar somente no Ser. Se assim fizer, os seus trabalhos não perecerão. Neste caso, o Ser o protegerá de qualquer coisa que essa pessoa deseje.

VERSO 16: "Agora, este ser (a pessoa ignorante) é um objeto de desfrute para todos os seres. Fazendo oferendas no fogo e realizando sacrifícios, é como se transformasse em um objeto de desfrute dos *Devas*. Estudando os *Vêdas*, é como se converte em objeto de desfrute para os *rishis*. Fazendo oferendas aos antepassados e desejando filhos é como se converte em objeto de desfrute dos antepassados (*Manes*). Assim como ele dá abrigo e comida a um homem, ele se torna um objeto de desfrute para o homem. Dando comida e água aos animais, ele se torna um objeto de desfrute dos animais. As bestas e os pássaros, incluindo-se as formigas, alimentam-se em sua casa, convertem-se em um objeto de desfrute para este. Da mesma maneira que se deseja segurança para o próprio corpo, assim, todos os seres desejam segurança para aquele que sabe disso. Na verdade, isto foi conhecido e investigado".

COMENTÁRIO: A palavra "Ser", refere-se ao dono de casa que identifica a si próprio, com os seus órgãos e seu corpo. Ao realizar o ritual doméstico do fogo e fazendo ali oferendas, ele se transforma em objeto de desejo dos *Devas*. Estudar os *Vêdas* é uma maneira de se converter em objeto de desejo dos *rishis*. Fazer oferenda aos antepassados e desejando filhos é uma maneira de se transformar em objeto de desejo dos antepassados, os *Manes*. Em outras palavras, uma pessoa ignorante torna-se dependente de vários seres, dos *Devas* às formigas, para que se cumpram os seus desejos. Essa pessoa cumpre os seus deveres de casta, servindo a esses seres e esses seres ajudam-na, quando ele cumpre esses deveres. Essa pessoa ignorante deseja também um lugar nos céus. Ela considera seu dever realizar oferendas para assegurar esse lugar, tornando-se, assim, ligada a quem realiza as oferendas e dependente deles, como um animal. Essa pessoa se torna, pois, seu objeto de desejo. Assim como o dono de casa protege seus animais, os seres (*Devas*, etc.) protegem-no, após a realização dos rituais. Do mesmo modo que se deseja segurança para o próprio corpo, todos os seres desejam segurança para todos aqueles que sabem disso, sendo tudo isso conhecido e pesquisado.

VERSO 17: "No início, o Ser, a única Entidade, não era mais que isso. Ele desejou: 'Que me seja permitido ter uma esposa, para que tenha descendentes, que tenha riquezas, para que se possa realizar rituais'. Tudo isso é desejo; se alguém deseja, não pode ter mais que isso. Portanto, nos dias de hoje, se um homem está solteiro, também deseja: 'Que me seja permitido ter uma esposa para procriar, riquezas e saúde para realizar os rituais'. Até obter cada uma dessas coisas, considera-se incompleto. Essa é a sua maneira de completar-se. A mente é o Ser. Sua fala é sua esposa; o *prâna* é seu filho. O olho é sua riqueza humana, porque a obtém através do olho, do ouvido, sua riqueza divina, porque se tem notícias dela, através do ouvido, e o corpo é o seu instrumento para o ritual, porque se realizam rituais através do corpo. Esse ritual tem cinco aspectos, os animais têm cinco aspectos, os seres humanos têm cinco aspectos. Todos aqueles que sabem disso obtêm todo êxito".

COMENTÁRIO: No início de tudo, o Ser não era mais que isso, antes do casamento. A expressão: "No início" significa "antes do casamento". O Ser, aqui, é o ser humano comum, identificado com o seu corpo. Ele estava só e desejou ter uma esposa para ter descentes. Mas, com a condição dela ter riquezas para ele poder realizar rituais. Nos rituais *védicos*, a esposa qualificava seus esposos, pertencentes a uma das três castas superiores (*brâhmane, kshatrya, vaishya*). Sentava-se atrás, no lado sudoeste do altar principal, próximo ao fogo dedicado ao dono da casa. Sem ela, o ritual não era realizado. Segundo *Nikilananda* (p. 132), os dois maiores objetivos dos rituais *védicos* eram: prosperidade mundana e o mais elevado bem. A maioria dos homens estava inclinado à prosperidade mundana, que consistia em desfrutar de felicidade sobre a terra, e vida após a morte nos céus. Os mundos celestiais podem ser obtidos apenas por intermédio de rituais. Essa é a razão pela qual os rituais desempenharam importante papel na sociedade *védica*. Daí, o Ser desejar uma esposa que tivesse riqueza, para que ele pudesse realizar rituais. O Ser desejou ter saúde, além da esposa rica. Sem esposa, saúde e riqueza, ele estava incompleto. Daí, o verso segue dizendo que, sua mente é o Ser, sua fala é a sua esposa, o *prâna* é o seu filho, o seu olho é sua riqueza humana. Tudo isso porque se obtém com o auxílio deles a riqueza divina. Sabe-se a seu respeito com o auxílio do ouvido, e seu corpo é o instrumento para que sejam realizados os rituais. Depois, o verso diz que o ritual, os animais e os seres humanos têm cinco aspectos, porque os meios e os resultados dos rituais têm cinco aspectos. E, todas as pessoas que sabem disso, alcançam todo o universo como sendo o seu próprio Ser.

QUINTO *BRÂHMANA*
O UNIVERSO COMO ALIMENTO DO CRIADOR (MANIFESTAÇÃO DE *PRAJAPÂTI*)

VERSO 1: "Eu irei revelar agora que aquele pai produziu sete classes de alimentos com o auxílio da meditação e dos rituais. Uma parte distribuiu entre todos os seres que comem, duas partes para os *Devas*, três as destinou a Si mesmo e uma foi dada aos animais. Nesta (na comida), descansa tudo o que vive. Por que não se esgota, apesar de ser comida? Aquele que conhece a causa da sua permanência como alimento com *prâtika* (preeminência), identifica-se com os *Devas* e vive do néctar. Estes são os versos".

COMENTÁRIO: Todo o universo é causa e efeito de tudo. Ele, o universo que o ser humano ignorante projetou como seu objeto de experiências por meio da sua meditação e dos rituais (tendo cinco fatores), se divide em sete tipos de alimentos, sendo objeto de desfrute. Por isso, o universo é o pai dessas sete diferentes classes de alimento. É na comida que repousa a razão da existência dos seres vivos. Ele não se acaba porque é sempre renovado, existindo sempre. Diz o verso que todo aquele que conhece a causa, a razão da permanência da comida como alimento (*prâtika*), identifica-se com os deuses, tornando-se um deles.

VERSO 2: "Eu irei revelar agora que aquele pai produziu sete classes de alimentos por meio da meditação e dos rituais" significa que o pai as produziu com o auxílio dos rituais e meditação. 'Uma parte distribuiu entre todos os seres que comem' significa: este alimento que é comido é comum a todos'. Aquele que adora se torna o único dono dessa comida e nunca está livre do mal, porque se torna a comida de todos. 'Duas partes para os Deuses' significa fazer oferendas no fogo e oferecer aos deuses. E as pessoas realizam ambos. Alguns, sem dúvida, dizem que esses dois são os sacrifícios feitos à Lua Nova e à Lua Cheia. Por isso, não se deve deixar absorver-se pelos sacrifícios realizados para fins materiais. 'Uma parte foi dada aos animais' significa o leite. Porque os homens e os animais, no início, vivem somente de leite. Primeiro fazem um bebê recém-nascido mamar ou lamber manteiga clarificada. E se fala de um terceiro recém-nascido que ainda não come ervas. 'Nesta (na comida), descansa tudo o que vive' significa que no leite reside tudo isso que vive e que não vive. Diz-se que, ao se realizar oferendas de leite no fogo durante um ano, se consegue uma morte mais longínqua. Não se deve pensar desse modo, exatamente. Ele que conhece isso supera mais adiante a morte nos dias em que faz oferendas, porque ele oferece comidas palatáveis aos deuses. 'Por que não se esgota, apesar de ser comida?' significa que aquele que come é a cauda da sua permanência, uma vez que produz essa comida, uma e outras vezes. 'Aquele que conhece a causa da sua permanência como alimento com *prâtika*' significa que aquele que come é a causa da sua permanência, porque produz o alimento pela sua meditação, no momento presente e para os rituais. Se ele não sabe disso, se esgotará (a comida). Ele come o alimento como *prâtika,* que significa permanência. Portanto, o significado é permanência: 'Se identifica com os deuses e vive do néctar' é um elogio".

COMENTÁRIO: Segundo *Nikilananda* (p. 135), no texto aparecem as palavras *medhâ* e *tapas*. Significam meditação e rituais, respectivamente. Mas, no contexto do verso, as referidas palavras têm diferentes significados, como inteligência e austeridade. A frase: "Eu irei revelar agora que aquele pai produziu sete classes de alimentos COM O AUXÍLIO da meditação e dos rituais" tem a forma de narrativa. O pai, após produzir diferentes tipos de comida, designou-as para serem a comida por todos os comedores: os deuses, os animais e a si mesmo. O verso é autoexplicativo. No final, pode-se deduzir que aquele que sabe que é o pai de diferentes tipos de comida é a causa da permanência delas. Diferente de um homem ignorante, o sábio, sendo o Ser de todas as comidas, torna-se o comedor delas, não se transformando na comida.

VERSO 3: "'O terceiro o designou para si mesmo' significa: "Designou para si, a mente, o órgão da palavra e do *prâna*. (Se diz): 'Minha mente estava em outra parte, estava distraída e não o vi'. Pela mente se vê e se ouve. O desejo, a determinação, a dúvida, a fé, o querer ter fé, a constância e a inconstância, a firmeza, a vergonha, a inteligência e o medo, tudo isso não é outra coisa que a mente. Se alguém é tocado por trás, ele o sabe por intermédio da mente. E qualquer tipo de som não é outra coisa que o órgão da fala que serve como meio para alguma coisa, mas não é, em si mesmo, nada. *Prâna, apâna, vyâna, udâna, samâna* e *ana*, não são senão o próprio *prâna*. O corpo consiste desses, o órgão da palavra, a mente e o *prâna*".

COMENTÁRIO: As três classes de comida são o resultado dos rituais, com os cinco aspectos descritos. A mente, o órgão da palavra e o *prâna* são três tipos de alimentos. O pai, após produzi-los no começo dos tempos, os designou para si mesmo. O texto dá a entender que existe uma mente separada dos órgãos externos, como o ouvido e a visão. Quando há uma conexão entre um órgão sensorial e um objeto externo, muitas vezes, este pode não ser percebido. Daí, o verso dizer: "Minha mente estava em outra parte, estava distraído e não a vi". O verso segue dizendo algo de certa forma claro, ou seja, que é através da mente que se vê e se ouve. Diz também que desejo, determinação, dúvida, fé, querer ter fé, constância, inconstância, firmeza, vergonha, inteligência e medo, tudo isso é a mente. O verso segue dizendo que, se alguém é tocado por trás, toma conhecimento disso, por intermédio da mente. Qualquer tipo de som não é outra coisa que órgão da fala, e este serve de meio para alguma coisa, não sendo ele nada. O verso cita os cinco tipos principais de *prâna*s, dizendo que eles não são o próprio *prâna*, e sim coisas diferentes. Certamente, *apâna, vyâna, udâna* e *samâna* são tipos de *prâna*, diferentes deste. O verso termina afirmando que o corpo é formado pelo órgão da palavra, a mente e o *prâna*. Os *prânas* citados, suas cores e localizações, de acordo com a *Amritanada Upanishad* (35-38), são as seguintes, vale repetir:

- *Prâna,* propriamente dito, localizado no coração, de cor vermelho sangue como rubi. Controla a respiração;
- *Apâna,* localizado próximo ao ânus, da cor amarela como a cólera de *Indra*. Leva para baixo a comida não assimilada;
- *Vyâna,* localizado em todo o corpo, da cor do fogo;

- *Udâna,* localizado na garganta, de cor amarela. Responsável pelo vômito e pela ejeção do corpo sutil no momento da morte;
- *Samâna,* localizado próximo ao umbigo, resplandecente como o leite de vaca. Responsável pela nutrição do corpo.

Os outros *prânas*, secundários, são os seguintes:

- *Krikara,* localizado na pele e nos ossos. Associado aos atos de respirar, soluçar e sentir fome;
- *Devadata,* idem. Associado aos atos de sentir sono e bocejar;
- *Kurma,* idem. Associado aos atos de arrotar, coçar e abrir os olhos;
- *Naga,* localizado na pele e nos ossos. Associado aos atos de espirrar e bocejar;
- *Dhananjaya,* ocupa todo o corpo. Associado ao ato de fitar atentamente.

VERSO 4: "Verdadeiramente, há três mundos. O órgão da fala é este mundo (terra); a mente é o mundo intermediário (a atmosfera), e o *prâna* é aquele mundo (o céu)".

VERSO 5: "Estes, verdadeiramente, são os três *Vêdas*: o órgão da fala é o *Rig-Vêda*, a mente é o *Yajur-Vêda* e o prâna é o *Sâma-Vêda*".

VERSO 6: "Estes, verdadeiramente, são os *Devas*, os *Manes* e os homens: o órgão da fala é os *Devas*, a mente é os *Manes*, o *prâna* é o homem".

VERSO 7: "Estes, verdadeiramente, são o pai, a mãe e o filho: a mente é o pai, o órgão da fala é a mãe e o *prâna* são os filhos".

VERSO 8: "Tudo isto é o que é conhecido, o que é desejável conhecer e o que é desconhecido. Qualquer coisa que se conheça é uma forma do órgão da palavra, porque é o conhecedor. O órgão da fala o protege (àquele que sabe disso), convertendo-o naquele que é conhecido".

VERSO 9: "Qualquer coisa que se deseje conhecer é uma forma da mente, pois a mente é o que é desejável de conhecer. A mente o protege (aquele que sabe disso) e o converte naquele que (é desejável ser conhecido)".

VERSO 10: "Qualquer coisa desconhecida é uma forma de *prâna*, pois ele é o desconhecido. O *prâna* protege (aquele que sabe disso), convertendo-o naquele (que é desconhecido)".

COMENTÁRIO: O verso 4 apresenta os três mundos: o órgão da fala é a terra (*bhur*); a mente é o mundo intermediário, o firmamento e o *prâna* são o céu. O verso 5 faz uma analogia entre os três mundos citados e os três *Vêdas,* assim:

- o órgão da fala é o *Rig-Vêda*;
- a mente é o *Yajur-Vêda*;
- o *prâna* é o *Sâma-Vêda*.

O verso 6 faz outra analogia, assim:

- o órgão da fala são os *Devas*;
- a mente são os *Manes*;
- o *prâna* é o homem.

Em seguida, verso 7 faz outra analogia, da seguinte forma:

- a mente é o pai;
- o órgão da fala é a mãe;
- o *prâna* são os filhos.

Os versos 5, 6 e 7 seguem dizendo que estes são os três *Vêdas:* o órgão da fala é o *Rig-Vêda,* a mente é o *Yajur-Vêda* e o *prâna* é o *Sâma--Vêda,* que também são os *Devas,* os *Manes* e homens, assim: o órgão da fala são os *Devas,* a mente são os *Manes* e o *prâna* é o homem. Estes, por sua vez, são o pai, a mãe e o filho, assim: a mente é o pai, o órgão da fala é a mãe e o *prâna* são os filhos.

No verso 8 está dito que qualquer coisa que é bastante conhecida é um aspecto do órgão da fala. Este protege aquele que sabe disso, convertendo-o naquele que é conhecido.

Os versos 8, 9 e 10 explicam o órgão da fala, a mente e o *prâna,* sob o ponto de vista dos *Devas*. No verso 10, entende-se que o *prâna* torna-se a comida dos *Devas,* sob a forma do que é conhecido.

VERSO 11: "A terra é o corpo do órgão da fala e o fogo é o seu órgão luminoso. Até onde chega o órgão da fala, até ali se estende a terra e até ali se estende o fogo".

COMENTÁRIO: Aqui, o corpo deve ser entendido como sendo aquele que contém externamente, o contenedor externo do órgão da fala, o alimento de *Virâj* (*Hiranyagarbha, Prajapâti*). Esse fogo terrestre é o seu órgão luminoso.

Citando *Shankaracharya, Nikilananda* (p. 140) escreveu:

"O órgão da fala de *Hiranyagarbha* tem duas formas: uma é, com efeito, o corpo, aquele que contém é não luminoso; e o outro é o instrumento (órgão), o conteúdo, e é luminoso."

Ambos, terra e fogo, não são senão os órgãos de expressão da vida. Onde quer que esse órgão, em seu duplo aspecto, o corpo e o instrumento, se estendem até onde se estende a terra e até onde se estende o fogo.

VERSO 12: "O céu é o corpo da mente e o Sol, é o seu órgão luminoso. Até onde deseja a mente se estender, até ali se estende o céu e também o Sol. Os dois estavam unidos e daquele nasceu o *prâna*. Este é o Supremo Senhor (*Indra*). Ele é sem rival. Um segundo Ser seria Seu rival. Aquele que sabe disso não tem rival".

COMENTÁRIO: O verso explica que o Sol e o fogo estavam unidos pelas duas metades da concha cósmica. O céu é o corpo e o Sol é o órgão luminoso de *Hiranyagarbha*. Da união do céu e do Sol, nasceu o *prâna*. O sol e o fogo, que as são formas do órgão da fala, estavam unidos entre as duas metades da concha cósmica, que são o céu e a terra. Um deles, faz a função de reprodutor, que pertence ao pai (mente ou o Sol), e o outro faz a função da manifestação, que pertence à mãe (o órgão da fala ou o fogo). O céu e Sol estavam unidos e, deste, nasceu o *prâna,* que é o mesmo Ser Supremo *Indra*. Ele não tem rival, não tem quem o rivalize, pois se existisse, seria o Seu Rival. Diz ainda o verso que, todo aquele que sabe disso, não tem rival.

VERSO 13: "A água é o corpo do *prâna* e a Lua é o seu órgão luminoso. Até onde o *prâna* se estende, até ali se estende também a água e a Lua. Elas são iguais e são infinitos. Aquele que medita sobre elas como finitas conquista um mundo finito. Mas, aquele que medita nelas como infinitas, conquista um mundo infinito".

COMENTÁRIO: A água é o corpo, o efeito, aquele que contém os órgãos. O *prâna* é o alimento de *Hiranyagarbha*. Diz o verso que até onde vai ou se estende o *prâna,* estende-se também a água e a Lua, sendo ambas iguais e finitas. Podem ser infinitas também. Mas, todo aquele que medita sobre ambas como finitas, conquista um mundo finito, e todo aquele que medita em ambas como sendo infinitas, conquista um mundo infinito. Em outras palavras, todo aquele que medita sobre ambas como sendo porções de *Hiranyagarbha* em seus aspectos relacionados com o corpo, como sendo finitos, conquista um mundo finito. Se meditam nelas como sendo infinitos, como partes do universo, parte de todos os seres, conquista um mundo infinito.

VERSO 14: *"Prajapâti (Hiranyagarbha)*, representado pelo ano, tem 16 partes. As noites (e os dias) são 15 dessas partes, e há uma parte constante que é a 16ª (como a Lua), Ele cresce e decresce pelas noites (e dias). Através dessa 16ª parte, penetra todos esses seres viventes na noite de Lua Nova e se eleva no dia seguinte. Por isso, em memória dessa deidade, não se deve tirar a vida dos seres vivos, nem também de um lagarto, que esteja em adoração a essa deidade".

COMENTÁRIO: Neste verso, o Supremo *Prajapâti* é descrito como sendo o ano. Ele tem 16 partes ou membros, sendo o ano o tempo. Os dias e as noites são os 15 dias lunares, as 15 partes de Prajapâti. Ele é a Lua. Assim como a Lua vai crescendo gradualmente, através dos dias, assim também ocorre com *Prajapâti*, até a Lua Cheia. Na quinzena seguinte, como a Lua vai minguando, o mesmo ocorre com Ele, vai gradualmente minguando. No 16º dia, a parte constante, que é a noite de Lua Nova, Prajapâti, que é o tempo, penetra em todos os seres vivos através da água que bebem e das ervas que comem. Em outras palavras, os penetra sob essas duas formas, nas noites de Lua Nova, permanecendo ali toda a noite, e se ergue no dia seguinte, unido à segunda parte. Diz o verso ainda que, em memória de Prajapâti, não se deve tirar a vida dos seres vivos, nem mesmo de um lagarto, que esteja adorando-O. A matança de animais é proibida, nas escrituras *vêdicas,* exceto em ocasiões específicas. Veja-se, por exemplo, o seguinte verso da *Chandogya Upanishad* (*Nikilananda*, Swami, VIII, xv, 1):

> *"Brahmân* disse isto (conhecimento do Ser) para *Prajapâti* (*Kashyapa*), *Prajapâti* para *Manû, Manû* para a humanidade. Ele que estudou os *Vêdas* na casa do seu mestre, de acordo com as regras prescritas, durante o tempo após a realização dos seus deveres para com seu mestre; ele que, após sair da casa do seu mestre, tem fixado-se na vida de um dono de casa e continua a estudar os *Vêdas* em local secreto e faz outros filhos e

discípulos virtuosos; ele que colocou todos os órgãos dos sentidos no Ser; ele que não tem causado dor às criaturas, exceto àquelas aprovadas pelas escrituras; ele que conduz a si mesmo assim, através da sua vida, encontra o Mundo de *Brahmân* após a morte, e não retorna, sim, não retorna".

Como se pode verificar, a *Chandogya Upanishad* faz uma referência aos animais que podem ser sacrificados, com a permissão das escrituras.

Neste verso, não há conflito com as escrituras. Aqui, não se advoga a matança de animais, a não ser em noites de Lua Nova.

VERSO 15: "*Prajapâti*, que tem 16 partes, é representado pelo ano. Ele, sem dúvida, é o ser humano que conhece o que foi descrito. A riqueza constitui as suas 15 partes, e o corpo é a sua 16ª parte. Ele cresce e decresce, pela riqueza. O corpo representa o centro da roda e a riqueza, os seus raios. Por essa razão, se um homem perde tudo mas vive em seu corpo, as pessoas dizem que perdeu apenas os raios da roda (que podem ser recuperados)".

COMENTÁRIO: *Prajapâti* não deveria ser considerado como algo distante. Ele, que tem 16 partes, é o ano. Ele pode ser identificado com o ser humano que sabe tudo o que foi descrito. A riqueza, como por exemplo um rebanho, são as 15 partes de *Prajapâti*. O corpo do homem é a 16ª parte de Prajapâti. Suas 15 partes são a riqueza, sendo o corpo a 16ª parte de Prajapâti. Assim como a Lua, que é Prajapâti, cresce e decresce com o passar dos dias, o corpo do homem cresce ou decresce por causa da riqueza. Esse corpo é como se fosse o centro de uma roda, sendo a riqueza os seus raios. Por essa razão, se um homem perde tudo o que tem mas vive em seu corpo, todos dizem que isso é como se fosse a perda dos raios da roda, que podem ser recuperados. O mesmo não ocorre se o centro da roda for perdido. Ele não pode ser recuperado.

VERSO 16: "Há, verdadeiramente, três mundos: o mundo dos homens, o mundo dos antepassados (*Manes*) e o mundo dos *Devas*. O mundo dos homens pode ser conquistado por meio de um filho, e não por outro ritual. O mundo dos *Manes*, por meio dos rituais, e o mundo dos *Devas*, a partir da meditação. O mundo dos *Devas* é o melhor dos mundos, por isso se elogia a meditação".

COMENTÁRIO: O verso informa sobre a existência de três mundos: dos homens, dos *Manes* e dos *Devas*. Ao ter um filho, ganha-se o mundo dos homens, não por outro meio. O mundo dos *Manes* se conquista com a realização de rituais, ou mais especificamente, com o Ritual do Fogo, denominado *Agnihotra*. Por outro lado, o mundo dos deuses, aqui considerado o mais elevado, só pode ser conquistado pela prática da meditação. Eis a razão de a meditação ser algo precioso, e por isso elogiada.

TRANSMISSÃO DE PAI PARA FILHO

VERSO 17: "Agora, trataremos da confiança: Quando um homem pensa que vai morrer, diz ao seu filho: 'Tu és *Brahmân*, tu és o sacrifício, tu és o mundo'. O filho responde: 'Eu sou *Brahmân*, eu sou o sacrifício, eu sou o mundo'. O pai pensa: 'Tudo o que foi estudado está unificado pela palavra '*Brahmân*'. Todos os sacrifícios que existem, todos estão incluídos na palavra 'sacrifício'. E todos os mundos que existem estão incluídos na palavra 'mundo'. Nisto consiste os deveres de um pai de família. Ao ser tudo isso, ele me protegerá dos apegos deste 'mundo'. Entretanto, ele fala de um filho que está bem instruído para saber conduzir-se neste mundo. Assim, o pai instrui seu filho. E, quando o pai sabe que vai partir deste mundo, penetra no seu filho junto às suas energias vitais. Se algo foi deixado de ser feito, por algum descuido, o filho o fará por ele. Por isso, se chama de filho. Pelo seu filho, o pai permanece firme neste mundo. As energias divinas e imortais, a palavra, a mente e o *prâna*, penetram nele (o pai)".

COMENTÁRIO: A palavra "confiança" significa ou se refere a um ritual, no qual o pai confia seus deveres para seu filho. O pai, ao pensar que vai morrer, diz aquelas palavras ao seu filho. Essas palavras ditas pelo pai ao filho podem ser interpretadas como se o pai falasse: "Estude os *Vêdas*, que foram os meus deveres, fazendo-o, daqui para frente, e assim você será *Brahmân*". Daí, o filho responde, dizendo que, ao estudar os *Vêdas*, ele se tornará o próprio *Brahmân*, o sacrifício, o mundo. O verso trata da confiança, que é o nome de um ritual, como já foi dito. Assim se chama porque o pai confia seus deveres ao seu filho. Por causa de um presságio, o pai pensa que vai morrer e diz ao seu filho que ele é o Absoluto *Brahmân*, o sacrifício e o mundo; daí, o filho confirma, dizendo que é *Brahmân*, o sacrifício e o mundo. Ao que parece, o pai transfere ao filho o dever de realizar os rituais que eram por ele realizados, e assim, o filho será o próprio *Brahmân*. Doravante, competirá ao filho conquistar os mundos, porque ele é os mundos. Doravante, o pai confia ao filho um dever que foi seu de realizar o estudo dos *Vêdas*, os sacrifícios e, a conquista dos mundos, ficando, assim, livre desses apegos. E o filho aceitou. Todo pai que conhece isto que foi especificado, parte deste mundo, penetrando seu filho com o órgão da fala, a mente e o *prâna*. Mesmo morto, o pai viverá neste mundo através do seu filho. A palavra divina, a mente e o *prâna* penetram no pai, que confiou suas obrigações ao seu filho.

VERSO 18: "O órgão divino da fala, oriundo da terra e do fogo, penetra nele. Este é o divino órgão da fala, através do qual qualquer coisa que diga se realiza".

COMENTÁRIO: O órgão da fala, aqui considerado divino, pertence a *Hiranyagarbha*, consistindo de terra e fogo, que é o material do órgão da fala de todas as pessoas. Esse órgão penetra no homem que confiou suas obrigações ao seu filho. Porém, no ser humano ignorante, está limitado pelos apegos e outros males que pertencem ao corpo. Entretanto, em um homem sábio que eliminou esses males, converte-se em algo que tudo permeia, como a água ou a luz que não tem obstáculos ao seu caminhar. Através do órgão da fala, qualquer coisa que seja dita se faz realidade e se realiza.

VERSO 19: "A Mente Divina oriunda do céu e do Sol penetra nele. Esta é a Mente Divina através da qual ele se torna feliz e livre do sofrimento".

COMENTÁRIO: Aqui, ocorre a mesma coisa. A Mente Divina, procedente do céu, o penetra. Ela é a única coisa que o faz feliz e livre do sofrimento. Isto porque não está ligada às causas do sofrimento. A causa do sofrimento é a identificação com o Ego, criado pela ignorância. Quando esta é destruída, o homem sábio se identifica com o Todo, vivenciando a Suprema Felicidade.

VERSO 20: "O divino *prâna* oriundo da água e da Lua penetra nele. E, verdadeiramente, este é o divino *prâna*, que se move ou não, não sente dor nem é ferido. Todo aquele que conhece isto, se torna o Ser de todos os seres. Tal como é a Vida Divina (*Hiranyagarbha*), assim é ele. Como todos os seres honram-no, assim eles cuidam dele. Sem dúvida, todos os seres podem sentir dor, pois a dor é inerente a eles. Mas, para ele, só há méritos. Nenhum castigo chega aos *Devas*".

COMENTÁRIO: O *prâna*, que se move nos animais moventes ou, não se move nos seres que não se movem, não sente dor, não é afetado por medos, nada o destrói. Todas as pessoas que sabem disso se tornam o próprio *prâna*, o Ser de todos os seres. A palavra "Ele" se refere ao sábio, comparado ao homem cheio de apegos. Assim como os seres adoram a Vida Divina com a realização de rituais, da mesma maneira os seres cuidam dele, oferecendo-lhe adoração. Todo aquele que sabe disso torna-se o Ser de todos os seres, ou seja, torna-se integrado à Alma Universal, que inclui todos os seres. Qualquer sábio, ou seja, liberto da roda do *samsara*, pode ser comparado ao Divino *Hiranyagarbha*, à Vida Divina. Todos os seres honram o sábio, e os seres cuidam dele. Diz ainda o verso que todos os seres vivos sentem dor, pois esta é inerente a eles. Entretanto, para o sábio só existem méritos. Nenhum castigo chega aos *Devas* porque não existe lugar para ações más, entre eles. O sofrimento, que é o resultado de ações más, não os atinge.

VERSO 21: "Agora, segue-se uma reflexão sobre o voto: '*Prajapâti* projetou os órgãos. Ao serem projetados, brigaram entre si'. O órgão da fala fez um voto: 'Eu seguirei falando'. O olho: 'Eu verei'. O ouvido: 'Eu ouvirei'. E assim fizeram os outros órgãos, de acordo com as suas funções. A morte, tendo tomado a forma de fadiga, os capturou. Conquistou-os e, ao conquistá-los, os controlou. Portanto, o órgão da fala invariavelmente se cansa e assim também o ouvido e o olho. Mas, a morte não conquistou o *prâna* do corpo. Os órgãos compreenderam isso e disseram: 'Este é o maior dentre nós, já que, se movendo ou não, não sofre nem é ferido. Tomemos todos a sua forma'. E eles assumiram a sua forma. Por isso são chamados pelo seu nome, *prâna*. Na família onde nasce um homem que conhece isto, passa a ser chamada pelo seu nome. E aquele que compete com aquele que sabe disso se debilita, morrendo ao final. Isto se refere ao corpo".

COMENTÀRIO: O verso apresenta uma reflexão sobre o voto, entre os órgãos citados. *Prajapâti* ou *Virâj*, depois de projetar os seres, projetou também os órgãos, como os da fala, da visão e da audição. Ao serem projetados de *Prajapâti,* começaram a brigar entre si. Assim, o órgão da fala disse: 'Eu seguirei falando', ou seja, nunca pararia de exercer sua função de falar. Se há alguém que, como ele, possa continuar exercendo sua função, que apresente seu poder. De igual modo, o olho disse "eu verei". O ouvido: "eu ouvirei". Desse modo, assim fizeram os outros órgãos, de acordo com as suas respectivas funções. A morte, a destruidora, capturou a todos eles, segundo as suas funções, sob a forma de fadiga. Ela apareceu entre esses órgãos, quando eles estavam comprometidos com as suas funções, sob a forma de fadiga, conquistando-os e controlando-os, os impediu de funcionar. Por essa razão, até os dias de hoje, o órgão da fala, comprometido com a sua função de falar, sempre se cansa, por estar afetado pela morte, sob a forma de fadiga. Assim também ocorreu com o olho e com o ouvido. Mas, apesar de poderosa, a morte não conseguiu dominar o *prâna* do corpo, o qual funciona na boca. Esse *prâna* é o maior dentre nós e, mesmo movendo-se ou não, está imune à dor. Os órgãos, ao saberem disso, tomaram todos a forma do *prâna*, identificando-se com ele. O *prana* tornou-se o ser deles. A partir daí, os órgãos passaram a se chamar de *prâna*. Nada pode ser móvel, a não ser o *prâna*. Assim, todas as funções corporais dos órgãos são caracterizadas pelo movimento. Depois, diz o verso que, na família onde nasce um homem que sabe disso, esta passa a ser chamada de *prâna*. Em outras palavras, na família onde nasce um homem que sabe que os órgãos do corpo são o mesmo que o *prâna*, ela recebe o nome deste. Todas as pessoas que competem com aquele que sabe disso se debilitam e morrem ao final. Não morre sem sofrimento. O que foi dito se refere ao corpo, diz o verso no final. O verso é uma apologia ao *prâna* e seus poderes.

VERSO 22: "No que se refe aos *Devas*, o fogo fez um voto: 'Eu continuarei queimando'. O Sol: 'Eu darei calor'. A Lua: 'Eu brilharei'. E assim fizeram os *Devas*, segundo suas funções. Da mesma maneira que o *prâna* está situado no corpo por entre os órgãos, assim está *Vâyu* (o vento), entre os *Devas*. O ar é a deidade que nunca se detém".

COMENTÁRIO: O fogo fez uma promessa, assim como o sol e a lua. Assim também fizeram os outros *Devas*, de acordo com as suas funções. Do mesmo modo que o *prâna* se situa por entre os órgãos, não derrotado pela morte, funcionando e atuando como aquele que faz funcionar, assim *Vâyu* está entre os *Devas*, como o fogo. Ele, *Vâyu*, é a deidade que nunca se detém, pois está sempre em movimento.

VERSO 23: "Agora, se apresenta um verso: Os *Devas* observaram o voto daquele de onde o Sol se ergue e de onde ele se põe. Ele que está hoje e será manhã. O Sol surge do *prâna* e também se põe com ele. O que esses *Devas* observaram, então, observam também hoje em dia. Portanto, um ser humano deve observar um único voto, com as funções do *prâna* e do *apâna*, para que a morte não o derrote. E, se assim observar, tratará de concluí-lo. Através dele se identifica com essa deidade ou, viverá em seu mesmo mundo".

COMENTÁRIO: O verso mostra um significado: os *Devas*, como o fogo e os demais, assim como o órgão da fala, em outro tempo, observaram o voto (de *Vâyu* e do *prâna*), local de onde o Sol se levanta. O Sol se levanta de *Vâyu*, o ar, do mesmo modo que o olho no corpo, a partir do *prâna*. O ar e o *prâna* se põem ao entardecer, quando o homem antigo ia dormir. Assim o seguem os *Devas* hoje em dia, e o seguirão amanhã, no futuro. O Sol sai do *prâna* e nele se põe. O voto do ar e do *prâna* é observado hoje em dia e será também observado sempre. Mas, o voto do órgão da fala, do fogo e dos demais está quebrado, rompido porque, quando dormimos, eles se fundem com o ar e com o *prâna*. Qualquer ser humano deve observar um só voto, fazer as funções do *prâna* e do *apâna,* para que a morte nunca o destrua. Caso assim observe, deverá levar seu voto até o fim. Por meio desse voto, cumprindo-o, o ser humano viverá no mesmo mundo que o *prâna*.

SEXTO *BRÂHMANA*
OS TRÊS ASPECTOS DA REALIDADE RELATIVA
(OS TRÊS ASPECTOS DO UNIVERSO)

VERSO 1: "Verdadeiramente, este universo é um trio de nome, forma e ação. A origem desses nomes é a palavra, porque todos os nomes surgem daí. É a sua forma comum, por ser comum a todos os nomes. É o seu Ser (*Brahmân*), porque mantém todos os nomes".

COMENTÁRIO: Nome, forma e ação são os três constituintes do universo fenomênico, do universo físico. Eles não são o Ser, ou seja, são diferentes de *Brahmân*. Deve-se manter afastado deles, ou seja, aquele que está desejoso da libertação espiritual deve-se manter afastado desse trio. Deve voltar-se para *Brahmân*. A origem desse trio é a palavra, uma vez que todos os nomes surgem da palavra. Isso, no que se refere à sua forma comum, que é comum a todas as palavras. Qualquer tipo de som é o órgão da fala. Os nomes particulares se originam da palavra, porque o que se designa pelo nome "palavra" é o Ser, *Brahmân*. Os nomes derivados da palavra não têm realidade separados do som. É o som que dá realidade às palavras.

VERSO 2: "Dentre as formas, o olho é a origem, porque todas as formas surgem dele. É a sua forma comum (*sâman*), já que é comum a todas as ações. É o seu Ser, *Brahmân*, porque mantém a todos".

COMENTÁRIO: Segundo Nikilnanda (p. 149), a palavra "formas" significa cores, tais como preto, branco, etc. O olho ou qualquer coisa que é por ele percebida é a origem de tudo. Isto porque todas as formas surgem através do olho. Daí o verso dizer que o olho é o seu próprio Ser, *Brahmân,* porque mantém a todos.

VERSO 3: "E dentre as atividades, a que se chama 'o corpo' é a origem, porque todas as ações surgem dele. É a sua forma comum (*sâman*), porque é comum a todas as ações. É o Ser, *Brahmân,* porque é comum a todas as ações".

"Estes três juntos são um; são um só ser que, apesar de ser um, são os três. Esta entidade imortal é coberta pela verdade: o *prâna* é a entidade imortal e o nome e a forma são a verdade, e por eles a entidade imortal é coberta".

COMENTÁRIO: A palavra "corpo" significa as atividades de um modo geral. A atividade do corpo é chamada "corpo" porque tem sido estabelecido que as pessoas trabalham através dos seus corpos. Todas as atividades se manifestam através do corpo. Ação e atividade, de um modo geral, por terem lugar no corpo, são designadas por esta palavra, ou seja, "corpo". Os três aqui referidos são nome, forma e ação que, combinados, são o suporte um do outro e causas das manifestações recíprocas, segundo Martín (p. 152). Essas três se fundem uma às outras, sendo uma. O corpo, apesar de uno com os seus órgãos, não é senão os três: nome, forma e ação. O *prâna* que tem a mesma natureza que os órgãos do corpo, suportando o corpo a partir de dentro do Ser, é a entidade imortal. O nome e a forma, representados pelo corpo, são a verdade. Diz Martín (p. 153):

> "Por isso, a energia vital (*prâna*), que é ativa, suporta nomes e formas e está coberta ou oculta para eles que são externos, formados pelo corpo, sujeitos a origem e destruição, e mortais. Assim, pois, se apresenta a natureza do universo relativo, que é o tema da ignorância".

A expressão "coberto pela verdade" significa "nome e forma", o corpo físico que recobre a entidade imortal. Diz *Nikilananda* (p. 149) que o *prâna* é o corpo sutil, coberto pelo corpo grosseiro. O *Âtman* ou o Ser, coberto pelo corpo sutil, é muito difícil de ser entendido.

SEGUNDO *ADHYÂYA*
PRIMEIRO *BRÂHMANA*
AS DIVERSAS DEFINIÇÕES DE *BRAHMÂN*
(ASPECTOS RELATIVOS DE *BRAHMÂN*)

VERSO 1: "Havia um homem da família *Garga,* chamado de 'o orgulhoso *Bâlâki*', que era um orador. Disse a *Ajâtashastru,* o rei de Benares: 'Te falarei sobre *Brahmân*'. *Ajâtashastru* disse: 'Por esta proposição, te darei mil vacas'. As pessoas, claro está, disseram: *'Janaka, Janaka'*".

COMENTÁRIO: Sendo descendente da família *Garga*, o homem deveria ser conhecido por *Gârgya*, segundo *Nikilananda* (p. 151). Ele somente conhecia o *Brahmân* condicionado (*Saguna Brahmân*). Ele era conhecido por *Bâlâki* em razão de sua ignorância sobre o Verdadeiro *Brahmân.* A palavra *Bâlâki* significa "filho de *Bâlâka*". Ele era um orador muito habilidoso, por conta de sua eloquência. Aproximando-se de *Ajâtashastro,* o rei de Benares, propondo a ele falar sobre *Brahmân*. Daí, *Ajâtashastru* respondeu, dizendo que lhe daria mil vacas pelo que seria dito. Pelo que se pode compreender, o que iria ser dito sobre *Brahmân* era motivo para se presentear mil vacas, ao orador *Bâlaki. Garga* estava dando ao rei de Benares a chance de provar que ele tinha também as mesmas qualidades. Daí, as pessoas presentes disseram: *"Janaka, Janaka"*, ou seja, "*Janaka* é benevolente e lhe agrada escutar sobre *Brahmân*" ou: "*Janaka* deseja ouvir". Estas palavras foram resumidas em: *"Janaka, Janaka"*.

VERSO 2: "*Garga* disse: 'Neste Ser, que está no Sol, Nele medito como sendo *Brahmân*'. *Ajâtashastru* disse: 'Por favor, não fales sobre Ele. Medito sobre Ele como Aquele que transcende tudo, como resplandescente, como a cabeça de todos os seres'. Aquele que medita sobre Ele, assim chegará a transcender tudo, será a cabeça e o dono de todos os seres".

COMENTÁRIO: Ao que parece, o rei de Benares estava impaciente de escutar e voltou-se contra *Gârgya*, dizendo: "O ser que se identifica como sendo o Sol e a visão, tendo penetrado no corpo pela vista, reside no coração, como o ego, o experimentador. Eu o vejo como sendo *Brahmân*. Por isso, peço-lhe que inverstigues este Ser como sendo *Brahmân*. Daí, o rei de Benares retrucou, dizendo para não falar sobre *Brahmân*, como sendo algo que pode ser conhecido pelo simples raciocínio. Para *Ajâtashastru, Brahmân* transcende tudo, sendo resplandescente e, meditando-se sobre Ele, chega-se a transcender tudo, sendo a cabeça e o dono de todos os seres.

VERSO 3: "*Garga* disse: 'Eu medito no Ser (*Purusha*) que está na Lua como *Brahmân*'. *Ajâtashastru* replicou: 'Por favor, não fales sobre Ele. Eu medito Nele como sendo o Grande, de manto branco, radiante de *soma*'. Todo aquele que medita sobre Ele deste modo, oferece abundante *soma*, em seu principal e auxiliar sacrifício cada dia, e sua comida nunca diminui".

COMENTÁRIO: Quando *Ajâtashastru*, durante o diálogo, contestou a afirmação do Sol como *Brahmân*, *Garga* lhe apresentou outra, ou seja, a Lua como *Brahmân*. Esse Grande Ser está na Lua, no Sol e em tudo. Seus atributos, segundo o diálogo, são: Grande em medida, e possui manto branco porque o *prâna*, que é identificado com a Lua, tem aspecto líquido: o *soma*. A palavra *soma* significa a Lua, assim como uma planta trepadeira a qual, junto com o seu suco, eram indispensáveis nos rituais *védicos*. Diz *Nikilananda* (p. 153) que o texto se refere ao *Brahmân* condicionado.

VERSO 4: "*Gârgya* disse: 'No Ser que está iluminado, medito como *Brahmân*. *Ajãtashastru* disse: 'Por favor, não fales sobre Ele. Eu medito sobre Ele como Poder'. Aquele que medita Nele assim, chega a ser poderoso e sua descendência também se torna poderosa".

COMENTÁRIO: Aqui, *Brahmân* é o Ser Supremo que ilumina o universo e o coração. Como resultado dessa meditação, é que se pode ser poderoso, assim como a descendência daquele que medita. *Ajâtashastru* continua dizendo para não se falar sobre *Brahmân*.

VERSO 5: "*Gârgya* disse: 'No Ser que está no espaço, medito como sendo *Brahmân*'. Ajâstashastru disse: 'Por favor, não fales Dele. Eu medito Nele como sendo Pleno e Imóvel'. Aquele que medita sobre Ele assim, terá abuntantes filhos e sua descendência nunca se extinguirá deste mundo".

COMENTÁRIO: Aqui, *Brahmân* está nos espaços celeste e do coração. Seus atributos são: Pleno e Imóvel. O resultado da meditação em *Brahmân* é que o meditador ficará dotado de grande descendência e sua prole nunca desaparecerá deste mundo. O espaço é denominado *âkâsha*, palavra sânscrita que também designa o éter.

VERSO 6: "*Gârgya* disse: 'O Ser que está no ar, eu medito sobre Ele como *Brahmân*'. *Ajâtashastru* disse: 'Por favor, não fales sobre Ele. Eu medito sobre Ele como o Ser, como irresistível e como um exército invencível'. Aquele que medita Nele como tal consegue ser sempre vitorioso e invencível e conquista seus inimigos".

COMENTÁRIO: O mesmo Ser reside no ar (*prâna*) e no coração. Os atributos deste Ser são: irresistível e invencível. Ele é um exército porque os *Devas* do ar denominados *Maruts* são conhecidos como um grupo, ou seja, um grupo de *Devas* do ar. Diz o verso, no final, que todo aquele que medita Nele como irresistível e invencível se torna sempre vitorioso e invencível, derrotando seus inimigos.

VERSO 7: "*Gârgya* disse: 'No Ser que está no fogo, medito como sendo *Brahmân*. *Ajâtashastru* disse: 'Por favor, não fales sobre Ele. Eu medito Nele como a tolerância'. Aquele que medita Nele assim consegue ser tolerante e sua descedência também".

COMENTÁRIO: Neste verso, o autor anônimo desta *Upanishad* quis dizer que o Ser Supremo reside também na fala e no coração. Os seus atributos são: tolerância e paciência. Como o fogo (onde *Brahmân* reside) possui muitas formas, o resultado da meditação aqui proposta inclui a descendência do meditador, como nos versos anteriores.

VERSO 8: "*Gârgya* disse: 'O Ser que está na água, Nele medito como *Brahmân*'. *Ajâtashastru* disse: 'Por favor, não fale sobre Ele. Eu medito Nele como sendo amável. Aquele que medita Nele deste modo só recebe coisas agradáveis e não adversas. Seus filhos também serão amáveis'".

COMENTÁRIO: *Brahmân* reside na água e no coração. Aquele que medita Nele como sendo amável recebe apenas coisas agradáveis, nenhuma delas desagradáveis. E os seus filhos também receberão coisas agradáveis.

VERSO 9: "*Gârgya* disse: 'Aquele Ser que está no espelho, medito Nele como sendo *Brahmân*. *Ajâtashastru* disse: 'Por favor, não fales sobre Ele. Eu medito Nele como brilhante. Aquele que medita Nele como sendo resplandescente chega a ser brilhante e seus descendentes também. Também brilham mais todos aqueles com quem está em contato'".

COMENTÁRIO: Há um Ser Supremo nos espelhos e em todos os objetos brilhantes. Ele também está nas mentes dos meditadores. Brilhar ou resplandescer é o Seu atributo. Como resultado de se meditar no Ser Supremo como sendo brilhante, o meditador e sua descendência serão também brilhantes. E todos aqueles com quem o meditador está em contato, brilharão do mesmo modo.

VERSO 10: "*Gârgya* disse: 'O som que está atrás de um homem que caminha, medito nele como sendo *Brahmân*'. *Ajâtashastru* disse: 'Por favor, não fales sobre Ele. Eu medito Nele como sendo vida'. Aquele que medita Nele como sendo vida alcança o objetivo da sua vida neste mundo, e a vida não o abandona até haver concluído sua tarefa".

COMENTÁRIO: O *prâna* é a causa da vida. O som que aparece atrás de um homem que caminha é aqui comparado a *Brahmân*. A vida é um atributo deste Grande Ser. Meditando-se Nele como sendo vida, o meditador alcança o objetivo da sua vida neste mundo. Assim, sua vida não o abandona até que tenha alcançado a sua meta nesta existência.

VERSO 11: "*Gârgya* disse: 'Aquele que reside nos quatro (quatro pontos cardeais), medito Nele como *Brahmân*. *Ajâtashastru* disse: 'Por favor, não fales sobre Ele. Medito Nele como sendo segundo e como inseparável.' Aquele que medita Nele deste modo tem companhia, e seus seguidores nunca o abandonam".

COMENTÁRIO: Aqui, há uma referência aos *Ashvins, Devas* gêmeos que nunca se separam. Do mesmo modo, os quatro pontos cardeais não se separam. Os ouvidos e o coração são como os *Ashvins*. Os seus atributos são: estão atendidos por um amigo, não são separados um do outro. O homem que medita em *Brahmân* como sendo eles, obtém companhia e seus seguidores não o abandonam nunca.

VERSO 12: "*Gârgya* disse: 'No Ser, que identifica a Si mesmo como sendo sombra, eu medito Nele como sendo *Brahmân*'. *Ajâtashastru* disse: 'Por favor, não fales sobre Ele. Eu medito Nele como sendo morte'. Aquele que medita Nele desse modo alcança o objetivo da sua vida neste mundo, e a morte não lhe sobrevém até ter completado esse período".

COMENTÁRIO: Há um *Deva* na sombra ou na obscuridade externa, internamente na ignorância que é como um véu em seu coração. Seu atributo é a morte. Aquele que meditar em *Brahmân* como sendo sombra ou morte alcança o objetivo da sua vida neste mundo, não morrendo até ter sido completado o período da sua vida.

VERSO 13: "*Gârgya* disse: 'Este Ente (*Âtman*) que está no Ser, eu medito sobre Ele como sendo *Brahmân*'. *Ajâtashastru* disse: 'Por favor, não fales sobre Ele. Eu medito Nele como sendo serenidade, e todo aquele que medita Nele assim alcança a serenidade, e sua descedência também chega a ter domínio de si'. Daí, *Gârgya* permaneceu em silêncio".

COMENTÁRIO: Há um *Deva* no Ser que é a vida (*Hiranyagarbha*), no intelecto e no coração. Seu atributo é a serenidade. O resultado da meditação Nele é a serenidade, e sua descendência também chega a ter domínio de si. Diz Martín (p. 161) que se deve notar que o intelecto é diferente em cada pessoa e o resultado também se estende à sua descendência. Quando suas ideias sobre *Brahmân* foram refutadas, uma por uma, em função do conhecimento que tinha o rei já tinha sobre elas, então *Gârgya,* tendo esgotado seus conhecimentos sobre Ele, nada teve a dizer em réplica, e permaneceu em silêncio.

VERSO 14: "*Ajâtashastru* disse: 'Isto é tudo?'. *Gârgya* disse: 'Isto é tudo'. 'Pelo conhecimento de tudo, não se pode conhecer *Brahmân*', disse o rei. *Gârgya* disse: 'Aproximo-me de ti, como um estudante'".

COMENTÁRIO: Tendo observado *Gârgya* abatido, *Ajâtashastru* disse: "É todo este o conhecimento que tens de *Brahmân,* ou há algo mais?". Ao que *Gârgya* replicou: "Isto é tudo". Então, *Ajâtashastru* disse: "Se conheces apenas isto, não podes conhecer *Brahmân*. Por que me dizes, com orgulho que me ensinarias sobre Ele?". Fica claro que o verdadeiro conhecimento de *Brahmân* só pode ser ensinado por um verdadeiro guru ao seu discípulo. *Ajâtashastru* era um *kshatrya,* e *Gârgya* um *brâhmane*. Neste caso, um *kshatrya* se tornou o mestre de um *brahâmane*.

VERSO 15: "*Ajâtashastru* disse: 'É contrário à prática usual que um *brâhmane* se acerque de um *kshatrya,* pensando: 'Ele me ensinará sobre *Brahmân*'. 'Sem dúvida, eu te ensinarei'. Tomando *Gârgya* pela mão, levantou-se. Aproximaram-se de um homem que dormia. *Ajâtashatru* o chamou por estes nomes: 'Grande, Vestido de Branco, Radiante *soma*'. O homem não se levantou. O rei o empurrou com a mão, até que despertou. Então se levantou".

COMENTÁRIO: Aqui, *Ajâtashastru* comentou que não era costume que um *brâhmane* da casta superior se aproximasse de um *kshatrya*, que não pode ser um mestre, para dele receber ensinamentos sobre *Brahmân*. Isto era proibido pelas escrituras que estabeleceram normas de conduta para a sociedade *védica*. Assim, vendo *Gârgya* acabrunhado, tomou-o pela mão e o levantou. Ambos se aproximaram de um homem que dormia e *Ajâtrashastru* o chamou por alguns nomes elogiosos. Mas o homem não acordou. Percebendo que ele não despertava, o rei o empurrou com a mão até despertar. Então se levantou. Ao que parece, o Ser descrito por *Gârgya* não era *Brahmân*, e sim *Brahmân* condicionado.

VERSO 16: "*Ajâtashastru* disse: 'Quando este Ser pleno de consciência estava dormindo, onde se encontrava Ele e de onde veio?'. *Gârgya* não sabia".

COMENTÁRIO: A palavra "consciência", aqui, significa *budhi*, a parte nobre da mente capaz de elaborar raciocínios elevados, responsável pela intuição. A expressão "pleno de consciência" significa "o que é percebido pela mente, o que se percebe e o que percebe através dela". Segundo Martín, (p. 168), seria o *Âtman*. Segundo *Nikilananda* (p. 157), a expressão "onde se encontrava Ele" significa que o *Âtman*, na sua verdadeira natureza, é livre das noções de ação, agente e resultado. Tais noções não são experienciadas no estado de sono profundo, o estado denominado *prajna*, pela *Mandukya Upanishad*. Nesse estado profundo, o *Âtman* permanece no estado transcendental. A pergunta "de onde Ele veio?", formulada por *Ajâtashastru*, foi um duro teste para *Gârgya*. A pergunta era sobre a natureza do *Âtman*, que nunca nasceu nem vem de parte alguma.

VERSO 17: "*Ajâtashastru* disse: 'Quando Esse Ser, pleno de consciência, está dormindo, absorve nesse momento a capacidade de percepção dos órgãos pela sua própria consciência. E permanece no espaço (*akâsha*) que reside no coração. Quando Esse Ser os absorve, chama-se *Svapiti*. Assim, o nariz é absorvido, o órgão da fala é absorvido, os olhos são absorvidos, o ouvido é absorvido e a mente é absorvida'".

COMENTÁRIO: O Ser pleno de consciência ou que é consciência pura é o *Âtman*. Ele percebe através de *budhi*, pois o *Âtman* não pensa. Quando o ser humano dorme, o *Âtman*, nele e em tudo, percebe através de *budhi*. Assim, quando o ser humano dorme, o *Âtman* absorve, naquele momento, as funções dos órgãos dos sentidos e sua capacidade para perceber os objetos correspondentes. É *budhi* quem serve ao *Âtman*. Durante o estado de sono, o *Âtman* não experiencia o estado de Libertação Espiritual, pois está emaranhado nos movimentos da mente inconsciente. Deve ser dito que tal coisa só acontece em pessoas ainda não libertas. O significado da palavra sânscrita *svapiti* é "fundido (*apiti*) no seu próprio ser (*svan*)". Quando os órgãos dos sentidos são absorvidos ou restringidos no sono profundo, o *Âtman* permanece na sua natureza própria. Nesse estado, o *Âtman* fica colocado no coração. Algumas *Upanishads* falam da "caverna do coração" como o lugar onde se encontra o *Âtman*. Trata-se de uma alegoria, pois Ele está em tudo e em todos.

VERSO 18: "Quando o Ser permanece assim, em estado de sono profundo, estas são suas façanhas: é como se fosse um imperador ou um nobre *brâhmane*; é como se tivesse alcançado altos e baixos estados. Como um imperador, com seus cidadãos, move-se como lhe apraz em seu próprio território, assim é, pois, o Ser, tomando os órgãos dos sentidos, move-se como quer, no seu próprio corpo".

COMENTÁRIO: Diz *Nikilananda* (p. 159) que as experiências que o *Âtman* vivencia no estado de sono são falsas. Elas são negadas pela experiência do despertar. Ele não está conectado, no sono, com dor, prazer, etc. No estado de sono, o sonho é real quando ocorre. Do mesmo modo, no estado desperto, a vigília é real. Aqui, há uma analogia do *Âtman* no sono profundo, com um imperador ou um *brâhmane,* ou como se tivesse alcançado altos e baixos estados. Assim como o imperador se movimenta com os seus cidadãos no seu reino, o *Âtman*, tomando os órgãos dos sentidos, movimenta-se como deseja no corpo. Aqui há uma referência ao movimento do prazer, ao prazer que sente o *Âtman*.

VERSO 19: "E, quando se dorme completamente, quando não se conhece nada, o *Âtman* retorna ao longo dos 70 mil canais (*nâdi*) chamados *hitâ,* que se estendem desde o coração até o a totalidade do corpo. E permanece no corpo. Vive como um menino, ou um imperador, ou um nobre *brâhmane*, e, ao alcaçar a suprema felicidade, se conserva ali".

COMENTÁRIO: No estado de sono profundo, o *Âtman* está estabelecido na sua natureza própria, como foi dito. Nesse estado, Ele caminha ou retorna através dos canais psíquicos denominados *nâdi*. O número de 70 mil significa que são numerosos. Outros textos enumeram 300 mil. Esses canais são aqui denominados *hitâ*. Partindo do coração, esses canais alcançam a totalidade do corpo. Outros textos dizem que eles partem do *kanda,* algo situado abaixo do coração. Aqui, há um retorno à analogia do imperador e do *brâhmane*, agora acrescida a figura de um menino. Ao alcançar a suprema felicidade, o *Âtman* passa a residir naqueles canais.

VERSO 20: "Assim como uma aranha se move ao longo da sua teia e igual às chispas de um fogo que se movem em todas as direções, assim, desse Ser emanam todos os *prânas*, todos os mundos, todos os *Devas* e todos os seres. Seu nome secreto é 'A Verdade da verdade'. O *prâna* é a verdade e Aquilo é o *Âtman*".

COMENTÁRIO: Neste verso, há uma analogia do *Âtman* com uma aranha, ou as chispas de fogo que se movem em todas as direções. Do mesmo modo que a aranha se move na sua teia e as chispas de fogo se movem em várias direções, Dele emanam todos os tipos de *prâna,* todos os mundos, todos os *Devas* e todos os seres. O nome secreto Dele é "A Verdade da verdade". Daí, o verso diz que o *prâna* é a verdade e Aquilo de que se fala é o *Âtman*.

SEGUNDO *BRÂHMANA*
DESCRIÇÃO DO *PRÂNA*
(O *PRÂNA* ENCARNADO)

VERSO 1: "Quem conhece o recém-nascido bezerro em sua morada, seu refúgio, seu poste e sua corda, mata seus sete parentes hostis. O *prâna* no corpo é o recém-nascido, o corpo é a sua morada, a sua cabeça é o seu refúgio especial, a força é o seu poste, e o alimento é a sua corda".

COMENTÁRIO: Os sete parentes hostis são os órgãos sensoriais, localizados na cabeça: os dois olhos, os dois ouvidos, as duas narinas e a boca. São parentes porque nasceram com a pessoa. Os parentes, segundo *Nikilananda* (p. 167) e Martín (p. 190), são de dois tipos: os que têm inveja e os que não a têm. Aqui, os órgãos dos sentidos são chamados hostis porque impedem o ser humano de perceber o Ser Interno (o *Âtman*). O bezerro é o *prâna*, na sua morada, seu refúgio, seu poste e sua corda (o corpo). Esse *prâna* está no corpo como "corpo sutil". Alguns dos órgãos citados levam o ser humano à inveja, outros não. O bezerro recém-nascido é aqui comparado ao *prâna* porque o recém-nascido citado por não estar em contato direto com os objetos físicos, como os órgãos sensoriais. A morada do *prâna* é o corpo, sendo a cabeça o lugar, por excelência, onde mora este. Daí ser o seu refúgio especial.

A força do corpo que vem da comida e da bebida é aqui comparada ao poste, onde são amarrados os bezerros. A comida que comemos é transformada em três partes: 1 – a parte grosseira é expelida do corpo; 2 – a parte intermediária é transformada em sangue, etc.; 3 – a parte sutil da comida é transformada em *prâna* e vai alimentar as *nadis* e o corpo sutil.

VERSO 2: "Os sete *Devas* que não morrem o adoram (o bezerro): através dessas linhas róseas no olho de *Rudra*, o atendem; pela água do olho de *Parjania*; pela pupila, *Adidya* (o Sol); pela parte escura, *Agni* (o fogo); pela parte branca, *Indra*; pelas pestanas, a terra e pelas pálpebras, o céu. A todo aquele que sabe disso nunca lhe faltará o alimento".

COMENTÁRIO: Os sete *Devas* aqui mencionados e que evitam a decadência são adorados pelo *prâna,* que se encontra no corpo em virtude do alimento. Os sete *Devas* são *mantras,* pronunciados pelos que oram. O verso enumera os *Devas* que evitam a decadência. *Rudra* (*Shiva*) ora pelas suas linhas róseas do seu olho; *Parjania* ora para o *prâna* e é seu alimento. Pela pupila que tem o poder de fazer brilhar o Sol, ora ao *prâna*. Pela parte escura do olho, é o fogo que ora; pela parte branca, é *Indra*. Pelas pestanas, é a terra, já que ambas ocupam uma posição inferior. Pelas pálpebras, é o céu, pois os dois ocupam um lugar superior. Todo aquele que sabe isso, percebe que esses sete *Devas* que são alimento do *prâna,* fazem preces constantes para ele, obtendo como resposta o fato de nunca lhe faltar o alimento. Os sete *Devas* aqui referidos evitam a decadência porque fazem o *prâna* imperecível, ao supri-lo de alimento.

VERSO 3: "Sobre este tema, há versos expressivos: 'Há uma taça com sua boca para baixo e o fundo para cima. Vários tipos de conhecimentos foram colocados nela. Sete sábios se sentam na sua borda, e o órgão da fala, o oitavo, estão em comunicação com os *Vêdas.* A taça aberta embaixo e com o fundo para cima é a nossa cabeça, que tem essas características. Vários tipos de conhecimentos foram colocados nela, e os órgãos contêm esses conhecimentos. Sete sábios se sentam na sua borda e fazem referência aos órgãos, como sendo os sentidos. O órgão da fala que está em comunicação com os *Vêdas* é o oitavo, e tem comunicação com *Brahmân*'".

COMENTÁRIO: Aqui, a taça de boca para baixo é a nossa cabeça. Assim como se colocava o suco do *soma* em uma taça, na nossa cabeça são colocados vários tipos de conhecimentos. Os órgãos, o ouvido, etc., distribuídos nela em sete formas, representam as várias classes de conhecimentos, porque são a causa da percepção do som e dos outros fenômenos sensoriais. É isto que o verso quer dizer com relação aos sete sábios sentados na borda da taça. Eles são os órgãos sensoriais que têm natureza vibratória. O órgão da fala, o oitavo, é o que comunica os *Vêdas* e tem comunicação com o Absoluto. É por meio da fala que se ensina e se comunica o conhecimento dos *Vêdas* e estes estão relacionados ao Absoluto.

VERSO 4: "Estes dois (ouvidos) são os *rishis Gotama* e *Bharadvâja:* o ouvido direito é *Gotama* e o esquerdo é *Bharadvâja*. Esses dois olhos são os *rishis Vishvâmitra* e *Jamadagni*: o direito é *Vishvâmitra* e o esquerdo é *Jamadagni*. As duas narinas são os *rishis Vashishta* e *Kashyapa:* a direita é *Vashishta* e a esquerda é *Kashyapa*. A língua é *Atri*, através de quem se saboreia a comida. *Atri* é o mesmo que *atti* (comendo). Aquele que sabe disso torna-se o comedor de todas as coisas, e todas as coisas se tornam comida".

COMENTÁRIO: No verso anterior, há referência aos sábios que se sentam na borda da taça. Eles são *Gotama* e *Bharadvâja*, um à esquerda e outro à direita. O mesmo em relação aos olhos e as narinas. *Atri* é a língua, uma referência ao ato de comer. *Atri* é o sétimo sábio. Todo aquele que sabe disso, ou seja, todo aquele que sabe a verdadeira natureza do *prâna* no corpo, torna-se o comedor de todas as coisas e, todas as coisas se tornam comida. Em outras palavras, todo aquele que conhece a natureza do *prâna*, como descrito acima, torna-se o próprio *prâna* no corpo, tornando-se o comedor de todas as coisas, e todas as coisas se tornam comida.

TERCEIRO *BRÂHMANA*
AS DUAS CLASSES DE REALIDADE
(AS DUAS FORMAS DE *BRAHMÂN*)

VERSO 1: "Há duas formas de *Brahmân*: grosseira e sutil, mortal e imortal, limitada e ilimitada, definida e indefinida".

COMENTÁRIO: Aqui, há uma referência à ignorância que nos faz perceber *Brahmân* como algo grosseiro, mortal, limitado e definido. Ignorância em sânscrito é *avidyâ*. O denso e o grosseiro estão incluídos Nele por causa de *avidyâ*. A outra forma de *Brahmân* é sutil, imortal, ilimitada e indefenida. Há, aqui, uma referência a *Saguna* e *Nirguna Brahmân*.

VERSO 2: "A forma mais densa Deste Ser é diferente do ar e do espaço. É mortal, limitado e definido. A essência do que é denso, mortal, limitado e definido é o Sol que brilha".

COMENTÁRIO: Aqui há uma referência ao éter (*âkâsha*), a forma grosseira. Ele é mortal, limitado e definido. A essência do que é grosseiro, mortal, limitado e definido é o Sol que brilha e, por isso, é a essência dos três elementos (terra, água, fogo). O Sol é a quintessência desses três elementos. Por ser denso, é mortal e, ao sê-lo, é limitado e, portanto, definido.

VERSO 3: "O sutil é aqui o ar e o espaço, imortal, ilimitado e indefinido. A essência do que é sutil, imortal, ilimitado e indefinido é o Ser que habita no olho, que é a essência Daquele Indeterminado. Isto é o que se refere aos *Devas*".

COMENTÁRIO: Neste verso se descreve a forma sutil que é o ar e o espaço, os dois elementos restantes. Por ser sutil, é imortal, ilimitado, não estando sujeito à destruição. Segundo *Nikilananda* (p. 171), o verso faz uma referência ao Supremo *Hiranyagarbha*, que é o *prâna*. Ele é os órgãos do corpo. A expressão... "e indefinido é o Ser que habita no olho...", segundo ainda *Nikilananda*, na página citada, é *Hiraniagarbha*. A essência aqui significa o ar e o éter, que são os principais igredientes do corpo sutil.

VERSO 4: "Agora, trataremos sobre o que se refere ao corpo. A forma densa, diferentemente do ar e do espaço que estão no corpo, é mortal, limitada e definida. A essência do que é denso, mortal, limitado e defenido é o olho, por ele ser a essência dos três elementos".

COMENTÁRIO: Aqui é feita uma diferença entre o denso e o sutil, que estão no corpo humano. O denso é mortal, limitado e definido. Essa parte é definida pelo olho, por ser esse a essência dos três elementos – terra, água e fogo –, que são os constituintes do corpo. Estes são grosseiros. O olho é a essência desses elementos que constroem o corpo e, por isso, empresta ou dá importância àqueles. Outra razão para isso é a prioridade do olho no embrião. Neste, os olhos são os que se formam primeiro.

VERSO 5: "Agora trataremos do sutil, isto é, o ar e o éter (*âkâsha*), que estão no corpo. O sutil é imortal, ilimitado e indefinido. A essência do que é sutil, que é imortal, ilimitado e indefinido é a pessoa (*Purusha*), que é o olho direito e, para Ele, é a essência dos dois elementos (ar e éter)".

COMENTÁRIO: Aqui se descreve o que é sutil e que está no corpo sutil: o ar e o éter, que são os dois elementos restantes. A essência do que é sutil também é sutil. A referência ao olho direito está nas escrituras do Hinduísmo. Segundo Martín (p. 197), tais escrituras dizem que o corpo sutil se manifesta, especialmente, pelo olho direito. Aqui há uma referência ao fato de o olho direito ou o corpo sutil serem idênticos à pessoa, ou seja, *Purusha,* que é imortal, ilimitado e indefinido.

VERSO 6: "E qual é a forma dessa pessoa? Ela é como a túnica cor de açafrão, como a lã cinza das ovelhas, como o inseto *Indragopa,* como a chama do fogo, como um lótus branco ou como o súbito relâmpago no firmamento. Todo aquele que sabe disso alcança o esplendor do relâmpago. Em continuação, vem a descrição de *Brahmân.* 'Nem isto, nem isto'. Porque não existe uma descrição mais adequada que 'Isto não é'. E seu nome é 'O real do Real'. O *prâna* é real. E Ele é o real do *prâna*".

COMENTÁRIO: Aqui há referência ao inseto *Indragopa.* Trata-se de um inseto do qual era extraído um produto de cor avermelhada usado para colorir roupas, por exemplo, a cor de açafrão. A pessoa aqui referida é o corpo sutil. A descrição indica que o corpo sutil é a mente (*chitta*), não *Purusha.* O corpo sutil é formado por impressões oriundas dos corpos materiais densos, externos e dos sutis, de natureza *prânica.* Ele é heterogêneo como uma túnica pintada de açafrão. A escola idealista budista *Yogacara* advoga a ideia de que tudo o que se percebe é feito de consciência. Assim, a realidade externa seria, portanto, consciência. Segundo Martín (p. 198), as escolas *naiyâyka* e *vaishesika* advogam, ao contrário que, como a cor de uma túnica, essas impressões são os atributos do Ser, que é a sua substância. O verso faz uma espécie de comparação ou de metáfora, entre o corpo sutil e o referido inseto, a chama de fogo, lótus branco ou, o súbito relâmpago que ilumina o firmamento. Em seguida, o verso fala de *Brahmân.* Sobre isso e sobre a capacidade que teria o ser humano de percebê-lo, o verso cita uma afirmação de *Shankara,* quando diz que "*Brahmân* nem é isto, nem isto". Daí, o verso diz que não existe uma descrição mais adequada para Ele que "Isto não é (Ele)". O verso diz ainda que *Brahmân* tem por nome "o Real do Real" e que o *prâna* é real e que Ele é o Real do *prâna*. Trata-se de uma tentativa de descrever o Indescritível, o Infinito, o Insondável *Brahmân,* como dizia o poeta Rabindranath Tagore. O esplendor do relâmpago é *Hiranyagargha,* segundo *Nikilananda* (p. 172) que, subitamente, manifesta a Si mesmo como luz.

QUARTO *BRÂHMANA*
DIÁLOGO SOBRE O SER ENTRE *YÂJNAVALKYA MAITREYÎ*
(*YÂJNAVALKYA* E *MAITREYÎ*)

VERSO 1: "'*Maitreyî,* minha querida', disse *Yâjnavalkya,* 'eu estou indo renunciar a esta vida. Permita-me despedir de ti e de *Katyayani*'".

COMENTÁRIO: O conhecido sábio desta *Upanishad,* cujo nome era *Yâjnavalkya,* tinha duas esposas, *Maitreyî* e *Katyayani.* Segundo a tradição da Índia antiga, o homem, ao chegar por volta 55 anos, quando seus cabelos estavam começando a ficar brancos, quando tinha netos e os filhos estavam encaminhados, ele atingia a fase de *vanaprashta.* Então, reunia a família sem traumas e, declarava que a partir daquela data, iria sair de casa para uma floresta. Lá o estaria esperando um *ashram* e nele o seu novo mestre ou guru. A esposa poderia o acompanhar ou não, dependo de uma escolha de ambos. A partir desse momento, o homem, agora retirado, passaria a se dedicar à vida espiritual. Passaria a praticar meditação, técnicas de Yoga e rígido ascetismo, sob a orientação do seu guru, tudo visando levá-lo à Libertação Espiritual. Essas fases eram as senguintes:

- *Brhamacharin,* uma fase correspondendo à adolescência, quando iria morar com o seu primeiro guru, de quem recebia a primeira iniciação;
- *Grihastha,* correspondia à fase do homem casado;
- *Vanaprashta,* já descrita;
- *Samniasyn,* fase que se seguia à iluminação espiritual. O homem, então, se vestia de vermelho, não tinha mais família. Ou, caso desejasse, poderia caminhar em uma floresta até a morte. Era uma honra para a família, em cuja casa batia um *samniasyn.* Este só poderia falar sobre *Brahmân.*

Neste verso, *Yâjnavalkya* se despede das suas duas esposas, para renunciar a sua vida e tornar-se um *vanaprashta.* Ele queria dividir os seus bens entre elas.

VERSO 2: "Então, *Maitreyî* disse: 'Senhor, se toda esta terra cheia de riquezas fosse realmente minha, seria eu imortal através disso?'. 'Não', respondeu *Yâjnavalkya,* 'tua vida seria como a dessas pessoas que têm grande quantidade de coisas. Mas, não há esperança de imortalidade por meio das riquezas".

COMENTÁRIO: Aqui, *Maitreyî* indaga a seu marido se caso toda a sua terra lhe fosse doada, ela se tornaria imortal, por isso. *Yâjnavalkya*, percebendo a agudeza e profundidade espiritual dela, lhe diz que a sua riqueza de nada lhe valerá no seu progresso espiritual, ou seja, por meio dela, *Maitreîy* não alcançará a imortalidade.

VERSO 3: "Então, *Maitreyî* disse: 'Que farei com isso que não me faz imortal? Diga-me senhor, sobre aquilo que somente tu conheces'".

COMENTÁRIO: Aqui, *Maitreîy* continua indagando seu marido, perguntando-lhe o que ela faria com as riquezas que ele pretendia deixar para ela e *Kâtyâyani*. *Maitreîy,* pelo que se pode perceber, não deseja aquela herança, uma vez que isso não a faria imortal. Ela queria saber sobre o segredo que seu marido conhecia, a respeito do que a faria imortal.

VERSO 4: "*Yâjnavalkya* replicou: 'Minha querida, você tem sido a minha amada e agora fala do que está mais além do meu coração. Venha, sente-se, eu lhe explicarei. E, medite sobre o que eu direi'".

COMENTÁRIO: *Yâjnavalkya* agora convida *Maitreyî* a sentar-se ao seu lado para lhe explicar sobre o que ela desejava saber.

VERSO 5: "Então *Yâjnavalkya* disse: 'Na verdade, não é por amor ao esposo, querida, que este é amado, mas por amor ao Ser. Não é por amor à esposa que esta é amada, mas por amor ao Ser. Não é por amor aos filhos que estes são amados, e sim por amor ao Ser. Não é por amor à riqueza que esta é amada, mas por amor ao Ser. Não é por amor ao religioso *brâhmane* que este é amado, mas por amor ao Ser. Não é por amor ao poderoso *kshatriya* que este é amado, mas por amor ao Ser. Não é por amor aos mundos que estes são amados, mas por amor ao Ser. Não é por amor aos *Devas* que estes são amados, mas por amor ao Ser. Não é por amor aos seres que estes são amados, mas por amor ao Ser. Não é por amor a tudo que Este é amado, mas por amor ao Ser. Querida *Maitreyî*, deve-se tomar consciência do Ser, deve-se escutar, refletir e meditar Nele. Ao escutar, refletir e meditar no Ser, tudo se compreende'".

COMENTÁRIO: Neste belo verso, *Yâjnavalkya* explica a sua esposa *Maitreîy* sobre o Ser, ou seja, o *Âtman* ou *Brahmân*. Ele lhe diz, em bonitas palavras, que tudo o que amamos, seja nossa esposa, nossos filhos, nossa riqueza, ao *brâhmane* devoto, ao poderoso guerreiro *kshatriya*, aos mundos, aos *Devas*, aos seres e a tudo, e esse amor que sentimos é uma forma de se adorar o Ser. Em outras palavras, tudo o que amamos é uma expressão do nosso amor pelo Absoluto *Brahmân*. Diz ainda que devemos escutar, refletir e meditar sobre Ele. Com isso, tudo passa a ser compreendido. Conhecê-Lo é o meio de alcançar a imortalidade desejada por *Maitreîy* e por todos aqueles que buscam a Verdade. A palavra "Tudo" aqui existente significa que ela inclui tudo aquilo que não foi mencionado e o que foi citado. O verso 8 do *Quarto Brâhmana* (Primeiro *Adhyâya*) diz: "O Ser é mais querido que um filho, mais querido que a riqueza (...)". O verso aqui tratado é uma espécie de comentário detalhado do outro referido.

VERSO 6: "O religioso *brâhmane* se distancia de quem o vê como diferente do Ser. O *kshatriya* rejeita quem o vê como diferente do Ser. Os mundos se distanciam de quem os percebe como diferentes do Ser. Os *Devas* se distanciam de quem os vê como diferentes do Ser. O homem religioso, o que tem poder, os mundos, os *Devas*, os seres e tudo o que se conhece, não é outra coisa senão o Ser".

COMENTÁRIO: Pode-se compreender, do verso, que não pode existir nada que seja diferente do Absoluto *Brahmân*, o Ser. Quem pensa o contrário, o faz por ignorância. Todas as coisas se originam no Ser, dissolvem-se no Ser e Nele permanecem, sendo permeadas por Ele.

VERSO 7: "Quando um tambor é golpeado, não se pode distinguir suas variadas notas particulares, mas estão incluídas na nota geral do tambor ou no som geral produzido pelos diferentes tipos de golpes (batidas)".

COMENTÁRIO: Os tipos particulares de batidas (golpes) são modificações da batida geral. Elas não existem independentes da batida geral. Em outras palavras, os tons particulares produzidos pelos diferentes tipos de golpes que são dados no tambor estão incluídos no som geral, produzido por esses golpes. Não podem ser percebidos como tons distintos, pois não têm existência separada. Percebe-se, no dia a dia que nada está separado. Tudo está interconectado. Nada é percebido, em virgília ou sonho, como sendo separado do Ser.

VERSO 8: "Isso é como quando se golpeia uma concha. Não se pode distinguir seus vários tons particulares, mas eles estão incluídos no tom geral da concha ou no som geral produzido por diferentes modos de tocá-la".

COMENTÁRIO: O mesmo ocorre quando uma concha é golpeada. Portanto, o mesmo raciocínio se aplica neste verso.

VERSO 9: "Quando se toca uma *vînâ,* não se pode distinguir seus variados tons particulares, pois estão incluídos no tom geral da *vînâ* ou no tom geral produzido pelas diferentes maneiras de tocá-la'.

COMENTÁRIO: O mesmo raciocínio se aplica no caso do tambor, da concha e da *vînâ*. Em nenhum dos três livros consultados se encontrou o que seja *vînâ*.

VERSO 10: "Como um fogo aceso com hastes úmidas produz vários tipos de fumaças, assim, querida, o *Rig-Vêda,* o *Yajur-Vêda,* o *Sâma Vêda, Atharvangirasa,* a História, a Mitologia, as Artes, as *Upanishads,* os belos versos, os aforismos, elucidações e explanações são (como) a respiração desta infinita realidade. São como um alento do Ser".

COMENTÁRIO: Segundo *Nikilananda* (p. 179), as seguintes palavras possuem os significados abaixo especificados:

- *Atharvagirasa = Athava Vêda;*
- História = *Itihâsa (Mahabhâta, Ramayana);*
- Mitologia = *Purânas;*
- Artes = Música, dança, etc.;
- Versos = *Slôka;*
- Aforismos = Referem-se às passagens dos *Vêdas* que apresentam a Verdade de modo resumido;
- Os *Vêdas* citados = Explanações;
- As *Upanishads* podem ser incluídas nos versos.

Aqui, *Yâjnavalkya* contrói uma metáfora, ou seja, os diversos textos, artes, mitologias, *Upanishads,* os *Vêdas,* os aforismos e os versos, são todos manifestações da respiração do Absoluto *Brahmân*. Esses textos, segundo o Hinduísmo, são revelados no início de cada ciclo de existência. Por isso, são denominados *srutis* (incluindo-se os *Brâhmanas* e *Aranyakas*). *Yâjnavalkya* compara tudo o que foi citado aos diversos tipos de fumaças que saem das varestas úmidas. Toda essa fumaça sai do mesmo fogo. Assim, tudo o que foi citado emana da respiração do Ser, do Absoluto *Brahmân*.

VERSO 11: "O oceano é a única meta de todas as águas, a pele é a única meta de todo tato; os orifícios nasais são a única meta dos odores, a língua é a única meta dos sabores, o ouvido é a única meta dos sons, o pensamento é a única meta de todos os propósitos, a razão é a única meta de todas as classes de conhecimentos, as mãos são as únicas metas de todos os tipos de trabalhos, os órgãos reprodutivos são a única meta do prazer, o ânus é a única meta de todo excremento, os pés são a única meta de qualquer modo de andar, o órgão da fala é a única meta dos *Vêdas*".

COMENTÁRIO: Aqui, a palavra "meta" significa o local de encontro, o local de dissolução ou unificação, segundo *Nikilananda* (p. 180). O universo, que não existe sem a Inteligência Pura, pode ser considerado como o próprio Absoluto *Brahmân,* tanto na sua origem como no seu fim. O texto apresenta exemplos de dissolução e criação. Assim, o oceano é a única meta das águas, o local de encontro e de dissolução delas. Do mesmo modo, a pele é a meta do tato, os orifícios nasais são a meta do odores, etc. Vale salientar aqui o pensamento ser a última meta de todos os propósitos, ou seja, *chitta,* a mente ordinária se une ao Absoluto, que é Inteligência Pura. De modo semelhante, os objetos dos órgão, como falar, saborear, ouvir, caminhar e eliminar, se unificam em suas funções gerais, como as águas dos rios, lagos e oceanos, não podem ser separadas.

Ainda sobre criação e dissolução do universo, o *Bhagavata Purana* (*Srimad Bhagatan*) fala sobre isso. A dissolução (*pralaya*) ao final de cada ciclo, representa a noite de *Brahmâ*. Também representa a contração do universo ou a noite de *Brahmâ*. A dilatação ou dia de *Brahmâ* é chamada de *manvantara*.

VERSO 12: "Uma pitada de sal caída na água, nela se dissolve e nada é capaz de recolhê-lo novamente. Mas, ao se saborear a água, esta tem sabor de sal. Do mesmo modo, minha querida, esta grandiosa e ilimitada Realidade sem fim é Pura Consciência. Ela (o Ser) surge desses elementos como entidade separada e neles se destrói. Após alcançar a unidade plena, não possui mais consciência (mente). Isto é o que eu disse, minha querida'. Assim falou *Yâjnavalkya*".

COMENTÁRIO: Neste verso, a água à qual se refere *Yâjnavalkya* é a do oceano. Esta, através do calor, torna-se o sal. De modo análogo, o Ser, que consiste de Inteligência Pura, pela Sua conexão com os órgãos dos sentidos e do corpo em razão da ignorância, torna-se uma entidade limitada, finita. Aqui há uma referência ao *jiva,* ou seja, o ser humano encarnado. Quem se torna ignorante é o *jiva,* não o *Âtman.* Este último, que é Consciência Pura, é sábio e Sua natureza é *Sat-Chit-Ananda,* isto é, Uma consciência que Dura Eternamente e que é Cheia de Bem-Aventurança. Ao mergulhar na matéria em suas vidas sucessivas, o *jiva* perde a noção da sua verdadeira natureza, que é o *Âtman.* A analogia dessa queda ou desse mergulho é feita com a pitada de sal. Ao ser introduzido na água, nela se dissolve, perdendo-se ali. Ao se provar a água, esta tem sabor de sal, ou seja, apesar de mergulhado na carne e de perder a noção da sua verdadeira natureza, a essência do *jiva* é o *Âtman.* O *jiva* mergulhado na carne vê a si mesmo como entidade separada. Ao reconhecer a sua verdadeira natureza, ele retorna ao oceano, à beatitude, perde a noção de ser algo separado, confundindo-se com a Natureza Uma da Realidade, o Absoluto *Brahmân,* perdendo a sua mente individual. Daí o verso concluiu dizendo que estas foram as palavras de *Yâjnavalkya* para sua querida *Maitrêiy.* Esta foi a sua filosofia da Unidade Última, que expôs à sua esposa.

VERSO 13: "Estão. *Maitrêiy* disse: 'Agora me colocaste em grande confusão, senhor, ao me dizer que depois de chegar à sua origem, o Ser não tem mais consciência'. *Yâjnavalkya* disse então: 'Não estou dizendo nada confuso, minha querida. Isso é suficiente para compreender a Verdade, *Maitrêyi*".

COMENTÁRIO: Pelo que pode compreender, *Maitrêiy* julgou que seu marido atribuía ao Absoluto qualidades contraditórias. Isto porque foi dito por ele que o Absoluto é Consciência Pura, e depois disse que Este Ser, ao chegar à sua origem, ao perceber a Si mesmo, perde a sua consciência. Portanto, como pode o Ser que é Consciência Pura, perdê-la ao perceber sua verdadeira natureza? Como disse Martín (p. 214), o fogo não pode ser, ao mesmo tempo, quente e frio. Então, seu esposo lhe disse que não estava lhe dizendo nada confuso.

VERSO 14: "Porque, onde se percebe dualidade, como aqui, se cheira algo, se vê algo, se ouve algo, se fala algo, se pensa algo, se conhece algo. Mas, para quem, ao ser consciente do Absoluto, todas as coisas se tornam Ele, então, mediante o que alguém poderia cheirar? Através do que uma pessoa poderia ver? Através do que uma pessoa poderia ouvir? Através do que alguém poderia falar? Através do que alguém poderia pensar? Através do que alguém poderia conhecer? Através do que alguém poderia conhecer Aquele devido ao qual tudo isto é conhecido? Através de quem, minha querida, poderia alguém conhecer o Conhecedor?"

COMENTÁRIO: A palavra "alguém" significa o ser individual, o *jiva,* ou seja, o aspecto de *Brahmân* que se assemelha ao reflexo da luz na água. Trata-se do ser individual que sente cheiro, vê, fala, etc. As perguntas se referem ao objeto cheirado, visto, etc., quem os cheira, vê... e através do que isso ocorre. Esses tipos de fenômenos acontecem em função da ignorância do *jiva* em relação à sua própria natureza, ou seja, sua identidade com o Absoluto *Brahmân*. Como já foi dito anteriormente, a escola *vedantina Advaita,* fundada por *Adi Shankaracharya,* é uma escola monista. Para ele, tudo é *Brahmân*. Por causa dessa ignorância, por se perceber como um ser isolado, o *jiva* imagina que seu corpo físico e órgãos o fazem ver o Absoluto como sendo dual, quando na verdade é uno sem segundo. Tudo é o Absoluto. O conhecedor do Absoluto, que conseguiu discriminar o Real do irreal, por intermédio de qual instrumento poderia ele conhecer o Conhecedor? Seria ele diferente daquilo que conhece? Não, ambos são a mesma coisa. Porque, para aquele que deseja conhecer e que também conhece o Absoluto, somente Este existe. Ele é, tanto o que conhece como também é o objeto conhecido. Aquele que deseja conhecer é idêntico ao objeto que conhece e esse objeto pode ser o Absoluto.

QUINTO *BRÂHMANA*
OS SERES E O SER
(A INTERDEPENDÊNCIA ENTRE OS OBJETOS CRIADOS)

VERSO 1: "A terra é como mel para todos os seres, e todo os seres são como mel para a terra. E o luminoso Ser Imortal que está na terra e o resplandescente, imortal ser corporal, não é mais que o Ser. Ele é o caminho para a imortalidade, é o Absoluto, é tudo".

COMENTÁRIO: Neste verso, *Yâjnavalkya* explica para *Maitrêiy* sobre o que representa a terra para todos os seres, e o que representa estes para a terra. São como mel, uma para os outros. Assim como a colmeia é composta de muitas abelhas, a terra é composta de muitos seres vivos.

A palavra sânscrita *madhu*, existente no verso, significa "mel". A palavra denota a relação causal e mútua depedência da terra com todos os seres, ou seja, um não pode existir sem o outro. Assim, as abelhas produzem mel, e este é o alimento delas. Mel e abelhas são causa e efeito, como o são todas as coisas e seres. O Ser luminoso pela sua luz, o Imortal ser que está na terra, e o ser resplandescente imortal no corpo, ou seja, o ser que está identificado com o seu corpo sutil, todos são como o mel que é útil para todos os seres. Por sua vez, todos os seres são como mel para Ele. O universo se originou do Absoluto, e tudo o mais é um efeito, uma modificação, um nome. O Absoluto é o caminho para a imortalidade, Ele que é tudo. O verso se refere a quatro coisas: a terra, todos os seres, o ser imortal que está na terra e o ser imortal que está no corpo. Eles são o composto efeito de todos os seres, e estes são o efeito desses quatro. São mutuamente dependentes. Mas, a causa última, a origem de tudo é o Absoluto.

VERSO 2: "A água é como mel para todos os seres, e todos os seres são como mel para a água. Igual ao luminoso, imortal Ser que está na água, e o luminoso, imortal Ser que encontra como semente no corpo, não são mais que o Ser. Ele é o caminho para a imortalidade, é o Absoluto, é tudo".

COMENTÁRIO: Como a água localizada no corpo, o Absoluto habita na semente. Ela é o principal componente da semente.

VERSO 3: "O fogo é como mel para todos os seres, e todos os seres são como mel para o fogo. E o luminoso, imortal ser que está neste fogo, e o luminoso imortal ser identificado com o órgão da fala no corpo não é mais que o Ser. Ele é o caminho para a imortalidade, é o Absoluto, é tudo".

COMENTÁRIO: O *Darshana Vedanta* diz, em alguns dos seus textos, que o fogo, ou seja, o *Deva Agni*, é aquele que controla a fala. Ele está no órgão da fala. O fogo é como se fosse o mel para todos os seres, e estes são como mel para o fogo. O Absoluto que está no fogo e, portanto: está na fala, é o caminho para a imortalidade.

VERSO 4: "O ar é como mel para todos os seres, e todos os seres são como mel para o ar. E o luminoso e imortal ser que está no ar, e o luminoso e imortal ser do *prâna* que está no corpo, não são mais que o Ser. Ele é o caminho para a imortalidade, é o Absoluto, é tudo".

COMENTÁRIO: Como o ar, assim é o *prâna* que está no corpo. Os elementos que estão no corpo são chamados mel porque participam da confecção dos materiais corporais. Por outro lado, os seres luminosos e imortais que estão no ar e no *prâna,* são o Absoluto, sendo Ele o caminho para a imortalidade.

VERSO 5: "O Sol é como o mel para todos os seres, e todos os seres são como mel para o Sol. E o luminoso e imortal ser que está no Sol, e o luminoso ser identificado com o olho no corpo não são mais que o Ser. Ele é o caminho para a imortalidade, é o Absoluto, é tudo".

COMENTÁRIO: O poder luminoso que controla o Sol é o mesmo que controla o olho. O Ser é como mel. No corpo está o Ser, que, por sua vez, está no olho.

VERSO 6: "Os quatro são como o mel para todos os seres, e todos os seres são como mel para eles. Assim ocorre com o luminoso e imortal ser que está nos quatro, e o luminoso e imortal ser identificado com o ouvido e com o tempo de escutar no corpo, não são senão o Ser. Ele é o caminho para a imortalidade, é o Absoluto, é tudo".

COMENTÁRIO: Os quatro são como mel. Mas, o ouvido é uma das partes dos quatro no corpo. Ele é identificado com o tempo de escutar. Isto porque se manifesta em especial para escutar sons. O poder que controla os quatro e o poder que controla o ar são idênticos. Diz *Nikilananda* (p. 187) que a expressão "o tempo de escutar" significa que o poder que controla o ouvido é especialmente manifestado no momento em que se escuta.

VERSO 7: "A Lua é como mel para todos os seres, e todos os seres são como mel para a Lua. E o luminoso e imortal ser que está na Lua, e o luminoso e imortal ser identificado com a mente no corpo não é outro senão o Ser. Ele é o caminho para a imortalidade, é o Absoluto, é tudo".

COMENTÁRIO: A Lua é como mel (como os anteriores). No corpo está o ser que está na mente. A Lua é mel para todos os seres e estes são como mel para ela. Na Lua reside o Ser imortal, luminoso, que aqui é identificado com a mente. Esse ser não é outro, senão o Absoluto *Brahmân,* que é o caminho para a imortalidade.

VERSO 8: "O relâmpago é como mel para todos os seres, e todos os seres são como mel para o relâmpago. E o luminoso, imortal ser que está no relâmpago, e o luminoso, imortal ser identificado com a luz no corpo, não outro senão o Ser. Ele é o caminho para a imortalidade, é o Absoluto, é tudo".

COMENTÁRIO: O relâmpago é como os anteriores. Identificado com a luz do corpo, está o Ser que também está em tudo. Ele é o Absoluto.

VERSO 9: "A nuvem é como o mel para todos os seres, e todos os seres são como mel para a nuvem. E o luminoso, imortal ser que está na nuvem, e o luminoso, imortal ser identificado com o som e a voz no corpo, não é outro senão o Ser. Ele é o caminho para a imortalidade, é o Absoluto, é tudo".

COMENTÁRIO: A nuvem é o mesmo que os anteriores. Mas o ser que é identificado com o som e está representado no corpo é citado neste verso, porque se manifesta, especialmente, na voz. O verso refere-se aos sons produzidos pelo corpo, e os outros, em especial aquele manifestado na voz.

VERSO 10: "O espaço (âkâsha) é como mel para todos os seres, e todos os seres são como mel para o espaço. E o luminoso, imortal ser que está no espaço, e o luminoso, imortal ser identificado com o espaço no coração, não é outro senão o Ser. Ele é o caminho para a imortalidade, é o Absoluto, é tudo".

COMENTÁRIO: O mesmo ocorre com o espaço. O verso faz referência ao espaço do coração. É dito nos versos que os elementos citados, começando pela terra, incluindo os *Devas* e terminando com o espaço, são como mel para cada indivíduo por lhes ser de grande ajuda. O ser identificado com todos esses elementos e neles localizado é o Absoluto *Brahmân*.

VERSO 11: "A Lei (*Dharma*) é como o mel para todos os seres, e todos os seres são como mel para Ela. E o luminoso, imortal ser que está na Lei, e o luminoso, imortal ser identificado como o *Dharma* no corpo não é outro senão o Ser. Ele é o caminho para a imortalidade, é o Absoluto, é tudo".

COMENTÁRIO: A palavra sânscrita *Dharma* significa: "A lei moral e o destino, individual ou coletivo. É a vontade divina expressa em diferentes situações da vida. Pode ser entendida ainda como harmonia com o todo social e universal, com a sociedade, com o saber do que se deve fazer para se alcançar essa harmonia".

Para exemplificar o sentido da palavra *Dharma* no Hinduísmo, ou mais especificamente, no *Bhagavad Gita,* deve ser lembrado a relutância de *Ârjuna* para não entrar em combate com os seus amigos, parentes, do exército da outra facção, a dos *kauravas,* uma vez que *Ârjuna* pertencia aos exércitos dos *pândavas.* Em meio a essa indecisão tida no seu carro de combate, *Ârjuna* diz (PRABHUPADA, A,C. *Bhaktivedanta Swami,* 1993):

"I. 28. Meu querido *Krishna*, vendo diante de mim meus amigos e parentes com esse espírito belicoso, sinto os membros do meu corpo tremer e minha boca secar".

"I. 46. *Sanjaya* disse: *Ârjuna* tendo falado essas palavras no campo de batalha pôs de lado seu arco e flecha e sentou-se na quadriga, com sua mente dominada pelo pesar".

"II. 5. É preferível viver mendigando neste mundo que viver à custa das vidas de grandes almas que são meus mestres. Embora desejem conquistas terrenas, eles são os superiores. Se forem mortos, tudo o que desfrutamos estará manchado de sangue".

"II. 7. Agora, estou confuso quanto ao meu dever e perdi toda a compostura em virtude da reles fraqueza. Nesta condição, estou Te pedindo que me digas com certeza o que é melhor para mim. Eis que sou Teu discípulo e uma alma rendida a Ti. Por favor, instrui-me".

"II. 19. *Krishna* disse: 'Nem aquele que pensa que a entidade viva é o matador nem aquele que pensa que ela é morta estão em conhecimento, pois o eu não mata nem é morto'".

"II. 21. Ó *Pârtha*, como pode uma pessoa que sabe que a alma é indestrutível, eterna, não nascida e Imutável matar alguém ou fazer com que outro a mate?".

"II. 27. Alguém que nasceu com certeza morrerá, e após a morte voltará a nascer. Portanto, no inevitável cumprimento do dever, não deves te lamentar".

"II. 31. Considerando o teu dever específico de *kshâtrya*, deves saber que não há melhor ocupação para ti do que lutar conforme determinam os princípios religiosos; e assim não há necessidade de hesitação".

"II. 32. Ó *Pârtha*, felizes são os *kshâtryas*, a quem aparece essa oportunidade de lutar, abrindo-lhes as portas dos planetas celestiais".

Com essas palavras, *Krishna* disse a *Ârjuna* para cumprir o seu *Dharma*, ou seja, lutar, uma vez que pertencia à casta dos guerreiros, os *kshâtryas*. Portanto, maior que a sua compaixão era o seu dever para com a sua casta. Isso é o *Dharma* individual, conhecido por *Svadharma*. O *Dharma* coletivo era os exércitos entrarem em combate. Para a mente ocidental cristã, isso pode parecer um absurdo, mas não para um hindu. Na Índia, a Lei e a Verdade são uma só coisa.

No verso, a Lei é como os outros. Ela produz seus efeitos de duas formas: na sua forma geral, Ela controla os elementos, terra, água, etc. E, na sua forma particular, Ela controla os agregados do corpo e órgãos. Essa é uma outra interpretação da Lei, dada por *Nikilananda* (p. 189).

VERSO 12: "A verdade é como mel para todos os seres, e todos os seres são como mel para a verdade. E o luminoso, imortal ser que está na verdade, e o luminoso, imortal ser identificado com verdade no corpo, não é outro senão o Ser. Conhecê-Lo é o caminho para a imortalidade. O Ser é o Absoluto. O Ser é tudo".

VERSO 13: "A humanidade é como mel para todos os seres, e todos os seres são como mel para a humanidade. E o luminoso, imortal ser que está na humanidade, e o luminoso, imortal ser identificado com ela no corpo, não é outro senão o Ser. Ele é o caminho para a imortalidade, é o Absoluto, é tudo".

COMENTÁRIO: O corpo humano e os seus órgãos são coordenados pela lei da verdade. A humanidade e as outras espécies são aqui comparadas ao mel, ou seja, elas são como o mel para todos os seres, e vice-versa. Todos os seres necessitam da ajuda uns dos outros. Por isso, essas espécies são como mel para todos os seres. Diz o verso que o Ser que se encontra, imortal e luminoso, na humanidade é o Absoluto *Brahmân*. Ele é o caminho para a imortalidade e também está no corpo.

VERSO 14: "O corpo é como mel para todos os seres, e todos os seres são como mel para o corpo. E o luminoso, imortal ser que está no corpo, e o luminoso, imortal ser que é o ser individual, não é outro senão o Ser. Ele é o caminho para a imortalidade, é o Absoluto, é tudo".

COMENTÁRIO: Aqui o autor anônimo desta *Upanishad* dá a entender que o conjunto de corpos e órgão que constituem a humanidade e as demais são denominados por "corpo". Esses são como mel para todos os seres, e vice-versa. O Absoluto *Brahmân* é o ser que está no corpo, sendo Ele o ser individual.

VERSO 15: "Verdadeiramente, este Ser é o que tudo dirige, é o rei de todos os seres. Assim como os raios estão fixos no centro e à superfície de uma roda de carro, assim, todos os seres, os *Devas,* o mundo, os órgãos e os 'indivíduos' estão unidos ao Ser".

COMENTÁRIO: Trata-se de um belo verso! Aqui tudo o que existe, ou seja, os *Devas,* o mundo, os órgãos e os seres individuais estão unidos a Ele, o Absoluto *Brahmân,* do mesmo modo que os raios de uma roda de carruagem estão unidos ao seu centro e à sua periferia. O Absoluto é o rei de todos os seres, dirigindo tudo.

VERSO 16: "Este, verdadeiramente, é aquele mel que *Dadhyâc,* versado no *Atharva Vêda,* ensinou aos *Ashvins.* Ao dar-se conta disso, os *rishis* disseram: 'Ó *Ashvins* em forma humana, que haveis cometido aquela terrível façanha chamada *damsha,* sem avareza! Os revelarei, como revela a nuvem à chuva, o mel que *Dadhyâc,* versado no *Atharva Vêda,* os ensinou através de uma cabeça de cavalo".

COMENTÁRIO: Segundo *Nikilananda* (p. 192), o verso se refere a um trecho do *Shatapatha Brâhmana* XIV, I, i, 4. Os dois *Ashvins,* médicos dos *Devas,* desejaram aprender a doutrina do mel (*madhu*) do *rishi Dadhyâc,* que era versado no *Atharva Vêda.* Mas o *rishi* ficou relutante em compartilhar esse conhecimento porque *Indra,* rei dos *Devas,* ameaçou cortar sua cabeça se ele revelasse aquilo para qualquer pessoa mais. Mas os *Ashvins* prometeram salvá-lo dessa calamidade. Mas o *rishi* indagou-os como eles poderiam protegê-lo de *Indra.* Os *Ashvins* lhe disseram que, se ele os aceitasse como discípulos, poderiam cortar-lhe a cabeça e preservá-la em algum lugar. Então, eles fixariam a cabeça de um cavalo no lugar da sua, e o *rishi,* assim, poderia ensiná-los através daquela cabeça. O *rishi* concordou com aquela proposta. Os *Ashvins* cortaram sua cabeça e a substituíram por outra, de um cavalo. Através dessa cabeça, o *rishi* os intruiu sobre a doutrina do mel (*vidya-madhu*). Entretanto, *Indra* cortou a cabeça de cavalo sobre o *rishi,* e os *Ashvins,* cuidadosamente, restauraram a própria cabeça do *rishi* (*Shat. Br.* XIV, I, i, 22-24). A narrativa ilustra a grande dificuldade que os *Devas* têm para encontrar esses conhecimentos. Esse texto é uma alegoria sobre a doutrina do mel.

VERSO 17: "Esta é, verdadeiramente, a doutrina do mel, que o *atharvan Dadhyâc*, versado no *Atharva Vêda*, ensinou aos *Ashvins*. Sabendo disso, um *rishi* disse: 'Ó *Ashvins*, vós colocastes uma cabeça de cavalo sobre os ombros de *Dadhyâc*, versado no *Atharva Vêda*. Ó terríveis *Devas*, para cumprir a sua palavra, ele os ensinou a doutrina do mel em relação ao Sol e também o segredo da meditação sobre ele".

COMENTÁRIO: Este verso é complementar ao anterior. É outro verso sobre a doutrina do mel. Para cumprir a própria promessa, que é mais importante que a vida, o *rishi Dadhyâc* se submeteu à terrível façanha de ter sua cabeça cortada e substituída pela de um cavalo, para poder ensinar aos *Ashvins* a doutrina do mel. Diz *Nikilananda* (p. 192-193) que esse verso é baseado no *Vêda,* do seguinte modo: *Vishnu,* orgulhoso da sua superioridade sobre os outros *Devas,* certa vez parou e repousou seu queixo no seu arco. Os invejosos *Devas* usaram formigas brancas para atormentá-Lo e, como resultado, a cabeça de *Vishnu* foi cortada. Sua cabeça tornou-se o Sol. Agora, *Vishnu* percebeu a razão daquele sacrifício porque Ele é indentificado com aquele astro. Como o sacrifício não pode acontecer sem uma cabeça, os *Devas* rogaram aos seus médicos, os *Ashvins,* para restaurar a cabeça. A restauração foi realizada com auxílio de um ritual denominado *Pravargya*. Esse ritual, descrito no *Shatapatha Brâhmana,* relata o mel ou a doutrina do mel, conectada ao Sol. (*Shat. Br.* XIV, I, i, 6-10); *Taitiriya Âranyaka*, V, I, 3-6). A expressão "segredo da meditação" significa o conhecimento do Absoluto, também conhecida com a denominação de "doutrina do mel". A frase: "Ó *Ashvins,* vós colocastes uma cabeça de cavalo sobre os ombros de *Dadhyâc*", versado no *Atharva Vêda*... é um mantra do *Rig-Vêda*, segundo Max Muller (MÜLLER, Max, s/d).

VERSO 18: "Isto, verdadeiramente, é a doutrina do mel, a qual *Dadhyâc*, versado no *Atharva-Vêda,* ensinou aos *Ashvins*. O *rishi,* percebendo isso, disse: 'Ele, o Senhor, fez corpos com dois pés e corpos com quatro. O Ser Supremo penetrou primeiro nos corpos como um pássaro. Por habitar em todos os corpos Lhe chamaram Espírito (*Purusha*). Não há nada que não esteja coberto por Ele, nada que não seja penetrado por Ele".

COMENTÁRIO: A primeira frase pode ser explicada como a anterior. Os versos se referem ao ritual *Pravarga*. Em seguida, vem uma bela afirmação, a qual afirma que o Absoluto fez corpos com dois e quatro pés, entrando neles, como um pássaro. E por habitar os corpos, Esse Ser é o *Purusha* idêntico ao Absoluto. Conclui dizendo que o Absoluto tudo penetra.

VERSO 19: "Esta, verdadeiramente, é a doutrina do mel a qual *Dadhyâc*, versado no *Atharva Vêda*, ensinou aos *Ashvins*. O *rishi* então disse: 'Ele, o Senhor, transformou a Si mesmo de acordo com cada forma, e Sua forma era para ser conhecida. *Indra, Deva* criador, através da ilusão (*mâyâ*), pode ser percebido de diversas formas. Porque, para Ele se unem os dez órgãos e mais uma centena deles. Ele é os órgãos, dez e mil, infinitos. O Absoluto não tem causa nem efeito, nem exterior nem interior. O Ser, o que é consciente de todas as coisas, é o Absoluto. Este é o ensinamento".

COMENTÁRIO: Aqui está dito que o Absoluto se transformou nas diversas formas de vida. Através de *mâyâ*, o Absoluto pode ser percebido em diversas formas. Por que Ele se transforma nessas formas? Para poder ser conhecido. O Absoluto são os órgãos, sejam poucos ou infinitos. Ele, o Absoluto, não tem causa nem efeito, seja interior ou exterior. Ele é consciente de tudo. O verso conclui que este é o ensinamento.

Yâjñavalkya

TERCEIRO *ADHYÂNA*
PRIMEIRO *BRÂHMANA*
JANAKA, REI DE *VIDEHA* E *YÂJÑAVALKYA*
(A LINHA DOS MESTRES)

VERSO 1: "Agora, a linha de mestres (por intermédio de quem a doutrina do mel tem sido transmitida): *Pautimâshya* (recebeu) de *Gaupavana*. *Gaupavana* de outro *Gaupavama*. *Gaupavama* de *kaushika*. *Kaushika*. *Kaushika* de *Kaudinua*. *Kaudinya* de *Shândilya*. *Shândilya* de *Kaushika* de *Gautama*.

VERSO 2: "De *Agniveshya*. *Agnivesya* de *Shândilya* e *Anabhimlâta*. *Anabhimlâta* de outro *Anabhimlâta*. Esse *Anabhimlâta* de ainda outro *Anambhimlâta*. Desse *Anambhimlâta* de *Gautama*. *Gautama* de *Saitava* e *PrâchinaYoga*. *Saitava* e *PrâchinaYoga* de *Pârâsharya*. *Pârâsharya* de *Bhâradvâjá*. *Bhâradvâja* de outro *Bhâradvâja* e *Gautama*. *Gautama* de ainda outro *Bhâradvâjya*. Esse de *Pârâsharya*. *Pârashârya* de *Baijavâpâyana*. *Baijavâpâyana* de *Kaushikâyani*. *Kaudshikâyani*

VERSO 3: "De *Ghritakaushika*. *Ghritakaushika* de *Pârâsharyayana*. *Pârâshayayana* de *Pârâsharya*. *Pârâsharya* de *Jâtukamya*. *Jâtukamya* de *Âsurâya* e *Yâksha*. *Âsurayana* de *Traivani*. *Traivani* de *Aupajandhani*. *Aupajandhani* de *Âsuri*. *Âsuri* de *Bhâradvâja*. *Bhâradvâja* de *Âtreya*. *Âtreya* de *Mâti*. *Mânti* de *Gautama*. *Gautama* de outro *Gautama*. Esse de *Vâtsya*. *Vâtsya* de *Shândikya*. *Shândikya* de *Kaishorya Kâpya*. *Kaishorya Kâpya* de *Kumârahârita*. *Kumârahãtita* de *Gâlava*. *Gâlava* de *Vidarbhikaundinya*. *Vidarbhikaudinya* de *Vatsanapât Bâbhrava*. *Vatsanapât Bâbhrava* de *Pathin Saubha-Ra*. *Pathin Saubhara* de *Ayâsya Ângirasa*. *Âyasya Ângirasa* de *Âbhuti Tvâshtra*. *Âbhuti Tvâshtra* de *Vishvarupa Tvâshtra* dos *Âshvins*. Os *Âshvins* de *Dadhyâch Âtharvana*. *Dadhyâch Âtharvana* de *Âtharvana Daiva*. *Âtharvana Daiva* de *Mrityu Prâdhvamsana*. *Mrityu Prâdhvamsana* de *Prâdhvamsana*. *Prâdhvamsana* de *Ekarshi*. *Ekarshi* de *Viprachiti*. *Viprachiti* de *Vyashti*. *Vyashti* de *Sanâru*. *Sanâru* de *Sanâtana*. *Sanâtana* de *Sanaga*. *Sanaga* de *Parameshthin* (*Vijaj*). *Parameshthin* de *Brahmâ*. *Brahmâ* é não nascido. Saudações a *Brahmâ*.

COMENTÁRIO: Aqui o autor anônimo desta *Upanishad* estabelece uma linhagem de mestres espirituais, ou seja, uma *sampradaya*. Todos os nomes citados são, provavelmente, masculinos. A palavra *param-parâ* significa "um depois do outro", querendo dizer que um mestre ensina ao outro e assim por diante. A *samparadaya* aqui mostrada é uma cadeia de mestres que ensinaram a doutrina do mel (*madhu-vidyâ*).

SEGUNDO *BRÂHMANA*

YÂJNAVALKYA E *ASHVALA*

VERSO 1: "*Janaka Vaideha,* imperador de *Videha,* realizou um sacrifício (*Ashvamedha*) e as oferendas foram livremente distribuídas. Estudiosos dos *Vêdas* chegados a *Kuru* e *Pañcâla* se reuniram ali. O imperador *Janka* de *Videha* teve o desejo de conhecer algo: 'Quem é o mais erudito dentre esses estudiosos do *Vêda?*' Colocou mil vacas em um curral e fixou aos chifres da cada uma delas, dez *pâdas* de ouro".

COMENTÁRIO: *Janaka,* rei de *Videha,* oficiou um ritual, possivelmente o *Bahu-dakshina* (Martín, p. 234, referido por algum dos *Vêdas*. Segundo Muller (p. 121), foi o *Ashvamedha*. Segundo *Nikilananda* (p. 197, foi o *Râjasuya*). Nesse ritual, as oferendas eram numerosas, sendo livremente distribuídas. Ao ver uma assembleia numerosa, composta por estudiosos dos *Vêdas*, o rei *Janaka* desejou saber quem dentre eles era o mais importante, o que mais conhecia. Para saber a resposta, colocou mil vacas em um curral. Nos seus chifres, fixou dez *pâdas* de ouro, sendo cinco em cada chifre.

VERSO 2: "E lhes disse: 'Veneráveis *brâhmanes,* vejamos, quem for o melhor estudioso dos *Vêdas* dentre nós, que leve estas vacas'. Nenhum deles se aventurou a responder. *Yâjnavalkya* disse a um dos seus discípulos chamado *Sâmshravâ*: 'Leve estas vacas à minha casa'. E ele as levou. Os *brâhmanes* ficaram furiosos e disseram: 'Como ele pode se atrever a chamar a si mesmo, o melhor conhedor dos *Vêdas*, dentre nós?' Agora, dentre eles estava *Âshvala,* o sacerdote *hotri* do rei *Janaka* de *Videha*. Ele indagou a *Yâjnavalkya*: 'É você, realmente, o melhor estudioso dos *Vêdas* dentre nós, Ó *Yâjnavalkya*?'. Este replicou: 'Eu saúdo o melhor estudioso dos *Vêdas*, mas eu apenas desejo ter estas vacas'. Então o *hotri Âshvala* determinou que iria questioná-lo".

COMENTÁRIO: Os *brâhmanes* ficaram furiosos com *Yâjnavalkya* por pretender levar as vacas para sua casa, ou seja, ele autoproclamava-se o melhor estudioso dos *Vêdas,* dentre os presentes. Havia dentre eles um sacerdote *hotri* (*Rig-Vêda*), do imperador *Janaka,* chamado *Âshvala.* Este perguntou diretamente a *Yâjnavalkya* se ele era, realmente, o melhor dentre eles. *Yâjnavakya* cumprimentou-o como o melhor e pediu ao seu discípulo para levar as vacas à sua casa. *Âshvala* decidiu interrogá-lo. Com as vacas recolhidas, Ele, dirigindo-se aos *brâhmanes,* disse: 'Quem de vocês é tão especial que leve as vacas à sua casa?'. Ninguém se atreveu a declarar-se superior e ficaram em silêncio. Daí, *Yâjnavalkya* pediu ao seu discípulo *Sâmshravâs* que levasse as vacas à sua casa. Pode-se concluir que *Yâjnavalkya* era o mais versado nos *Vêdas.* Em outras palavras, *Yâjnavalkya* aceitou o prêmio, declarando-se o melhor. Ele sabia que *Âshvala* se considerava o melhor, pois, era orgulhoso do seu conhecimento. Daí *Yâjnavalkya* tê-lo cumprimentado como o melhor, ficando com as vacas. Daí, *Âshvala* o interrogou.

VERSO 3: "*Yâjnavalkya*, disse aquele, 'se tudo isso aqui vai ser destruído pela morte já que tudo está dominado por ela, por qual meio o que, oferece o sacrifício pode ir mais além das garras da morte? Através do sacerdote *hotri* e do órgão da fala, olha-se para o fogo. O órgão da fala é o fogo. Esse fogo sacrificador é o *hotri*. Esse fogo é a liberação. Isso é a completa liberação".

COMENTÁRIO: Aqui a palavra é o fogo e o sacedote *hotri*. A palavra representa a emancipação, a liberação espiritual. A expressão "tudo isso aqui" se refere aos acessórios do ritual, ou seja, o fogo, os sacerdotes e tudo o que é ali usado. "Destruído pela morte" significa que tudo será destruído por ela, a morte, uma vez que o sacrifício ritual é realizado tendo por base o apego aos seus resultados. Esses resultados, por sua vez, acarretam novos nascimentos que serão tragados pela morte. Diz *Nikilananda* (p. 199) que os dois auxiliares do ritual, o sacerdote *hotri* e o órgão da fala, sendo finitos, são suscetíveis de extinção pela morte, ou seja, estão sujeitos à incessantes mudanças. Se o sacrificante reconhece esses dois como finitos, ele fica submetido a repetidos nascimentos. Mas, se ele olha mais adiante deles como fogo, que é o seu aspecto divino, ele fica liberado da morte. A liberação aqui mencionada consiste em olhar além do *hotri* e do órgão da fala sob seus aspectos divinos. Liberação é ir além da morte, libertar-se dos apegos e limitações materiais impostas pelo corpo e pela matéria. Quando ela acontece, alcança-se o conhecimento de *Brahmân*.

VERSO 4: "'*Yâjnavalkya*', disse *Âshvala*, 'se tudo é destruído pelo dia, pela noite e dominado por eles, por que meios pode aquele que realiza o sacrifício ir mais além do poder do dia e da noite?'. Por meio do sacerdote *adhvaryu* e do olho, olha-se para o Sol. O olho do sacrificador é o *adhvaryu*. Este olho é o Sol. Este Sol é o *adhvaryu*. Este Sol é a liberação. Isto é a completa liberação".

COMENTÁRIO: O sacerdote *adhvaryu* era aquele que preparava os diversos acesórios para o ritual, oferecia as oblações e recitava versos do *Yajur-Vêda*. A liberação consiste em ver o olho do sacrificante e o sacerdote *adhvaryu*, despojados das suas limitações materiais e percebidos pelos seus aspectos divinos. Aqui a liberação acontece para aquele que, estando além do dia e da noite, identifica a si mesmo como sendo o Sol.

VERSO 5: "'*Yâjnavalkya*', disse ele, 'se tudo aqui é alcançado pelas Luas Crescente e Minguante e dominado por elas, por quais meios o que oferece o sacrifício pode superar estas influências da Lua?'. Através do sacerdote *udgâtri* e do *prâna*, olha-se além do ar. O *prâna* é o *udgâtri*. O *prâna* é o ar. Este ar é o *udgâtri*. Este ar é a liberação. Isto é a completa liberação".

COMENTÁRIO: O sacerdote *udgâtri* é aquele que canta hinos do *Sãma Vêda*. O *udgâtri* é aqui, comparado ao *prâna* que é também o ar. Aqui está indicado o fato de poder liberar-se do tempo, representado pelos dias lunares. Disse *Âshvala* a *Yâjnavalkya* que tudo o que se encontrava ali, diante deles e de todos (os elementos para o ritual, etc.), pode ser alcançado pelas Luas Crescente e Minguante, podendo ser dominado por elas. Daí, pergunta a *Yâjnavalkya* por quais meios aquele que realiza o ritual pode superar essas influências. Como o *prâna,* o ar e a Lua são a mesma coisa, as escrituras *védicas* admitem que não há diferença entre fazer referências à Lua ou ao ar, e cita o ar como se fosse algo divino. Ele, o ar, é a própria liberação.

VERSO 6: "'*Yâjnavalkya*', continuou dizendo aquele, 'o céu parece não ter suporte, então, por quais meios o que oferece os sacrifícios deve se dirigir ao mundo celestial'. Através do sacedote *brâhmane* e da mente se olha além da Lua. O sacrificante da mente é o *brâhmane*. A mente é a Lua. Essa Lua é o *brâhmane.* A Lua e a liberação. Isto é a completa liberação".

COMENTÁRIO: Qual seria o suporte desconhecido, por meio do qual o sacrificador alcança o céu e alcança a liberação? Esta parece ser a pergunta que se depreende deste verso. Aqui a mente é comparada à Lua, e esta é o sacerdote *brâhmane.* Ao que parece, a mente daquele que realiza o sacrifício é o sacerdote *brâhmane*. A Lua, por sua vez, é a liberação. Como se alcança a liberação? A resposta é: através da Lua, da mente ou do *brâhmane,* que realiza o ritual.

VERSO 7: "'*Yâjnavalkya*', disse ele, 'quantos tipos de *Ric* versos usará o sacedorte *hotri*, no sacrifício de hoje? De três tipos'. 'E quais são esses três?'. 'O introdutório, o sacrificial e o de louvor, é o terceiro'. 'E o que ganha o sacrificante através disso?' Tudo isto que tem vida".

COMENTÁRIO: Aqui há uma referência aos hinos que são usados no ritual. O "introdutório" é usado antes do ritual ser realizado. O "sacrificial" é cantado no momento em que se faz as oferendas. O "de louvor" é usado no momento de adoração das deidades. A expressão "tudo isso que tem vida" significa todos os seres vivos que existem nos três mundos: a terra, o céu e o éter. Por intermédio da meditação nos três hinos, ganha-se esses três mundos.

VERSO 8: "'*Yâjnavalkya*', disse ele, 'quantos tipos de oferendas realizará o oficiante *adhvaryu* no sacrício de hoje?'. 'Três'. 'E quais são essas três?'. 'Aquelas que, quando ofertadas, brilham acima. Aquelas que, quando realizadas, fazem grande barulho. E aquelas que, quando feitas, levam para baixo'. 'O que ganha o sacrificante com elas?'. 'Por aquelas que, quando feitas, brilham acima, ele ganha o mundo dos *Devas*. O mundo dos *Devas* brilha fortemente como isto. Por aquelas que, quando realizadas, fazem grande barulho, ele ganha o mundo dos *Manes*. Esse mundo dos *Manes* é excessivamente barulhento. E, por aqueles que, quando ofertados, levam para baixo, ele ganha o mundo dos homens. O mundo dos homens, é abaixo do inferior".

COMENTÁRIO: Segundo *Nikilananda* (p. 202), a expressão "Brilham acima" se refere à oblação da madeira, da manteiga clarificada, etc. "Grande barulho" se refere à oblação da carne. "Levam para baixo" se refere à oblação do leite, do suco do *soma*, etc. "Por aquelas" se refere àquelas oblações que são brilhantes e cujos resultados, ou seja, ganhar o mundo dos *Devas*, é também brilhante. "Fazem barulho" se refere à oblação semelhante a se produzir um barulho terrível. Ligada ao mundo dos *Manes* está a cidade do *Deva* da Morte, onde pessoas que são submetidas a torturas fazem tumulto. "Abaixo do inferior" se refere ao mundo dos seres humanos, situado mais abaixo que os mundos superiores. Neste verso, *Âshvala* indaga, mais uma vez, *Yâjnavalkya*, sobre os tipos de oferendas que fará, hoje, o oficiante, que são as três já descritas.

VERSO 9: "'*Yâjnavalkya*', disse ele, 'com quantos *Devas* o sacerdote *brâhmane* protegerá o sacrifício de hoje?'. 'Com um', disse *Yâjnavalkya*. 'Quem é esse *Deva*?'. 'A mente'. A mente é ainda infinita, e infinitos são os *Vishve-Devas*. Um mundo infinito ganha o sacrificante por esse meio".

COMENTÁRIO: Segundo a tradição do Hinduísmo, o oficiante proteje o ritual com somente um *Deva*. Quem assim não sabe, faz a pergunta aqui exposta. Ao que parece, o interrogante pretendia confundir *Yâjnavalkya*. Portanto, a resposta deste, de ser apenas um Deva, está correta. Essa deidade é a mente. É através dela que o Absoluto *Brahmân* realiza suas funções, operando por meio da meditação. Através da mente, o oficiante ganha um mundo infinito, que é *Brahmân*. A palavra sânscrita *Vishve-Deva* significa "*Devas* do estado de vigília (*vishva*)". É por intermédio da mente ou da meditação que o sacerdote *brâhmane* realiza suas funções como oficiante do sacrifício. A expessão "mundo infinito" se refere às infinitas modificações da mente (*citta*). O número de *Vishve-Devas* é dez, segundo a tradição.

VERSO 10: "'*Yâjnavalkya*', disse ele, 'quantos tipos de hinos *Stotriy* o sacerdote *udgâtri* cantará hoje no sacrifício?'. 'Três'. 'E quais são esses?'. 'O introdutório, o sacrificial e o de louvor é o terceiro'. 'Qual é aquele que atua no corpo?'. 'O *prâna* é o hino introdutório, o *apâna* é o sacrificial e *vyâna* é o de louvor'. 'O que deseja ganhar o oficiante com eles?'. 'Através do hino introdutório ele ganha a terra; através do sacrificial, ganha o firmamento; com o de louvor, o céu. Depois disso, o sacerdote *Ashvala* permaneceu em silêncio.

COMENTÁRIO: Aqui fica claro que *Yâjnavalkya* superou *Ashvala*. Ao final do seu interrogatório, ele ficou em silêncio, reconhecendo sua derrota. *Yâjnavalkya* respondeu a todas as suas perguntas, acertadamente. *Yâjnavalkya* não só era mais astuto que ele, mas também era o melhor dentre os sacerdotes presentes. Os três hinos são, segundo Muller (p. 124):

- O introdutório = *Puronuvâkyâ*;
- O sacrificial = *Yâgyâ*;
- O de louvor = *Sasyâ*.

TERCEIRO *BHÂHMANA*

A LIGAÇÃO, A MORTE E A LIBERTAÇÃO ESPIRITUAL
(*YÂJNAVALKYA* E ÂRTABHÂGA)

VERSO 1: "Então, *Ârtabhâga*, da mesma linha de *Jaratkâru*, questionou-o. '*Yâjnavalkya*', disse ele, 'quantos órgãos (*grahas*) e quantos objetos há ali para serem percebidos (*atigrahas*)?'. 'Oito *grahas*', replicou ele, 'e oito *atigrahas*'. 'E quais são esses oitos *grahas* e os oito *atigrahas*?'.

COMENTÁRIO: A palavra sânscrita *graha* significa "o que percebe", ou seja, um órgão. Por outro lado, a palavra *atigrahas* significa "aquele que é maior que um *graha*". Esta palavra se refere a um objeto sensorial ou, simplesmente, um objeto. Aqui, quando *Ashvala* ficou em silêncio, começou a interrogar *Ârtabhâga*, filho de *Rtabhâga*, que pertencia à mesma *sampradaya* de *Jaratkâru*, perguntando a *Yâjnavalkya* quantos objetos de recepção e objetos de percepção existem.

VERSO 2: "O *prâna* (o nariz), realmente, é o *graha*; este é controlado pelo *apâna* (odor), que é o *atigraha* (o percebido), já que se percebe o odor pelo *apâna*."

COMENTÁRIO: O odor é aqui chamado *apâna* pela sua associação com ar inspirado. Uma pessoa cheira através do nariz, sentindo o odor pelo ar que inspira.

VERSO 3: "O órgão da palavra (*Vâk*), realmente, é o objeto (*graha*), ou o que percebe; este é controlado pelo nome (*atigraha* ou objeto), já que os nomes se pronunciam pelo órgão da fala".

COMENTÁRIO: Aqui, o verso quis dizer que a palavra (*Vâk*) é o objeto percebido (*graha*). Sons ou palavras são objetos do órgão da fala. Este é controlado pelos objetos (*atigraha*). É fato que pessoas se engajam em toda sorte de confusões graças às suas ligações com coisas materiais. Daí dizerem palavras falsas, perniciosas, rudes ou ofensivas. A palavra captada das pessoas, portanto, é algo percebido ou objeto (*graha*). Esse objeto percebido se chama "fala", ou órgão da fala e é controlado pelo nome ou objeto (*atigraha*), ou seja, qualquer coisa pronunciada. Como o órgão da fala é o meio que se usa para expressar algo, usa-se aquele nome (objeto) com esse propósito. Por essa razão, a controla. As pessoas impelidas pelos seus apegos a algo que expressam, caem em muitos tipos de problemas. São apegadas às próprias ideias.

VERSO 4: "A língua é a que percebe (*graha*). E a controla o sentido do sabor (ati*graha*), o que é percebido, já que os sabores são percebidos por ela".

VERSO 5: "O olho, certamente, é o que percebe (*graha*). Ele é controlado pela cor (*atigraha*), que é percebida pelos olhos que veem as cores".

VERSO 6: "O ouvido é o que percebe. E controla o som, o que é percebido, já que pelo ouvido são ouvidos os sons".

VERSO 7: "A mente é a que percebe. E a controla, o que é percebido, já que se desejam os objetos desejados pela mente".

VERSO 8: "As mãos são as que percebem. E quem as controla são as obras, o que é percebido, e as obras se fazem com as mãos".

VERSO 10: "'*Yâjnavalkya*', disse ele, 'se tudo é alimento para a morte, quem é o *Deva* para o qual a morte é alimento?'. Yâjanvalkya retrucou: 'O fogo é morte; é o alimento da água'. Quem conhece isto, conquista também a morte".

COMENTÁRIO: Nestes versos, todas as coisas são nascidas e, finalmente, tornam-se as vítimas da morte sob a forma de *grahas* e *atigrahas*. Como *Yâjnavalkya* se refere à morte da morte, então, sua resposta conduz a um regresso ao infinito. No verso 10, o fogo destrói todas as coisas e é, por sua vez, chamado "morte". Por outro lado, o fogo é destruído pela água. Por essa razão, há uma morte da morte, a qual absorve todos os *grahas* e *atigrahas*, ou seja, os órgãos e seus objetos.

VERSO 11: "'*Yâjnavalkya*', disse ele, 'quando esta pessoa liberada morre, os seus órgãos partem com ela ou não?'. 'Não', respondeu *Yâjnavalkya*', fundem-se nela. O seu cadáver incha e, nesse estado, o corpo morto fica em repouso".

COMENTÁRIO: Após a morte de uma pessoa liberada, seus órgãos e seus objetos são absorvidos por outra morte, ou seja, a realização do Supremo Ser. Segundo *Nikilananda* (p. 207), a palavra "órgãos" refere-se à língua, à pele e à mente, que são chamados *grahas* e seus objetos, os *atigrahas*. A expressão "se fundem nela" significa se fundem no homem realizado, que é idêntico a *Brahmân*. A partir Dele, todos os órgãos e objetos são produzidos, do mesmo modo que as ondas são geradas pelo oceano. A expressão "o cadáver incha" significa o corpo que morre, não o homem dotado do Conhecimento de *Brahmân*. O homem liberado da escravidão desperta da ignorância como o homem desperta do sono.

VERSO 12: "'*Yâjnavalkya*', disse ele, 'quando o homem morre, o que é isto que não o abandona?'. 'O nome. O nome é infinito e infinito são os *Vishve-Devas*. Quem conhece isto, alcança o mundo do infinito".

COMENTÁRIO: O nome de uma pessoa é chamado, aqui, de infinito porque é acalentado para sempre. Dez, como já foi dito, é o número de *Vishve-Devas*. Mas o mundo abarca todos os *Devas*. Eles possuem infinitos nomes. Todo aquele que conhece estes ensinamentos, torna-se idêntico aos *Vishve-Devas,* alcançando o mundo do infinito. O mundo dos *Vishve-Devas*, por sua vez, possui infinitos nomes.

VERSO 13: "'*Yâjnavalkya*', disse ele, 'quando o órgão da fala de uma pessoa morta mergulha no fogo, o nariz no ar, o olho no Sol, a mente na Lua, o ouvido nos quatro pontos cardeais, o corpo na terra, o espaço (éter) do coração no espaço externo, os cabelos do corpo nas hervas, os cabelos da cabeça nas árvores, e o sangue e o sémen são depositados na água, onde se encontra o ser humano?'. *Yâjnavalkya* disse: 'De-me sua mão, querido *Ârtabhâga,* nós iremos decidir isto entre nós, pois uma coisa desta não deve ser tratada em público'. Então, foram-se os dois e estiveram falando a sós. Falaram das obras (regidas pela Lei do *Karma*) e elogiaram unicamente tais obras. Uma pessoa se faz boa pelas suas boas obras e má por suas más obras. A partir daí, *Ârtabhâga*, da linha de *Jaraktâru,* ficou em silêncio e adquiriu paz".

COMENTÁRIO: Aqui, o verso se refere a uma pessoa que faleceu sem ter alcançado a iluminação. Os órgãos aqui referidos (fala, nariz, olho, mente, etc.) não se referem aos órgãos físicos mas, às deidades que os controlam, tais como o fogo, o ar, etc. Tais deidades localizadas na pessoa viva fundem-se, após a morte, com as suas contrapartes cósmicas, como diz *Nikilananda* (p. 209). Os órgãos não se fundem em *Brahmân,* antes da libertação espiritual. Quando as deidades controladoras cessam seus trabalhos, os órgãos se tornam ferramentas inúteis. Quando a alma assume outro corpo, após reencarnar, as deidades controladoras passam a animar seus diferentes órgãos. Há aqui uma pergunta feita sobre o que acontece à pessoa após sua morte. Qual é esse suporte sobre o qual essa pessoa adquire outro corpo, após a sua morte? Como estavam em público, *Yâjnavalkya* tomou-lhe a mão entre as suas e saiu com *Ârtabhâga,* para falarem a sós. Um debate sobre esse assunto poderia gerar confusão entre os presentes. Havia, na época, algumas escolas que comentavam sobre diferentes destinos para a alma, após a morte. *Yâjnavalkya* quis evitar isso em público. Pelo que se depreende do texto, o *karma* era o tal suporte, o suporte que conduz a alma de uma vida para outra. É esse *karma* que faz a alma transmigrar. Após saber disso, *Ârtabhâga* ficou em paz.

QUARTO *BRÂHMANA*
AS OBRAS AFETAM O MUNDO RELATIVO
(*YÂJNAVALKYA* E *BHUJYU*)

VERSO 1: "Então, *Bhujyu*, neto de *Lahya*, lhe perguntou: '*Yâjnavalkya*, viajando a *Madras*, como estudantes, estivemos na casa de *Pantañcala*, da linhagem dos *Kapi*. Sua filha estava possuída por um anjo (*gandharva*). Nós Lhe perguntamos, quem és tu?. Ele disse: 'Sou *Sudhanvan* da linhagem dos *Anjiras*'. E, inquirindo sobre os limites do mundo, lhe dissemos: 'Onde foram os descendentes de *Parikshit*?'. 'E, do mesmo modo, lhe pergunto, Ó *Yâjnavalkya*, onde foram os descescendentes de *Parikshit*? Onde foram?'".

COMENTÁRIO: *Gandharvas* são seres espirituais ou, mais precisamente, tipos de *Devas* semicelestiais. São *Devas* dedicados à música e às canções. Segundo a tradição *vêdica,* são eles que transmitem verdades ocultas aos humanos, encantando as mulheres com a sua música. Esses seres usaram a filha de *Pantañcala* como uma espécie de médium. O *gandharva* que a possuiu chamava-se *Sudhanvan* da linhagem dos *Anjiras*. A palavra sânscrita *Parikshita* significa descendentes de *Parikshit,* referindo-se àqueles que realizaram o Sacrifício do Cavalo, descrito no início desta *Upanishad.* A pergunta de *Bhujyu,* neto de *Lahya,* dirigida a *Yâjnavalkya,* era sobre onde foram os descendentes de *Parikshit,* após a morte.

VERSO 2: "*Yâjnavalkya* disse: 'Ó *gandharva,* eu suponho', disse-lhe, 'que eles foram para onde vão aqueles que realizaram o Sacrifício do Cavalo'. 'E, onde foram aqueles que realizaram o Sacrifício do Cavalo?'. 'Trinta e duas vezes o espaço coberto pelo carro do sol em um dia forma este mundo. Em torno dele, coberto duas vezes a área, está a terra. Em torno da terra, coberta duas vezes a área, está o oceano. Aí, em um espaço como o fio de uma navalha ou a asa de uma mosca, que se encontra completamente aberta à união (das duas partes da concha cósmica), aí foram. O fogo (*Indra*), sob a forma de um falcão, lhes entregou o ar (*vâyu*) e o ar os levou em seu colo onde moram aqueles que realizaram o Sacrifício do Cavalo. Por isso, o ar é o conjuno dos diversos indivíduos, é o agregado de todas as coisas. Todo aquele que sabe disso, permanece acima, conquistando a mais longíqua morte. Após isso, *Bhujyu,* neto de *Lahya,* conquistou a paz".

COMENTÁRIO: A expressão "trinta e dois" se refere às dimensões do cosmo. Trinta e duas vezes o espaço é atravessado pelos raios do Sol, durante o dia e a noite. Se somarmos a esse o espaço coberto pelos raios da Lua, obtém-se as dimensões do universo. É o que se depreende do texto. Por sua vez, o universo constitui o corpo de *Virâj*. A palavra "fogo" se refere ao fogo do ritual do cavalo. O verso descreve o esforço de *Yâjnavalkya* para explicar para onde vão aqueles que realizaram o Sacrifício do Cavalo. A palavra *Vâyu* se refere ao *Deva* do vento (ou do ar), significando também o vento. Segundo *Nikilananda* (p. 213), a expressão "o ar é o conjuno dos diversos indivíduos, é o agregado de todas as coisas" significa que, sob o ponto de vista microscópico, *Vâyu* interpenetra todos os indivíduos e, sob o ponto de vista macroscópico, Ele interpenetra todo o universo. O fogo do Sacrifício do Cavalo, sob a forma de falcão alado, salva aos descendentes de *Parikshit*, que realizaram esse sacrifício, entregando o fogo ao ar. O ar, por sua vez, os colocou em si mesmo e formaram parte dele. No ar é onde se encontram aqueles que, anteriormente, realizaram o Sacrifício do Cavalo. Como o ar é representado pelo *prâna*, é nele que se encontram todos os seres humanos, sendo aquele o ser interno destes.

QUINTO *BRÂHMANA*

O ABSOLUTO INCONDICIONADO, TEU PRÓPRIO SER
(*YÂJNAVALKYA* E *USHASTA*)

Verso 1: "Então, *Ushasta*, filho de *Chakra*, questionou *Yâjnavalkya* do seguinte modo: '*Yâjnavalkya*', disse ele, 'explica para mim sobre o *Brahmân* que é imediata e diretamente percebido – o Ser que está no interior de tudo'. 'Este é o teu Ser, que está dentro de tudo'. 'A quem te referes?, disse *Ushasa*'. 'Aquele que respira pelo *prâna* é o teu Ser que está dentro de tudo. O que se move para baixo pelo *apâna* é o teu Ser que está dentro de tudo. A energia que sai (*udâna*) é o teu Ser interno que está dentro de tudo. Este é o teu Ser, que está dentro de tudo".

COMENTÁRIO: Ao que parece, *Ushasta* estava desejoso de conhecer *Brahmân*, o Absoluto, de um modo fácil, como se mostra uma casa a alguém. *Yâjnavalkya*, tentando satisfazer a curiosidade de *Ushasta*, lhe apresentou três entidades: o corpo grosseiro (corpo físico), o corpo sutil e uma outra entidade cuja natureza estava sendo debatida. Essa terceira entidade era aquela capaz de dar poder às energias vitais denominadas *prâna, apâna* e *udâna,* capacitando-as a realizarem suas respectivas funções. Essas energias vitais nada são por si próprias. São como marionetes que devem ser operadas por um poder externo. Esse poder é o Absoluto *Brahmân,* idêntico ao Ser interno que está em tudo. São essas energias que fazem os corpos dos seres vivos realizarem suas funções, mediante a ação diretora do Ser interno.

VERSO 2: "*Ushasta,* filho de *Chacra,* disse: 'Então, tal como foi explicado, pode ser uma vaca ou um cavalo. Explica-me o que é *Brahmân,* o Absoluto, que é imediato e direto, o Ser que está dentro de tudo'. Ele respondeu: 'Este é o teu Ser, que está dentro de tudo'. 'O que está dentro de tudo, *Yâjnavalkya*?. Este respondeu: 'Você não pode ver o vidente que vê; você não pode ouvir o ouvinte que ouve; você não pode pensar o pensador que pensa; você não pode conhecer o conhecedor que conhece. Este é o teu Ser, que está dentro de tudo; todas as coisas além Dele são perecíveis'. Após ouvir isso, *Ushasta,* filho de *Chacra,* permaneceu em paz".

COMENTÁRIO: Aqui *Yâjnavalkya* tenta explicar a *Ushasta* sobre o *Brahmân* que ele não pode entender. Esse Ser, que é idêntico ao Absoluto *Brahmân,* é o vidente que vê, o ouvinte que ouve, o pensador que pensa e o conhecedor que conhece, estando esses dentro de *Ushasta.* Esse Ser é o *Âtman.* É Ele quem vê, quem escuta e quem conhece. Ele é o observador silencioso, o Si Mesmo silencioso, que tudo ouve, escuta, conhece. Ele não pensa, pois quem pensa é a mente. Foi sobre o *Âtman* que falou *Yâjnavalkya.* O *Âtman* está em tudo.

SEXTO *BRÂHMANA*
A DESCOBERTA DO SER E A RENÚNCIA AO RELATIVO
(*YÂJNAVALKYA* E *KAHOLA*)

VERSO 1: "*Kahola,* neto de *Kushîtaka,* o questionou assim: '*Yâjnavalkya*', disse ele, 'explica-me o *Brahmân* que é direta e imediatamente percebido – o Ser que está dentro de tudo'. 'Este é o teu Ser, que está dentro de tudo'. 'Qual Ser está dentro de tudo, Ó *Yâjnavalkya*?'. 'Ele é aquele que transcende a fome, a sede e a ilusão, a decrepitude e a morte. Ao conhecer o Ser, os *brâhmanes* renunciaram ao desejo de ter filhos, riquezas, mundos e se dedicam a uma vida de mendicância. O desejo de ter filhos é o desejo de riquezas, e o de riquezas é o desejo de conseguir mundos. Todos não são senão, desejos. Aquele que descobriu o Absoluto *Brahmân,* depois de um período de estudos e aprendizagem, deve tratar de viver com essa força que vem do Conhecimento da Verdade. Ao conhecer tudo sobre a força do Conhecimento da Verdade e seu estudo, se faz meditativo. E, quando conhece tudo sobre o estado meditativo e seu oposto, chega a ser um sábio ou um *brâhmane.* Como se comporta o sábio que conhece o Absoluto? Qualquer que seja sua conduta, ele é exatamente o que é. E fora Dele, todas as coisas são perecíveis. Depois disso, *Kahola,* filho de *Kushîtaka,* permaneceu em silêncio".

COMENTÁRIO: Aqui, o autoconhecimento e a renúncia são discutidas. Ambas são os meios para se alcançar a Libertação Espiritual, dentre outras coisas. *Kahola* estava desejoso de saber sobre o *Brahmân* que é imediatamente percebido, ou seja, o Ser que está em tudo. A resposta de *Yâjnavalkya* foi mostrar que Esse Ser é aquele que está além da fome, da sede da ilusão, da decrepitude e da morte. Este, quando se torna conhecido pelos *brâhamnes* (ou por quem quer que seja), se torna renunciante, tal é a força da experiência de se conhecê-Lo. Tais pessoas renunciam a tudo, depois disso, e adquirem a força do Conhecimento da Verdade. Após conhecê-la, a pessoa se torna meditativa. E, após conhecer tudo sobre esse estado e o seu oposto, alcança a sabedoria ou *Brahmân.* E, como se comporta aquele que conhece *Brahmân?* Diz o verso que qualquer que seja a sua conduta, essa pessoa é exatamente como é, ou seja, liberta. Fora de *Brahmân,* tudo é perecível. Para finalizar, o verso diz que, opós saber disso, *Kahola* permaneceu em paz.

SÉTIMO *BRÂHMANA*
O QUESTIONAR SOBRE O MUNDO RELATIVO
(*YÂJNAVALKYA* E *GÂRGI*)

VERSO 1: "Então, *Gârgi,* filha de *Vachuknu,* lhe perguntou: '*Yâjnavalkya*', disse ela, 'se tudo isso é interpenetrado pela água, por o que está interpenetrada ela?. 'Pelo ar, *Gârgi*'. 'E pelo que está interpenetrado o ar?'. 'Pelo firmanento, *Gârgi*'. 'E pelo que está o firmamento?'. 'Pelo mundo dos *gandharvas, Gârgi*'. 'E o mundo dos *gandharvas,* pelo que está interpenetrado?'. 'Pelo Sol, *Gârgi*'. 'E o Sol?'. 'Pela Lua, *Gârgi*'. 'E a Lua?'. 'Pelas estrelas, *Gârgi*'. 'E pelo que o mundo das estrelas é interpenetrado?'. 'Pelo mundo dos *Devas, Gârgi*'. 'Pelo que o mundo dos *Devas* é interpenetrado?'. 'Pelo mundo de *Indra, Gârgi*'.

'Pelo que o mundo de *Indra* é interpenetrado?'. 'Pelo mundo de *Vijaj, Gârgi*'. 'Pelo que o mundo de *Vijaj* é interpenetrado?'. 'Pelo mundo de *Hiranyagarbha, Gârgi*'. 'Pelo que o mundo de *Hiranyagarbha* é interpenetrado?'. *Yâjnavalkya* respondeu: '*Gârgi*, não deves ir tão longe em tuas indagações para não encher tua cabeça. Perguntas por uma deidade sobre quem não se deve perguntar muito. Não vá demasiado longe em tuas perguntas, Ó *Gârgi*'. Depois disso, *Gârgi*, filha de *Vachaknu*, permaneceu em paz".

COMENTÁRIO: Neste belo verso, *Gârgi* faz uma série de indagações a *Yâjnavalkya*. Ela, de início, se refere ao mundo inteiro, que é interpenetrado por água, esta por ar, este pelo firmamento, etc., de acordo com cada uma das respostas de *Yâjnavalkya*. Ao final, quando da última pergunta de *Gârgi* sobre *Hiranyagarbha*, *Yâjnavalkya* a convida para não buscar tanto, não formular tantas perguntas, cujas respostas só podem ser respondidas no infinito. Sabe-se de muitas pessoas curiosas, desejosas de saber tudo, de ir às últimas consequências para compreender e que, para isso, perguntam sem cessar. É o caso da curiosa *Gârgi*.

OITAVO *BRÂHMANA*
O FIO CONDUTOR E O QUE O DIRIGE
(*YÂJNAVALKYA* E *UDDÂLAKA*)

VERSO 1: "Então, *Uddâlaka*, filho de *Aruna*, o questionou: '*Yâjnavalkya*', disse ele, 'vivíamos em Madras, na casa de *Pantachala*, da linha de *Kapya*, estudando as escrituras sobre os rituais. Sua esposa estava possuída por um *gandharva*. Nós o indagamos': 'Quem é você?'. Ele disse: 'Eu sou *Kabanda,* o filho de *Atharvan*'. Ele se dirigiu a *Pantachala Kapya* e aos que estudavam as escrituras, dizendo: 'Conheces *Kapya*, o fio condutor pelo qual estão unidas esta vida, a próxima e todos os seres?'. '*Pantachala Kapia* disse: 'Não conheço esse fio, Senhor'. E o *gandharva* lhe disse e aos estudantes: 'Conheces *Kapya*, o Controlador Interno que controla esta e a vida e a todos os seres?'. *Pantachala Kapya* disse: 'Eu não O conheço, Senhor'. O *gandharva* lhe disse e aos estudantes: 'Aquele que conhece este fio condutor e o Controlador Interno dele conhece *Brahmân*, conhece os mundos, conhece os *Devas*, conhece os *Vêdas*, conhece o Ser, conhece, enfim, todas as coisas. E nos explicou tudo. Eu o sei. Se tu, *Yâjnavalkya,* não conheces esse fio e àquele que o dirige internamente e ainda leva as vacas que pertencem unicamente aos conhecedores de *Brahmân*, tua cabeça cairá'. Respondeu *Yâjnavalkya*: '*Gautama,* eu conheço este fio condutor e o Controlador Interno dele'. 'Outra pessoa disse: 'Eu sei, eu sei. Diga-nos o que sabes".

COMENTÁRIO: Neste belo verso se descreve sobre o fio condutor, esse recôndito Ser interno de tudo, que é *Hiranyagarbha*. *Kapya* respondeu ao *gandharva,* reverentemente, que não o conhecia. Ao que o *gardharva* respondeu, dirigindo-se a *Kapya* e aos estudiosos presentes, indagando-lhes se sabiam algo sobre *Kapya,* o Controlador Interno, capaz de controlar esta, a próxima vida e a todos os seres, a partir do interior de cada um deles, dizendo ainda que, todos aqueles que O conhecem, conhecem também ao Absoluto *Brahmân,* os mundos, os *Devas,* os *Vêdas* e todas as coisas. Depois lhes explicou tudo. Daí, o verso diz que o interlocutor de *Yâjnavlkya* lhe disse que se ele não conhecesse esse fio nem àquele que o dirige poderia até levar as vacas, mas sua cabeça cairia, em uma referência ao fato de uma possível mentira deste. Ao ouvir isso, *Yâjnavalkya* respondeu que o conhecia, ou seja, conhecia tanto o fio condutor quanto àquele que o dirige. Ao terminar de dizê-lo, *Gautama* pediu-lhe que ensinasse sobre tudo que sabia.

VERSO 2: "Disse *Yâjnavalkya*: 'O ar (*Vâyu*), *Gautama* é esse fio condutor. Por esse fio de ar, esta, a próxima vida e todos os seres estão unidos. Por isso, *Gautama*, quando uma pessoa morre, se diz que os seus membros estão livres porque estavam unidos, *Gautama*, pelo fio de ar'. 'Está correto, *Yâjnavalkya*. Agora, descreva o Controlador Interno'".

COMENTÁRIO: *Yâjnavalkya* respondeu dizendo que o tal fio era o ar, que une todos os seres, desde esta vida até a próxima, e a todos os seres. Daí, explicou que quando alguém morre seus membros ficam livres, pois estavam unidos por um fio de ar. O interlocutor responde que está satisfeito com a resposta sobre o fio e pede a *Yâjnavalkya* que lhe ensine agora sobre o Controlador Interno. Será esse fio o chamado "cordão de prata", assim denominado pela literatura espiritualista? Esse cordão seria um fio luminoso que une o corpo físico ao sutil. Ao se romper, ocorre a morte.

VERSO 3: "*Yâjnavalkya* disse: 'Aquele que mora na terra, mas, dentro dela, a quem a terra não conhece, cujo corpo é a terra, ele que controla a terra desde o seu interior, é o Controlador Interno, teu próprio Ser Imortal".

COMENTÁRIO: Ao que parece, há aqui uma referência aos habitantes da terra ou a um deles. Para eliminar esta possibilidade, o verso se refere a algo ou alguém que está dentro da terra. Uma possível explicação poderia ser que esse algo fosse o Controlador Interno. Este não tem corpo ou órgãos em Si próprio. Esses pertencem à deidade identificada com a terra. O corpo e os órgãos dessa deidade somente funcionam sob a ação do Controlador Interno, o qual é o Ser Imortal daquele que interroga *Yâjnavalkya*.

VERSO 4: "Aquele que mora na água, mas dentro dela, a quem a água não conhece, cujo corpo é a água e que controla a água desde o seu interior, é o Controlador Interno, teu próprio Ser Imortal".

VERSO 5: "Aquele que mora no fogo, mas dentro dele, a quem o fogo não conhece, cujo corpo é o fogo e que controla o fogo desde o seu interior, é o Controlador Interno, teu próprio Ser imortal".

VERSO 6: "Aquele que mora no firmamento, mas dentro dele, a quem o firmamento não conhece, cujo corpo é o firmamento e que controla o firmamento desde o seu interior, é o Controlador Interno, teu próprio Ser Imortal".

VERSO 7: "Aquele que mora no ar, mas dentro dele, a quem o ar não conhece, cujo corpo é o ar desde o seu interior e que controla o ar desde o seu interior, é o Controlador Interno, teu Ser Imortal".

VERSO 8: "Aquele que habita o céu, mas dentro dele, a quem o céu não conhece e cujo corpo é o céu desde o seu interior, e que controla o céu desde o seu interior, é o Controladar Interno, teu Ser Imortal".

VERSO 9: "Aquele que mora no Sol, mas dentro dele, a quem o Sol não conhece, cujo corpo é o Sol desde o seu interior e que controla o Sol desde o seu interior, é o Controlador Interno, teu Ser Imortal".

VERSO 10: "Aquele que mora nos quatro pontos cardeais, mas dentro deles, a quem os pontos cardeais não conhecem, cujo corpo são os quatro pontos cardeais e que os controla desde os seus interiores, é o Controlador Interno, teu Ser Imortal".

VERSO 11: "Aquele que mora na Lua, mas dentro dela, a quem a Lua não conhece, cujo corpo é a Lua e que a controla desde o seu interior, é o Controlador interno, teu Ser Imortal".

VERSO 12: "Aquele que mora no éter, mas dentro dele, a qual o éter não conhece, cujo corpo é o éter e que o controla desde o seu interior, é o Controlador Interno, teu Ser Imortal".

VERSO 13: "Aquele que mora na escuridão, mas dentro dela, a quem a escuridão não conhece, cujo corpo é o éter e que a controla desde o seu interior, é o Controlador Interno, teu Ser Imortal".

Verso 14: "Aquele que mora na luz, mas dentro dela, a quem a luz não conhece, cujo corpo é a luz e a controla desde o seu interior, é o Controlador Interno, teu Ser Imortal".

COMENTÁRIO: Os versos acima podem ser comentados do mesmo modo que o verso 3, atentando-se para o fato de que as referências são feitas à água, ao fogo, ao firmamento, ao ar, ao céu, ao Sol, aos quatro pontos cardeais, à Lua, ao firmamento, à escuridão, etc. Uma referência às diferentes criaturas e coisas, desde o Supremo até a mais insignificante érva. Em todas elas, habita o Controlador Interno, que é o Ser Imortal daquele que pergunta.

VERSO 15: "Aquele que mora em todas as criaturas, mas dentro delas, a quem todas as criaturas não conhecem, cujo corpo são todas elas e quem as controla desde o seu interior, é o Controlador Interno, o teu Ser Imortal".

VERSO 16: "Aquele que mora no nariz, mas dentro dele, a quem o nariz não conhece, cujo corpo é o nariz, que o controla desde o seu interior, é o Controlador Interno, teu Ser Imortal".

VERSO 17: "Aquele que mora na língua, mas dentro dela, a quem a língua não conhece, cujo corpo é a língua, que a controla desde o seu interior, é o Controlador Interno, teu Ser Imortal".

VERSO 18: Aquela que mora no olho, mas dentro dele, a quem o olho não conhece, que o controla desde o seu interior, é o Controlador Interno, teu Ser Imortal".

VERSO 19: "Aquele que mora no ouvido, mas dentro dele, a quem o ouvido não conhece, que o controla desde o seu interior, é o Controlador Interno, é teu Ser Imortal".

VERSO 20: "Aquele que mora na mente, mas dentro dela, a quem a mente não conhece, que a controla desde o seu interior, é o Controlador Interno, teu Ser Imortal".

VERSO 21: "Aquele que mora na pele, mas dentro dela, a quem a pele não conhece, que a controla desde o seu interior, é o Controlador Interno, teu Ser Imortal".

VERSO 22: "Aquele que mora em *budhi*, mas dentro dela, a quem *budhi* não conhece, que a controla desde o seu interior, é o Controlador Interno, é teu Ser Imortal".

VERSO 23: "Aquele que mora no sémen, mas dentro dele, a quem o sêmen não conhece, que o controla do seu interior, é o Controlador Interno, teu Ser imortal. Não O podes ver. Ele é a testemunha. Não se pode ouvi-Lo. Ele é o que ouve. Não se pode pensar sobre Ele. Ele é o que pensa. Não se pode conhecê-Lo, Ele é o Conhecedor. Não existe outra testemunha, senão Ele. Não há nenhum ouvinte, nenhum pensador, nenhum conhecedor, senão Ele. Ele é o Controlador Interno, teu próprio e imortal Ser. Tudo o mais, é perecível. Depois de ouvir isso, *Uddâlaka*, filho de *Aruna*, permaneceu em paz".

COMENTÁRIO: Nestes belos versos, o autor anônimo desta *Upanishad* se refere às criaturas vivas e às diversas partes do corpo humano, desde o nariz até o sémen, incluindo a *budhi,* a parte nobre da mente. Aquele que controla tudo isso é o Controlador Interno, o *Âtman*. Este, é pura consciência, um observador. Ele é o que ouve, o que vê, o que está além da mente, sendo o Controlador Interno, o Ser imortal de *Uddâlaka.* Tudo o mais é perecível.

NONO *BRÂHMANA*
O ABSOLUTO
(*YÂJNAVALKYA* E *GÂRGI*)

VERSO 1: "Então, a filha de *Vacaknu* disse: 'Veneráveis *brâhmanes*, lhes farei duas perguntas. Se responderem, então, nenhum de vós nunca poderá vercer sobre o tema do Absoluto'. 'Pergunte, *Gârgi*, disseram os *brâhmanes*".

COMENTÁRIO: *Gârgi* foi prevenida previamente por *Yâjnavalkya*, para não levar tão longe suas perguntas, o que poderia fazê-la perder o controle. Neste verso, ela pede permissão aos *brâhmanes* para interrogar *Yâjnavalkya* mais uma vez. *Gârgi* é a filha de *Vacaknu*. Os *brâhmames* lhe deram permissão para prosseguir.

VERSO 2: "Ela disse: 'Ó *Yâjnavalkya*, eu vos farei duas perguntas: igual ao filho de um guerreiro dos *kâshis* ou Rei de *Videhas* quando tensiona seu arco e, tomando duas flechas bem apontada, as dispara com muito cuidado contra seus inimigos, assim me preparo eu, Ó *Yâjnavalkya*, com estas duas perguntas. Responde-as', 'Pergunta *Gârgi*; disse *Yâjnavalkya*".

COMENTÁRIO: Após receber a permissão dos *brâhmanes*, *Gârgi* se prepara para formular a primeira pergunta a *Yâjnavalkya*. Ela sabia que essas perguntas seriam complexas, daí as ter comparado a duas flechas bem afiadas, apontadas aos inimigos por um guerreiro dos *kâshi* ou pelo Rei de *Videha*. Trata-se de um verso complementar ao anterior.

VERSO 3: "Ela disse: 'Ó *Yâjnavalkya*, pelo que está interpenetrado aquele fio (*sutra*) que está nos céus e em baixo da terra e que contém céu e terra, e que é céu e terra, bem como está entre ambos e que foi, é e será?".

COMENTÁRIO: Aqui o verso se refere à primeira pergunta de *Gârgi*. Outra maneira de formular a mesma pergunta seria a seguinte: O que se define como aquele que unifica este universo dual? Ou ainda: Quem é esse fio que une tudo, que está em baixo e em cima da terra, que contém céu e terra sendo ambos, estando entre ambos, que foi, é e será sempre?

VERSO 4: "Ele respondeu: 'Aquele, Ó *Gârgi*, que está acima do céu e da terra, que contém ambos, está entre ambos e de quem se diz que foi, é e será, está interpenetrado pelo espaço (*akâsha*) imanifesto".

COMENTÁRIO: Aqui, *Yâjanavalkya* parece dizer a *Gârgi* que Aquele a quem ela se refere, que é o fio condutor, está interpenetrado pelo espaço imanifesto. Este universo manifesto, ou seja, este universo físico é o fio que está no universo imanifesto, do mesmo modo que a terra está na água e que existe no passado, presente e futuro.

VERSO 5: "Ao que ela respondeu: 'Eu me inclino ante vós, Ó *Yâjnavalkya*, pois respondestes corretamente à minha pergunta. Preparai-vos, agora, para a segunda'. 'Pergunta, *Gârgi*, disse *Yâjnavalkya*".

COMENTÁRIO: Neste verso, *Gârgi* reconhece a força da resposta de *Yâjnavalkya,* preparando-o para a segunda pergunta.

VERSO 6: "Ela, então, continuou: 'Pelo que, Ó *Yâjnavalkya*, está interpenetrado, aquele que está acima dos céus e em baixo da terra, que contém ambos e o que há entre eles, aquele de quem se diz que era, é e será?'".

COMENTÁRIO: Aqui, parece que há uma repetição e se repetirá no verso seguinte. Ao que tudo indica, deve ser uma ênfase à verdade expressa por *Yâjnavalkya*.

VERSO 7: "*Yâjnavalkya* disse: '*Gârgi*, Aquele que está acima dos céus e abaixo da terra, que contém ambos e o que há entre eles, aquele sobre quem se diz que era, é e será, está interpenetrado unicamente pelo espaço imanifesto'. Ao que *Gârgi* retrucou: 'Pelo que está interpenetrado o espaço imanifesto?'".

COMENTÁRIO: Neste verso, *Yâjnavalkya* disse o que havia dito antes, acrescentando a palavra "unicamente". O espaço imanifesto, por estar mais além do que é passado, presente e futuro, seria algo muito difícil de explicar. O espaço imanifesto está interpenetrado por *Brahmân*. Daí, não poder ser explicado à luz da razão. Tratar de explicar aquilo que não pode ser explicado, é uma contradição.

VERSO 8: "Disse *Yâjnavalkya:* '*Gârgi,* aqueles que conhecem o Absoluto *Brahmân* dizem que Aquele Imutável é isto. Não é nem grosso nem fino, nem curto nem longo, nem vermelho, nem flúido, não é uma sombra nem é escuro, nem ar nem espaço, nem está unido a nada; não tem sabor nem cheiro; é sem olhos e sem ouvidos, sem língua e sem mente; não é luminoso, não tem energia vital (*prâna*) nem boca, nem medida; não é exterior nem interior; não se alimenta de nada nem nada se alimenta Dele".

COMENTÁRIO: Ao que tudo indica, *Gârgi* pretendia colocar *Yâjnavalkya* em uma encruzilhada. A pergunta parece irrespondível. Assim, vejamos: O imanifesto é preenchido pelo Absoluto *Brahmân,* o qual não pode ser explicado. Caso ele não O explicasse, ele poderia ser acusado daquilo que, em lógica, é denominado "não compreendido". Se ele tentasse explicá-Lo, seria uma contradição, pois o Absoluto não pode ser explicado. Em outras palavras, *Yâjnavalkya* não poderia explicar o Absoluto. Daí ter respondido que Ele é aquele que não é grosso nem fino, não é curto nem longo, etc. Seguindo esse caminho de negar o que Ele não pode ser, poderia-se saber o que Ele não é, o que seria uma maneira de percebê-Lo indiretamente. Ele é diferente de tudo aquilo que foi negado. Aquele Absoluto não é algo físico.

VERSO 9: "Verdadeiramente, sob a poderosa lei do Imperecível, Ó *Gârgi*, o Sol e a Lua estão mantidos nas suas posições. Sob a poderosa Lei do Imperecível, Ó *Gârgi*, o céu e a terra se mantêm em distintas posições. Sob a Lei do Imperecível, Ó Gârgi, os instantes, horas, dias e noites, quinzenas, meses, estações e anos, estão situados em seus respectivos lugares. Sob a poderosa Lei do Imperecível, Ó *Gârgi*, alguns rios fluem para o leste desde as montanhas brancas, outros vão ao oeste mantendo-se nesse sentido e outros, tomam cada um, uma direção distinta. Sob a poderosa lei do Imperecível, Ó *Gârgi*, os seres humanos louvam àqueles que realizam sacrifícios aos *Devas* e fazem oferendas aos antepassados".

COMENTÁRIO: A palavra "horas" foi assim traduzida da palavra sânscrita *mahûrtas,* compreende um intervalo de tempo equivalente a 48 minutos, aproximadamente. A palavra "instantes" é a tradução da palavra sâscrita *mimeshas,* o que, para nós, é algo indefinido, pois se trata de algo como "um piscar de olhos". Neste belo verso, *Yâjnavalkya* tenta explicar a *Gârgi* sobre a lei do Absoluto *Brahmân,* essa lei profunda que mantém o Sol e a Lua em suas respectivas posições, assim como o céu e a terra, os instantes, as horas, os dias e as noites, quinzenas, meses, estações, anos etc. Sob essa mesma lei, rios que correm para o Leste (uma referência ao rio *Gânges*) vindo das montanhas do *Himalaia*, e outros rios que correm para o Oeste ou em outras direções. Sob essa lei, seres humanos que louvam àqueles que realizam sacrifícios aos *Devas* e fazem oferendas aos antepassados estão sob seus cuidados. Trata-se uma tentativa de explicar o inexplicado.

VERSO 10: "'Ó Gârgi', continuou *Yâjnavalkya*, 'quem oferece oblações ao fogo, realiza sacrifícios e pratica austeridades neste mundo por milhares de anos, sem haver descoberto o Ser Imperecível, perceberá ao final que suas obras eram perecíveis. Todo aquele que abandona este mundo, Ó *Gârgi*, sem haver conhecido o Imperecível, é um pobre miserável. Mas, todo aquele que abandona este mundo após ter conhecido o Imperecível é um conhecedor do Absoluto *Brahmân*".

COMENTÁRIO: A palavra "miserável" aqui encontrada é uma referência à vida daquele de não conheceu o Absoluto nesta vida. Tem vida inútil, portanto, todo aquele que parte deste mundo sem conhecê-Lo. Esta é a condição da maioria dos seres humanos. Não é o ciclo dos inumeráveis nascimentos e mortes que trazem o conhecimento Dele, tampouco a realização de sacrifícios ou práticas de austeridades. Tudo isso produz resultados fugazes e temporários. Apenas como conhecimento do Absoluto, o ser humano sai da interminável roda do *samsara*, esse ciclo infindável de mortes e renascimentos. É isso que *Yâjnavalkya* explicou a *Gârgi*.

Sobre isso, vale citar um verso da *Kena Upanishad*, traduzido pelo autor (TINOCO, C. A. 1996):

"Se um homem conhece o *Âtman* em si, atinge o verdadeiro objetivo da vida.

Se não não conhece. *Âtman* em si, uma grande perda recai sobre ele (...)."

(*Kena Upanishad,* II, 5)

VERSO 11: "O Imperecível, Ó Gârgi, não pode ser visto jamais, mas Ele é a testemunha que vê. Não se pode ouvi-Lo, mas Ele é Aquele que ouve. Não se pode pensar sobre Ele mas, Ele é Aquele que pensa. Não se pode conhecê-Lo, mas Ele é aquele que conhece. Não há maior testemunha que Ele, nem melhor ouvinte que Ele, nem melhor pensador que Ele, nem melhor conhecedor que Ele. E por Ele, o Imperecível, está interpenetrado o espaço (*âkâsha*), Ó *Gârgi*".

COMENTÁRIO: O Absoluto não pode ser visto nem nada pode vê-Lo. Isto porque Ele não é um objeto ou coisa que possa ser vista. Ele é a Testemunha que tudo observa, silenciosamente. Ele também não pode ser ouvido, pois Ele é o que ouve. Não pode ser pensado por não ser objeto do pensamento, pois Ele é o que pensa. De igual modo, Ele não pode ser conhecido uma vez que não é objeto de conhecimento. Ele é o Supremo Conhecedor. Não há melhor testemunha que Ele, o Imperecível. Não há melhor ouvinte, melhor pensador, melhor conhecedor que Ele. Ele vê, ouve, pensa, conhece através de todas as pessoas e mentes. É por Ele que o espaço está interpenetrado. Este foi o ensinamento.

VERSO 12: "Então, *Gârgi* disse: 'Veneráveis *brâhmanes,* deveis considerar a si mesmos como felizes e deverias prostrar-vos ante ele com reverência. Ninguém poderá vencê-lo ao explicar sobre o Absoluto'. Depois disso, *Gârgi,* filha de *Vacaknu,* permaneceu em paz".

COMENTÁRIO: Aqui *Gârgi,* a filha de *Vacaknu,* dirigiu-se aos sacerdotes *brâhmanes,* dizendo-lhes, respeitosamente, que estes nunca poderiam derrotar *Yâjnavalkya* em debates sobre a natureza do Absoluto *Brahmân*. Eles deveriam se considerar felizes por presenciarem um debate tão exclarecedor sobre o Absoluto. Assim, *Yâjnavalkya* foi considerado por ela, como invencível no que se refere ao conhecimento de *Brahmân.* Ao dizer isto a eles, ela permaneceu em paz.

DÉCIMO *BRÂHMANA*
EXISTE UMA INFINIDADE DE *DEVAS*, HÁ MUITAS RELAÇÕES NO RELATIVO (*YÂJNAVALKYA* E *VIDAGHDHA*)

VERSO 1: "Então, *Vidaghdha,* filho de *Shakalya*, perguntou a *Yâjnavalkya:* 'Quantos *Devas* existem, Ó *Yâjnavalkya*?' Ele respondeu: 'Tantos quantos são mencionados no hino, o *Nivid* dos *Vishve-Devas* – trezentos e três, e três mil e três'. 'Muito bem, disse *Shakalya,* o filho de *Vidaghdha,* e perguntou novamente: 'Quantos *Devas* há, em verdade?'. 'Trinta e três', respondeu ele. 'Muito bem', disse o outro e, perguntou: 'Quantos *Devas* existem, Ó *Yâjnavalkya*?'. 'Dois', respondeu ele. 'Muito bem, *Yâjnavalkya*', disse ele novamente. 'Quantos *Devas* existem, Ó *Yâjnavalkya*?'. 'Um e meio', respondeu. 'Muito bem', disse. E, perguntou novamente: 'Quantos *Devas* existem, Ó *Yâjnavalkya*?'. 'Um', respondeu ele. 'Muito bem', disse *Shakalya* e perguntou: 'Quais são aqueles trezentos e três e aqueles três mil e três?'".

COMENTÁRIO: A palavra sânscrita *Navid* se refere a um grupo de versos encontrados no *Samhita* do *Rig-Vêda* que especifica o número de *Devas.* Trata-se de um hino de louvor aos *Vishve-Devas. Yâjnavalkya* respondeu com o hino referido, o *Nivid*. Ele foi diminuindo o número de *Devas* existentes, até chegar em um.

VERSO 2: "Disse *Yâjnavalkya*: 'Os *Devas* que existem são manifestações Dele, mas, em verdade, só existem trinta e três *Devas*'. 'Quem são esses trinta e três?', perguntou aquele. E a resposta foi a seguinte: 'Os oito *vasus,* os onze *rudras*, os doze *adityas* fazem trinta e um. Com *Indra* e *Prajâtapati,* são trinta e três".

VERSO 3: "'Quem são os *vasus*?', perguntou aquele. 'O Fogo, a Terra, o Ar, o Céu, o Sol, a Lua e as estrelas. Estes são os *vasus*, pois neles está situado tudo isso. E por isso se chamam assim, respondeu *Yâjnavalkya*".

COMENTÁRIO: O nome dos *vasus* são, respectivamente, *Agni, Prithivi, Vayû, Antariksha, Aditya, Dyu, Kandramas* e *Nakshatras*. A pergunta feita a *Yâjnavalkya* teve o propósito de averiguar se ele sabia quem eram esses *vasus*. Desde o fogo até as estrelas, são *vasus*. Esses *Devas* possuem a propriedade de se transformar nos órgãos das pessoas e seres vivos e lhes servem de apoio para que realizem suas funções. Por assim fazerem, são chamados de *vasus*.

VERSO 4: "'Quem são os *Rudras*?', indagou *Shakalya. Yâjnavalkya* respondeu: 'São os dez órgãos do corpo humano, com a mente como o décimo primeiro. Quando eles deixam este corpo mortal, fazem chorar. Por isso, por fazerem chorar aos outros, são chamados de *Rudras*'".

COMENTÁRIO: Os dez órgãos sensoriais e motores que existem no corpo humano, incluindo-se a mente. Essa foi a resposta. Na morte, esses órgãos e a mente abandonam o corpo, os *Rudras,* que são *Devas- -órgãos*, fazem os familiares e amigos chorarem. Por isso, são chamados *Rudras*.

VERSO 5: "'Quem são os *Adhityas*?', perguntou aquela. 'São os 12 meses do ano. Eles se movem colhendo tudo, quando andam. Por isso, são chamados de *Adhityas*'".

COMENTÁRIO: Os 12 meses são as partes de um ano. Esses são os *Adhityas*. Ao girarem, levam consigo as pessoas idosas e o resultado das suas obras.

VERSO 6: "'E quem são *Indra* e *Prajapâti*?', perguntou. '*Indra* é uma nuvem de tormenta e *Prajapâti* é o sacrifício ritual', disse *Yâjnavalkya*. 'Quem é essa nuvem?'. 'O trovão'. respondeu ele. 'Qual é esse sacrifício?'. 'São os animais', respondeu *Yâjnavalkya*".

COMENTÁRIO: Ao indagar por *Indra* e *Prajapâti, Yâjnavalkya* respondeu dizendo que era uma nuvem de tormenta e o sacrifício ritual, respectivamente. E em seguida, pergunta quem é essa nuvem, obtendo como resposta que é o trovão, e perguntado quanto a quem é o sacrifício ritual, responde que são os animais. O que significa tudo isso? O trovão, ou a nuvem de tormenta, é o vigor ou a força que mata os seres humanos e animais. Como matar é uma função de *Indra,* ele é chamado de nuvem de tormenta, trovão. O sacrifício ritual é chamado de animais porque depende destes. Sem o sacrifício de animais, não há ritual.

VERSO 7: "'Quem são os seis *Devas*?', perguntou *Shakalya*. 'O fogo, a água, o ar, o firmamento, o Sol e o céu. Esses são os seis. Porque os seis são tudo isso (respondeu *Yâjnavalkya*)".

COMENTÁRIO: Estes seis *Devas* citados por *Yâjnavalkya* são classificados como *Vasus,* além da lua e das estrelas. A expressão "tudo isso" significa os 33 e outros *Devas* já mecionados. Em outras palavras, os *Vasus* e os outros que foram aqui enumerados em detalhe estão incluídos aqui.

VERSO 8: "Perguntou *Shakalya*: 'Quem são os três *Devas*?'. 'São esses três mundos, porque todos os *Devas* estão contidos neles'. 'Quem são os dois *Devas*?'. 'São a matéria e o *prâna*'. 'Quem é esse um e meio?'. 'É o ar, que assopra'".

COMENTÁRIO: Os três mundos mencionados são: a terra e o fogo, juntos, formando um só mundo; o firmamento e o ar, formando o segundo; o céu e Sol, juntos, formam o terceiro. Estes são os três *Devas.* Neles se encontra tudo. Os outros mencionados, a matéria e o *prâna* e o ar, junto com os outros, formam todos os *Devas.*

VERSO 9: "*Yâjnavalkya* disse: 'Aqui alguns se perguntam: 'Como é que o ar que assopra como uma substância se considera um e meio?'. A resposta é: 'É um e meio porque, pela sua presença, tudo isso alcançou uma grande glória'. 'E quem é esse único *Deva*?'. 'O *prâna* (*Hiranyagarbha*) é o Absoluto *Brahmân* e se chama Aquele'".

COMENTÁRIO: Aqui os *Devas* podem ser considerados como sendo um só e como muitos. O infinito número de *Devas* está incluído no limitado número mencionado nos versos *Nivid*. Estes, por sua vez, estão incluídos em um número sucessivamente menor, os 33, e assim por diante, até o *prâna*. Este último se expande por todos até o infinito. O *prâna*, por sua vez, é um e infinito, incluindo tudo. O Absoluto *Brahmân*, ou Aquele (*Tyat*) inclui tudo, o Sol e todos os *Devas*. O *prâna* é o único *Deva* que possui diferentes nomes, formas, atividades, atributos e poderes. O autor anônimo desta *Upanishad* compara o *prâna*, pelas suas inúmeras propriedades e poderes, ao Absoluto.

VERSO 10: "Disse então *Shakalya*: 'Só quem conhece a este Ser, cuja morada é a terra, cuja vista é o fogo, cuja luz é a mente, aquele que é a base do corpo e dos órgãos, O conhece verdadeiramente, Ó *Yâjnavalkya*'. 'Conheço Este Ser de quem falas, base do corpo e dos órgãos. É o Ser que está identificado com o corpo. Segue adiante, *Shakalya*'. Ele respondeu: 'Quem é a Sua divindade?'. 'O néctar (*chyle*)', respondeu *Yâjnavalkya*".

COMENTÁRIO: O Ser aqui referido é o Absoluto *Brahmân*, que possui a terra como Seu corpo, o fogo como Seus olhos, cuja luz é a mente, que é ainda a base do corpo e dos órgãos. Ele é aqui identificado com a terra e possui corpo e órgãos. Ele possui diferentes nomes. *Shakalya* pensava que *Yâjnavalkya* não conhecia este Ser. Como resposta à sua pergunta, *Yâjnavalkya* respondeu ser Ele o néctar. O néctar é a essência dos alimentos, que são comidos para produzir o sangue, carne, pele, ossos, etc. Em síntese, o Ser de *Yâjnavalkya*, que é o néctar, é o Absoluto.

VERSO 11: "*Shakalya* disse: 'Verdadeiramente, só quem conhece a este Ser cuja morada é o desejo, cuja visão é o coração, cuja luz é a mente que pensa, aquele que é a base do corpo e dos órgãos, conhece verdadeiramente, Ó *Yâjnavalkya*'. 'Eu conheço Este Ser de quem falas, base do corpo e dos órgãos. Ele é o Ser que está identificado com o desejo. Segue adiante, *Shakalya*'. 'Quem é a sua deidade?'. 'As mulheres' respondeu *Yâjnavalkya*".

COMENTÁRIO: Aqui o desejo a que se refere *Shakalya* é o desejo sexual. *Yâjnavalkya*, sempre sábio, disse que conhecia esse Ser, e que Ele era as mulheres, ou seja, são elas que despertam o desejo sexual nos homens.

VERSO 12: "*Shakalya* disse: 'Verdadeiramente, somente aquele que conhece a esse Ser, cuja morada são as cores, cujo instrumento de visão é o olho, cuja luz é a mente pensante, Aquele que é a base do corpo e dos órgãos, conhece verdadeiramente, Ó *Yâjnavalkya*'. 'Eu conheço Este Ser de quem falas, base do corpo e dos órgãos. Ele é o Ser que está no Sol. Segue adiante *Shakalya*'. 'Quem é a sua deidade?'. 'A Verdade', disse *Yâjnavalkya*".

COMENTÁRIO: Aqui há uma referência ao Ser que está no Sol, pelas citações das cores, da visão, etc. Esse Ser que está no Sol é o que produz todas as cores. À pergunta sobre quem é a Sua deidade, *Yâjnavalkya* respondeu que era a Verdade, ou seja, o olho. Segundo *Nikilananda* (p. 240), o Sol foi gerado pelos olhos de *Virâj* (*Rig. Vêda.* X, xc. 13). O Ser que Ele conhecia é a base do corpo e dos órgão, estando ainda no Sol.

VERSO 13: "(*Shakalya* disse): 'Verdadeiramente, somente aquele que conhece a esse Ser, cuja morada é o espaço (*akâsha*), cujo instrumento de visão é o ouvido, cuja luz é a mente pensante, aquele que é a base do corpo e dos órgãos, esse conhece, Ó *Yâjnavalkya*'. Este respondeu: 'Eu conheço a esse Ser de quem falas, base do corpo e dos órgãos. Ele é o Ser que está identificado com o ouvido e o tempo de escutar. Segue adiante, Ó *Shakalya*'. Este último disse: 'Quem é a sua deidade?'. 'Os quatro pontos cardeais', disse *Yâjnavalkya*".

COMENTÁRIO: Diz *Nikilananda* (p. 240) que, de acordo com as escrituras do Hinduísmo, os quatro pontos cardeais são gerados pelo ouvido de *Virâj*. Ele é identificado com os pontos cardeais e é, novamente, sob o ponto de vista do corpo humano individual, identificado com o ouvido.

VERSO 14: "(*Shakalya* disse): 'Verdadeiramente, somente aquele que conhece esse Ser, cujo corpo é a escuridão, cujo órgão da visão é o intelecto, cuja luz é a mente e que é o suporte do corpo e dos órgãos, esse O conhece, Ó *Yâjnavalkya*'. (Este respondeu): 'Eu conheço esse Ser de quem falas. Ele é o suporte do corpo e dos órgãos. Ele é o Ser que se identifica com a escuridão (ignorância). Segue adiante, Ó *Shakalya*'. Este último disse: 'Quem é a sua deidade?' perguntou *Shakalya*: 'A morte', disse *Yâjnavalkya*".

COMENTÁRIO: Segundo Martín (p. 296), a deidade referida no verso é *Yama*. Em outras palavras, a deidade de *Yâjnavalkya* é a morte. Essa deidade é identificada com a escuridão e a ignorância. Segundo

Nikilananda (p. 240), as escrituras do Hinduísmo identificam a morte com a escuridão. Em outras palavras, a morte ou a escuridão representam a pessoa que ignora o seu verdeiro Ser, o *Âtman*.

VERSO 15: "*Shakalya* disse: 'Verdadeiramente, quem conhece esse Ser cujo corpo são as cores, cujo órgão da visão é o olho, cuja luz é a mente e que é o suporte do corpo e dos órgãos, esse O conhece, Ó *Yâjnavalkya*'. (Disse este último): 'Eu conheço esse Ser de quem falas. Ele é o suporte do corpo e dos órgãos. Ele é o Ser que se encontra no espelho. Segue adiante, Ó *Shakalya*'. 'Quem é a sua deidade?'. Disse *Yâjnavalkya*: 'O *prâna*'".

COMENTÁRIO: Devemos observar que o verso 12 deste capítulo se refere às cores de um modo geral. Mas, neste verso, há referência a cores específicas relativas ao corpo do Ser, ou seja, o reflexo no espelho. O Ser de *Yâjnavalkya*, que é o suporte do corpo e dos órgãos, possui cores que se refletem no espelho. Esse Ser é a energia vital, o *prâna*, que são as cores refletidas pelo espelho. Não fica claro, para este autor, por que as cores refletidas pelo espelho são o *prâna*.

VERSO 16: "*Shakalya* disse: 'Verdadeiramente, quem conhece esse Ser cujo corpo é a água, cujo instrumento da visão é o coração, cuja luz é a mente, esse O conhece, Ó *Yâjnavalkya*'. Disse este último: 'Eu conheço esse Ser de quem falas, cujo suporte é o corpo e os órgãos. Ele é o Ser que se encontra na água. Segue adiante, Ó *Shakalya*'. Disse este último: 'Quem é a sua deidade?'. '*Varuna*', respondeu *Yâjnavalkya*".

COMENTÁRIO: Quem seria essa deidade que vive na água, nos rios, nos poços, nos mares, na chuva? Nos textos *védico*s, o Deva associado à chuva é *Varuna*. Ele se encontra nas águas.

VERSO 17: "*Shakalya* disse: 'Verdadeiramente, quem conhece ao Ser cujo corpo é o sêmen, cujo instrumento da visão é o intelecto, cuja luz é a mente pensante, aquele que é a base do corpo e dos órgãos, esse O conhece, Ó *Yâjnavalkya*'. Esse último disse: 'Conheço esse Ser de quem falas, que é a base do corpo e dos órgãos. Ele é o Ser que se identifica com o filho. Segue adiante, Ó *Shakalya*'. Disse ele: 'Quem é a sua deidade?'. *Prajapâti* (o pai)', disse *Yâjnavalkya*".

COMENTÁRIO: Aqui o Ser de *Yâjnavalkya* é aquele que se identifica com o filho. Este nasce do sêmen do pai. *Prajapâti* é o "Ser das criaturas", é a sua causa primeira. Esse *Deva* simboliza a paternidade. Ele é o criador, aquele que coopera com *Brahmâ,* segundo o código de *Manû* (*Manarva-Dharma-Sastra*). A deidade que se identifica com o filho é, pois, *Prajapâti.*

VERSO 18: "(Quando *Shakalya* ficou em silêncio, disse-lhe *Yâjnavalkya*): '*Shakalya*, têm esses *brâhamanes* lhe escolhido como instrumento para queimar carvões?'".

COMENTÁRIO: Neste verso, *Yâjnavalkya* faz uma pergunta a *Shakalya,* indagando se os sacerdotes *brâhmanes* ali presentes o escolheram para queimar carvões. Ele estava sendo derrotado por *Yâjnavalkya* no debate. O verso deixa claro que aquele que não conhece o Absoluto *Brahmân* não deve participar de debates sobre Ele, principalmente com aqueles que O conhecem, como é o caso de *Yâjnavalkya.*

VERSO 19: "'*Yâjnavalkya*', disse *Shakalya,* 'hás superado esses *brâhmanes*, de *Kuru* e de *Panchâla*, porque conheces *Brahmân,* o Absoluto?'. *Yâjnavalkya* disse: 'Conheço os quatro pontos cardeais com as suas deidades e suas bases'. *Shakalya* disse: 'Se conheces os pontos cardeais, com as suas deidades e suportes (...).'"

COMENTÁRIO: Neste verso, *Shakalya* indaga a *Yâjnavalkya* que ele havia superado os *brâhmanes,* de *Kuru* a *Panchâla,* pelo fato de conhecer *Brahmân.* Este respondeu que conhecia os quatro pontos cardeais, suas respectivas deidades e bases. Como resposta, *Shakalya* começa a formular outra pergunta.

VERSO 20: "(*Shakalya* disse): 'Se conheces os pontos cardeais, com as suas deidades e suportes, qual delas identificas com o Leste?'. (*Yâjnavalkya* respondeu): 'A deidade do Sol'. (Revidou *Shakalya*): 'Onde permanece o Sol?'. 'No olho', foi a resposta. 'Onde está o olho?'. 'Nas cores, porque se vê as cores com o olho'. 'E onde estão as cores?'. 'Na mente', disse *Yâjnavalkya,* 'porque através dela se conhece as cores. É nela que as cores aparecem'. Disse *Shakalya*: 'Assim é, em verdade', disse *Shakalya*".

COMENTÁRIO: Qual seria a deidade identificada com os pontos cardeais? *Yâjnavalkya,* tomando consciência da sua mente (coração), respondeu a *Shakalya* que a deidade que ele identificava com o Leste era o Sol. Isto porque o Sol está relacionado com as cores que são percebidas pelo olho. As cores, por sua vez, estão na mente. Disse *Yâjnavalkya* que é através da mente que se conhece as cores. O Sol é, pois, a deidade identificada com o Leste. Segundo algumas *Upanishad*s, se alguém medita em uma deidade intensamente, identifica-se com ela. Aqui *Yâjnavalkya* estava identificado com o Sol, que era, para ele, a deidade do Leste. O Sol era para ele, a deidade com a qual se identificava.

VERSO 21: "'*Yâjnavalkya*', disse *Shakalya*: 'Qual deidade identificas com o Sul?'. 'Com o *Deva Yama*', respondeu ele. 'E onde está *Yama* e qual é o seu suporte?', disse *Shakalya*. 'No sacrifício', disse *Yâjnavalkya*. 'E o sacrifício, onde está e qual é o seu suporte?'. 'Nas oferendas, que são a remuneração dos oficiantes', disse *Yâjnavalkya*. 'E as oferendas, onde estão e quais são os seus suportes?'. 'Na fé, uma vez que, quando o ser humano tem fé, dá a oferenda aos oficiantes. Por isso, é na fé que ele permanece, e assim elas encontram o seu suporte'. 'E a fé, onde está e onde encontra o seu suporte?'. 'No coração', disse *Yâjnavalkya*. Ele continuou: 'Isto para aqueles que conhecem a fé, através do coração. É no coração que a fé encontra o seu suporte'. Assim é, verdadeiramente, Ó *Yâjnavalkya*'".

COMENTÁRIO: Aqui há uma referência a *Yama*, o *Deva* da morte. Para quem deseja ler mais sobre ele, deve procurar ler a *Katha Upanishad*, que contém o imortal diálogo entre o menino *Naciketas* e *Yama*. *Yama*, *Deva* da morte, está relacionado ao sul. Ambos, reunidos, encontram suporte no sacrifício. Mas *Yama* está relacionado ao sacrifício por meio dos oficiantes que nele se encontram. Assim, estes e aqueles que financiam o sacrifício ganham o Sul, relacionado a *Yama*. E o sacrifício, onde está? Na fé, fé nos *Vêdas*, juntamente com a devoção. Como está a oferenda em relação à fé?. Quando uma pessoa tem fé, faz oferendas aos oficiantes. Ao contrário, quando não a tem, não as dá. E onde está a fé? Ela se encontra no coração, foi o que disse *Yâjnavalkya*. A fé está no coração, pois nele sentimos a ardente devoção e a fé.

VERSO 22: "'*Yâjnavalkya*', disse *Shakalya*, 'qual deidade identificas com o Oeste?'. 'Com o *Deva Varuna* (o deus da chuva), disse ele'. 'Onde está *Varuna* e onde ele encontra o seu suporte?'. 'Na água', respondeu *Yâjnavalkya*. 'E onde está a água e onde está o seu suporte?'. 'No sêmen, disse ele'. 'E onde está o sêmen e qual é o seu suporte?'. 'No coração', disse *Yâjnavalkya*. Continuou ele: 'Entretanto se diz que um filho se parece muito com os pais, como sendo feito do coração dos pais. Portanto, o sémen está no coração e nele encontra o seu suporte'. 'Assim é, verdadeiramente, Ó *Yâjnavalkya*".

COMENTÁRIO: *Varuna* é o *Deva* associado à água. E onde está ele? A resposta é na água. Na *Taititiya Samhitâ* está escrito: "A fé é água" (*T. S.*, I, 6, 8). Da fé se criou *Varuna*. E onde está a água? No sémen. A *Aitareya Upanishad* diz: "Do sêmen foi criada a água" (*A. U., I, 1, 4*). E o sêmen, onde está? No coração. O desejo sexual está no coração, como todos os desejos. Por isso, o sêmen está no coração, pois tal desejo faz jorrar o sêmen na relação sexual. Por essa razão, o filho se parece com seus pais, porque foi feito pelo sêmen que está associado ao coração.

VERSO 23: "'*Yâjnavalkya*', disse *Shakalya*: 'qual deidade identificas com o norte?'. 'Com a deidade do *soma*', disse ele. 'E onde o *soma* está e encontra o seu suporte?'. 'No ritual de iniciação'. E onde o ritual de iniciação está e encontra seu suporte?'. 'Na Verdade', disse *Yâjnavalkya*. E continuou: 'Entretanto, eles dizem àquele que é iniciado: 'Fale a Verdade'. É no coração que a Verdade pode ser encontrada e encontra o seu suporte'. 'Assim é, verdadeiramente, Ó *Yâjnavalkya*'".

COMENTÁRIO: Na Índia antiga, uma pessoa que desejasse fazer parte de uma linhagem de seres que detinham algum conhecimento esotérico deveria ser submetida a um ritual de iniciação. Não só na Índia isso era verdade, mas em outras tradições também. Nesses ritos, a bebida conhecida por *soma* era usada para induzir estados modificados de consciência nos participantes. Ele é aqui identificado com o Norte. O ritual de iniciação aqui leva ao Norte. Esta direção, por sua vez, é presidida pela Lua. Nos rituais de iniciação se pede ao iniciado que fale a Verdade. Por isso, esse ritual está na Verdade. E esta, onde está? No coração, disse *Yâjnavalkya*. Isto, certamente, porque a Verdade pode ser conhecida através do coração, onde está.

VERSO 24: "'Qual deidade', disse *Shakalya*, 'identificas com as direções fixas?'. 'Com o fogo', disse ele. 'E onde o fogo está e encontra o seu suporte?'. 'Na fala', disse *Yâjnavalkya*. 'E onde está a fala e onde encontra o seu suporte?'. 'No coração', respondeu ele. 'Onde está o coração e onde encontra o seu suporte?', disse *Shakalya*".

COMENTÁRIO: As direções fixas são uma referência ao Monte Meru, a montanha mítica da literatura do Hinduísmo. Em torno dessa montanha, o Sol e os planetas se movimentam. As direções aqui citadas – Leste, Oeste, Norte e Sul – variam de acordo com a posição relativa daqueles que moram na montanha, diz *Nikilananda* (p. 245). Qual é a deidade identificada com as direções fixas? É o fogo, que está na fala, e nela encontra seu suporte. A fala, por sua vez, está no coração. As direções citadas e suas deidades fazem parte de *Yâjnavalkya*. Daí ele dizer que a fala está no coração. Ele realizou as quatro direções em seu próprio ser. Tudo é uma criação da mente. Eis porque o coração dele abrange todas as direções. Vamos ver a resposta à pergunta final de *Shakalya*.

VERSO 25: "*Yâjnavalkya* disse: 'Uma sombra és ao pensar que o coração e a mente estão em algum lugar. Se estivessem em algum lugar fora de nós mesmos, os cachorros poderiam comê-los ou pássaros comeriam seus pedaços".

COMENTÁRIO: A palavra "sombra" é uma tradução da palavra sânscrita *ahalika*, ou seja, aquilo que desaparece à luz do dia. É usada aqui em termos de censura. Quando o coração está fora do corpo, este perece. O coração é o suporte do corpo. Onde estão ambos, o coração e a mente? Não estão em lugar nenhum, pois a mente não é material, é feita de *prâna*. A mente está no coração. Daí não estarem em lugar nenhum.

VERSO 26: "'Onde está vosso corpo, coração e mente, e onde encontram seus suportes?', disse *Shakalya*. 'No *prâna*', respondeu. 'E onde está o *prâna* e onde encontra seu suporte?'. 'No *apâna*', respondeu. 'Onde está o *apâna* e onde está o seu supote?'. 'Em *vyana*'. 'Onde está *vyana* e onde encontra ele o seu suporte?'. 'Em *udâna*'. 'Onde está *udâna* e onde encontra ele o seu suporte?'. 'Em *samâna*'.

Neste ponto, a *Brhâdaranyaka Upanishad* estabelece que:

"O Ser é Aquele que tem sido descrito por: 'Não é isto, não é isto'. Ele é incognoscível porque nunca pode ser percebido, é imperecível e, por isso, nunca decai. É desapegado e, por isso, está livre de toda ligação. Nunca sofre danos, nem dor nem injúria. (*Yâjnavalkya* disse): 'Esse Ser é Aquele que possui oito moradas, e essas são os oito instrumentos da visão, as oito deidades e os oito seres. Agora vos pergunto por Aquele Ser que somente é conhecido pelas *Upanishads,* Ele que projeta esses outros seres e os retira de dentro de Si mesmo, e, ao mesmo tempo, é transcendental. Se não és capaz de explicá-Lo com clareza, tua cabeça cairá'. *Shakalya* não conhecia esse Ser e, portanto, sua cabeça caiu. E uns ladrões arrebataram seus ossos, confundindo-os com outra coisa".

COMENTÁRIO: Aqui, o corpo e a mente estão no *prâna*. Este, está em *apâna*. O *prâna* é a energia vital que sai pelas narinas e pela boca, caso esteja sustentada pelo *apâna*. E onde está este? Está em *vyâna*. O *apâna* poderia sair pelo ânus, caso não o contivesse o *vyâna*, que ocupa uma posição intermediária no corpo humano. E onde está *vyâna*? Em *udâna*. E onde está este? Em *samâna*. Todas as energias vitais citadas estão em *samâna*. O corpo humano, sua mente e as suas energias vitais estão interconectadas, atuando unidas como se fossem algo organizado. Essas energias vitais já foram descritas anteriormente. O Ser aqui referido é o *Âtman*. Ele é incognoscível, imperecível, desapegado de tudo, não sofrendo injúrias ou dor. O verso segue dizendo pela boca de *Yâjnavalkya* sobre as oito moradas, aquelas descritas nos versos de 10 a 17, com palavras como: "cuja morada é a terra, etc., os oito instrumentos de visão... as oito deidades". Estão referidas em: "Néctar (10), os oito seres, citados em: "O mesmo Ser que está identificado com o corpo" (10). Assim, foi perguntado a *Shakalya* sobre Aquele Ser, que somente pode ser conhecido por meio das *Upanishads*, Ele que não pode ser conhecido por nenhum outro caminho. Esse Ser projeta de Si os seres, retirando-os de dentro de Si, divididos em oito grupos. *Shakalya* não conhecia esse Ser, Aquele que somente se conhece pelas *Upanishads*. Por essa razão, sua cabeça caiu. Mais adiante, ladrões tomaram seus ossos, que deveriam ser levados à sua casa para os necessários ritos funerários, talvez por confundi-los com algo de valor. Há neste verso uma referência às palavras de *Shankaracharya*: '*Neti, Neti*', ou seja, 'Não é isto, não é isto'. Trata-se de uma referência ao fato de ele ter dito que qualquer especulação sobre *Brahmân* é infrutífera, ou seja, *Brahmân* não é isto nem aquilo.

VERSO 27: "Então, *Yâjnavalkya* disse: 'Veneráveis *brahâmanes*, quem deseja dentre vós perguntar-me, que o faça agora, perguntai-me tudo o que desejais. Ou quem dentre vós deseja isto, eu questionarei ou a todos'. Mas os *brâhmanes* não se atreveram a perguntar".

COMENTÁRIO: Neste verso, *Yâjnavalkya* lançou outro desafio, dizendo aos sacerdotes *brâhmanes* ali presentes que lhe fizessem alguma pergunta. Entretanto, sabedores do poder de argumentação dele, ninguém se atreveu a fazer qualquer pergunta.

VERSO 28: *Yâjnavalkya* interrogou-os com os seguintes versos:

a) "Como uma grande árvore, assim é, em verdade, o ser humano. Seus cabelos são as folhas, e a sua pele exterior é a casca".

COMENTÁRIO: Quando os *brâhmanes* ficaram em silêncio, *Yâjnavalkya* os interrogou com versos. Comparou uma árvore com o seu humano. Assim, seus cabelos são as folhas, e sua pele é a casca da árvore.

b) "Pela sua pele flui o sangue e pela casca da árvore corre sua seiva. E, quando o homem está ferido, seu sangue flui como a seiva de árvore danificada".

COMENTÁRIO: Há aqui outra analogia, em que é comparado sangue humano com a seiva de uma árvore. Quando o homem está ferido, seu sangue flui pela ferida, do mesmo modo que a seiva flui pelo ferimento feito na casca da árvore.

c) "Sua carne é como as partes internas da madeira da árvore e seus tendões são tão fortes como as fibras da madeira. Seus ossos estão abaixo, como a madeira, e sua medula pode ser comparada ao miolo da árvore".

COMENTÁRIO: Tal qual a carne de uma pessoa, assim é a madeira interna de uma grande árvore. Os tendões humanos são as fibras da madeira. A medula do ser humano é como o âmago da árvore. Não há diferença entre ambos.

d) "Se uma árvore, ao ser derrubada, cresce novamente, a partir da sua raiz, com mais força, certamente, a partir de qual raiz surge o ser humano, quando é cortado pela morte?".

COMENTÁRIO: Nos versos anteriores, havia semelhança entre o ser humano e a árvore. Este pode brotar, novamente, após ser cortada. Entretanto, o ser humano, ao ser ceifado pela morte, não surge outra vez. A pergunta é sobre a possibilidade de o ser humano retornar à vida, após sua morte. Em outras palavras, de onde surge o ser humano, após morrer?

e) "Não digais: Da semente, porque ela é produzida por um ser humano vivo. Uma árvore brota também de uma semente. Depois de morta, volta a brotar novamente".

COMENTÁRIO: O ser humano não pode brotar de nenhuma semente após sua morte, diferentemente da árvore. A semente também é produzida por um ser humano vivo, não por um morto. Uma árvore pode brotar, depois de morta, de sua semente ou do seu tronco. Isto não acontece com o ser humano depois de morto.

f) "Se se arranca a raiz de uma árvore, esta não pode voltar. Quando o ser humano é levado pela morte, de qual raiz voltará a brotar?"

COMENTÁRIO: Diz Martín (p. 305) que se trata da raiz de todo o universo.

g) "Se pensais que já nasceu, vos direi: Não nascerá outra vez. Quem haveria de renascer? Ele é o Absoluto, conhecimento e graça, a meta suprema de quem distribui a fortuna tanto como de quem há descoberto (o Absoluto) e Nele vive".

COMENTÁRIO: Aqui o verso é uma tentativa de descrever o Absoluto *Brahmân,* Aquele que não nascerá outra vez, uma vez que nunca foi criado nem terá fim. Ele é conhecimento e graça, a meta suprema de todo aquele que distribuiu sua fortuna por desprendimento. Também é tudo isso, para aquele que O descobriu e Nele vive.

QUARTO *ADHYÂYA*

PRIMEIRO *BRÂHMANA*
DEFINIÇÃO INCOMPLETA DO ABSOLUTO
(DEFINIÇÃO PARCIAL DE *BRAHMÂN*)

VERSO 1: "*Om. Janaka,* imperador de *Videha,* estava sentado em seu trono para dar audiência, quando chegou *Yâjnavalkya.* Então, o imperador lhe disse: '*Yâjnavalkya,* para que viestes aqui? Para ganhares algo ou para escutar perguntas sutis?'. Ele respondeu: 'Por ambas, Sua Majestade".

COMENTÁRIO: *Janaka,* que foi imperador de *Videha,* estava sentado no seu trono, quando *Yâjnavalkya* dele se acercou. O imperador estava em momento de audiência. Diz *Nikilananda* (p. 251) que ele havia realizado o ritual *Vâjapeya.* Ele indagou qual o objetivo da visita de

Yâjnavalkya, se queria ganhar algo ou escutar perguntas complexas. Ele respondeu que sua visita tinha os dois motivos.

VERSO 2: "(*Yâjnavalkya* lhe disse): 'Gostaria de ouvir o que algum dos vossos mestres vos disse; *Jitvan,* filho de *Shilila,* disse-me que o órgão da fala é *Brahmân*'. '*Shilila* vos falou como alguém que tem mãe, pai e mestre, ao vos dizer que a palavra é o Absoluto. Por que, o que pode ter aquele que não fala? Mas Vos falou da Sua morada, de sua base?'. *Janaka* respondeu: 'Não, não me falou sobre isso'. 'O que vos disse é apenas um pé, Ó imperador'. 'Dize-me tu, Ó *Yâjnavalkya*'. Ele disse: 'A palavra é a Sua morada e o ar (*akâsha*) é a Sua base. Deve-se meditar Nele com inteligência'. 'O que é a inteligência, Ó *Yâjnavalkya*?'. 'É o órgão da palavra, Ó majestade. Porque Ele se conhece como o amigo. Por ele se conhece o *Rig-Vêda,* o *Yajur-Vêda,* o *Sâma-Vêda,* o *Atharvângirasa,* histórias e mitologia, as artes, as doutrinas secretas das *Upanishads,* os versos, os aforismos, as explicações e comentários, as cerimônias, as oferendas de comida e bebida ao fogo, este mundo e o o outro e todos os seres. A palavra (o órgão da fala), Ó imperador, é o Supremo *Brahmân.* O órgão da fala não abandona a quem que, compreendendo isso, medita Nele. Todos os seres vão a Ele e, como um *Deva,* vai aos *Devas*'. *Janaka* disse: 'Vos dou mil vacas com um touro tão grande como um elefante'. *Yâjnavalkya* replicou: 'Meu pai pensava que não se deve aceitar nada de um discípulo, sem lhe haver dado ensinamentos completos'".

COMENTÁRIO: Pelo que se pode compreender aqui, o rei *Janaka* tinha muitos mestres. *Jitvan,* filho de *Shilila,* disse a *Janaka* que o órgão da fala era *Brahmân.* O órgão da fala é, segundo as escrituras, o *Deva Agni,* o deus do fogo. O que pode fazer uma pessoa sem o órgão da fala? O que faz uma pessoa sem poder falar? A estas perguntas, *Yâjnavalkya* indagou se *Jitvan* lhe havia dito sobre a morada e a base do órgão da fala. *Janaka* respondeu que nada lhe havia sido dito sobre isso. *Yâjnavalkya* retrucou, dizendo-lhe que o que foi dito é apanas um pé, ou seja, uma parte do que deveria ser dito. *Yâjnavalkya* explicou a *Janaka* que o órgão da fala ou palavra é a morada do Absoluto e o *akâsha* é a Sua base, devendo-se meditar Nele, com inteligência, ou seja, com aguda concentração. *Janaka* lhe pergunta o que é a inteligência. Ele responde que esta é a palavra, pois, por intermédio dela, se conhece os *Rig, Yajur, Sâma Vêda, Atharvângira,* as *Upanishads,* os versos, as histórias, as cerimônias, as oferendas ao fogo, este mundo e o outro e todos os seres.

Por essa razão, a palavra é o Supremo *Brahmân*. A palavra não abandona aquele que sabe disso. Todos os seres vão até Ele, como um *Deva* vai aos *Devas*. *Janaka*, agradecido pelo ensinamento de *Yâjnavalkya*, lhe ofereceu mil vacas e um touro tão grande quanto um elefante. Ouvindo essa oferta, ele disse ao imperador que seu pai lhe havia dito que não recebesse nada de um discípulo sem antes lhe haver dado o ensimanento completo. No caso, *Janaka* não recebeu dele o ensinamento completo.

VERSO 3: "(*Yâjnavalkya* disse): 'Gostaria de ouvir o que algum dos vossos mestres vos disse'. '*Udanka*, o filho de *Shulba*, disse-me que o *prâna* é *Brahmân*', disse *Janaka*. (Replicou *Yâjnavalkya*): 'O filho de *Shulba* vos falou como fala quem tem mãe, pai e mestre, ao vos dizer que o *prâna* é o Absoluto. Por que o que pode ter aquele que não vive? Mas vos disse ele sobre sua morada e sua base?'. 'Não, não me disse'. (Disse *Yâjnavalkya*): 'O que ele vos disse é apenas um pé, Ó imperador'. 'Dize-me vós, Ó *Yâjnavalkya*'. 'O *prâna* é a Sua morada e o ar e o *akâsha* são o seu suporte. Deve-se meditar Nele como sendo O Amado'. (Disse *Janaka*): 'Qual é a essência do Amado, Ó *Yâjnavalkya*?'. É o *prâna*, Ó majestade', disse *Yâjnavalkya*. 'Porque, por amor à vida (ao *prâna*), um ser humano sacrifica aquele que não deveria sacrificar aceita oferendas de quem não as deveria aceitar. E é por esse amor à vida (ao *prâna*), Ó imperador, que se corre o risco de perder a própria vida em qualquer lugar onde se encontre. O *prâna*, Ó imperador, é o Supremo Absoluto. E Ele não abandona a quem, compreendendo isso, medita Nele. Todos os seres vão até Ele, como um *Deva* vai aos *Devas*'. *Janaka* lhe disse: 'Eu vos darei mil vacas e um touro tão grande quanto um elefante'. *Yâjnavalkya* replicou: 'meu pai pensava que não se deve aceitar nada de um discípulo sem lhe haver dado o ensinamento completo'".

COMENTÁRIO: O *prâna* pode ser assimilado ao *Deva Vayu*, o deus do vento, como a palavra é o fogo ou *Agni*. O *prâna* é aqui comparado ao Absoluto, como disse *Udanka*. Isto porque a vida está associada ao *prâna*, não existindo sem este. Sem o *prâna*, não existiria a vida. Por isso, ele é comparado a *Brahmân*. O *prâna* é a Sua morada e o ar e o *akâsha* são o seu suporte. Deve-se meditar Nele como sendo O Amado, cuja essência é o *prâna*. Por amor a Ele, o ser humano sacrifica por aquele que não deveria aceitar tal sacrifício. E, por amor ao *prâna*, corre-se o risco de perder a própria vida, onde quer que se encontre. O *prâna*, ou o Absoluto, não abandona as pessoas que sabem dessa identidade e Nele meditam. Daí, *Yâjnavalkya* replicou do mesmo modo que no verso anterior.

Deve ser aqui destacado que *Shankaracharya,* no seu monumental comentário ao *Brahma Sutra* ou *Vedanta Sutra* (MARTÍN, 2000), em alguns trechos, estuda a possibilidade de o *prâna* ser o Absoluto, principalmente nas páginas 222 a 224 do livro citado.

VERSO 4: "(*Yâjnavalkya* disse): 'Gostaria de ouvir o que alguém mais vos disse'. '*Barku,* filho de *Vrishna,* me disse que o olho é o Absoluto' (disse *Janaka).* 'O filho de *Vrishna* vos falou como fala quem tem mãe, pai e mestre, ao vos dizer que o olho é o Absoluto. Mas o que pode ter uma pessoa que não vê? Ele vos disse qual é a sua morada e o seu suporte?'. 'Não, não me disse'(respondeu *Janaka).* 'O que vos disse é apenas um pé, Ó majestade'. 'Dize-me vós, Ó *Yâjnavalkya*'. 'O olho é a Sua morada, e o *akâdha* é o seu suporte. Deve-se meditar Nele, como se fosse a Verdade'. 'Qual é a essência da Verdade, Ó *Yâjnavalkya*?'. 'É o olho, Ó majestade', disse *Yâjnavalkya.* 'Por isso, ao que vê com seus próprios olhos deve-se dizer: 'Tens visto?'. E a resposta: 'Sim, eu tenho'. Isto é a Verdade'. 'O olho, Ó majestade, não abandona a quem, compreendendo isso, medita Nela. Todos os seres vão a ela e, como um *Deva* vai aos *Devas*'. 'Vos darei mil vacas e um touro tão grande quanto um elefante', disse *Janaka. Yâjnavalkya* respondeu: 'Meu pai pensava que não se deve aceitar nada de um discípulo sem haver lhe dado um ensimento completo'".

COMENTÁRIO: Neste verso, há uma comparação ou equivalência entre o olho e o Absoluto. Mas *Barku,* filho de *Vrishna,* ou seja, quem fez essa afirmação, nada explicou sobre quem era a morada e o suporte do olho. Por isso, *Yâjnavalkya* disse a *Janaka* que o que lhe foi dito é apenas um pé, ou seja, uma parte do que deveria ser dito. Daí, *Yâjnavalkya* disse que o olho é a morada do Absoluto e o *akâsha* é o seu suporte. Em outras palavras, o olho é o Absoluto, a Verdade. Somente o que o olho vê pode ser verdadeiro. Os ouvidos podem enganar, mas o olho não. O Verso termina do mesmo modo que os anteriores.

VERSO 5: "(*Yâjnavalkya* disse): 'Gostaria de ouvir mais o que alguém dentre seus mestres vos disse'. '*Gardabhivipita,* filho de *Bharadvâja,* disse-me que o ouvido é *Brahmân'.* 'ó descendente dos *Bharadvajas* vos falou como fala quem tem mãe, pai e mestre, ao vos dizer que o ouvido é *Brahmân.* Por essa razão, o que pode ser uma pessoa que não ouve? Mas vos disse ele qual é sua morada e sua base?'. 'Não, ele não disse'. 'O que ele vos disse é apenas um pé, Ó majestade'. 'Então, dize-me vós, Ó *Yâjnavalkya*'. (Disse *Yâjnavalkya*): 'O ouvido é sua morada e o *akâsha* é a sua base. Deve-se meditar sobre Ele como sendo o Infinito'. 'Qual é a essência do Infinito, Ó *Yâjnavalkya?*'. 'Os quatro pontos cardeais, Ó majestade. Por isso, a qualquer direção que sigamos, nunca chegaremos ao fim. Os espaços são infinitos (os quatro pontos cardeais). Os espaços, Ó imperador, são o ouvido, e o ouvido, Ó imperador, é o Supremo *Brahmân*. O ouvido nunca abandona a quem, compreendendo isso, medita sobre Ele. Todos os seres vão até Ele, como um *Deva* vai aos *Devas*'. (Disse *Janaka*): 'Eu vos darei mil vacas e um touro tão grande quanto um elefante' *Yâjnavalkya* replicou: 'Meu pai era de opinião que não se deve aceitar nada de um discípulo sem lhe haver dado ensinamentos completos".

COMENTÁRIO: Aqui o ouvido é comparado ou assimilado ao Absoluto. Os quatro pontos cardeais ou os espaços são os *Devas* que presidem o ato de ouvir. Deve-se meditar no ouvido como sendo o Absoluto *Brahmân*. Em qualquer direção que sigamos, encontraremos sempre o espaço infinito e nunca chegaremos ao fim. Essa é a concepção do infinito associado ao ato de ouvir. A infinitude dos espaços é a infinitude do ato de ouvir. Por essa razão, o ouvido é o Absoluto.

VERSO 6: "*Yâjnavalkya* disse: 'Deixe-me escutar o que alguém dentre os presentes vos ensinou'. '*Satykaiâma*, filho de de *Jabâla*, me disse que a mente é o Absoluto *Brahmân*'. 'O filho de *Jabâla* vos falou como quem fala quem tem mãe, pai e mestre, ao vos dizer que a mente é o Absoluto, pois o que pode uma pessoa fazer sem a sua mente? Ele vos disse qual é a sua morada e a sua base?'. 'Não, ele não disse' (falou *Janaka*). 'O que vos disse não é nada mais que um pé'. 'Dize-me vós, Ó *Yâjnavalkya*'. 'A mente é a Sua morada e o *akasha* é o seu suporte. Deve-se meditar sobre Ele como se fosse a graça (plenitude)'. 'Qual é a essência da graça, Ó *Yâjnavalkya?*'. 'É a mente (o pensamento), Ó majestade', disse *Yâjnavalkya*. 'Porque é através da mente que um homem vai a uma mulher. E dela, tem um filho semelhante, que é a causa da felicidade. A mente, Ó imperador, é o Supremo *Brahmân*. A mente nunca abandona a quem, compreendendo isso, medita sobre Ele. Todos os seres vão até Ele, como um *Deva* vai aos *Devas*'. 'Eu vos darei mil vacas e um touro tão grande como um elefante', disse o imperador. *Janaka* replicou: 'Meu pai era de opinião que não se deve aceitar nada de um discípulo sem antes lhe haver dado o ensinamento completo".

COMENTÁRIO: A Lua, representada pela deidade denominada *Chandra*, é a deidade que preside a mente ou o pensamento. Ela traz felicidade ou graça. A mente, sendo felicidade, faz um homem se aproximar de uma mulher e com ela ter um filho parecido com ele e ser feliz. Daí se dizer, no verso, que a mente é felicidade ou graça. Por isso, ela é comparada ao Absoluto.

VERSO 7: "*Yâjnavalkya* disse: 'Gostaria de ouvir mais alguém dentre vossos mestres e o que eles disseram'. '*Vidaghdha*, filho de *Shakala*, disse-me que o coração é *Brahmân*'. 'O filho de *Shakala* vos falou como quem tem mãe, pai e mestre, ao vos dizer que o coração é o Absoluto, porque quem pode alcançar uma pessoa que não tem coração? Ele vos disse qual é o Seu suporte e a sua morada?'. 'Não, não me disse'. 'O que vos disse é apenas um pé, Ó majestade'. 'Digais vós, Ó *Yânavalkya*'. 'O coração é a Sua morada e o *akâsha* é o seu suporte. Deve-se meditar Nele como se fosse o equilíbrio'. 'O que é o equilíbrio, Ó *Yâjnavalkya*?'. 'É o coração', disse *Yâjnavalkya*. 'Verdeiramente, Ó majestade, o coração é a Sua morada e a base de todos os seres. Nele, todos os seres permanecem. O coração, Ó majestade, é o Supremo *Brahmân*. O coração não abandona nunca aquele que, compreendendo isso, medita sobre Ele. Todos os seres vão até Ele, como um *Deva* vai aos *Devas*'. 'Eu vos darei mil vacas e um touro tão grande quanto um elefante'. *Yâjnavalkya* contestou: 'Meu pai me disse que não se deve aceitar nada de um discípulo sem o haver ensinado o ensimento completo'".

COMENTÁRIO: Segundo *Nikilananda* (p. 256), a deidade que controla o coração é *Hiranyagarbha*. Foi dito em III, ix, 24 que todos os seres consistidos de nome, forma e ação repousam no coração e dele dependem. A alegoria de que o *Brahmân*, ou o *Âtman*, reside no coração é algo recorrente nas *Upanishads*. Por isso, ele é comparado ao Absoluto. O coração seria a morada e a base de todos os seres, pois todos eles possuem o *Âtman*. Pelo que se pode compreender do final de cada verso deste capítulo, ao rei *Janaka* não foi dado o ensinamento completo. Ele era um discípulo a quem faltava algo mais para poder compreender o Absoluto.

SEGUNDO *BRÂHMANA*
O SER INDIVIDUAL
(CONCERNENTE AO SER)

VERSO 1: "*Janaka*, imperador de *Videha*, erguendo-se do seu trono e acercando-se de *Yâjnavalkya*, disse: 'Eu vos saúdo, Ó *Yâjnavalkya*. Por favor, me instrua'. *Yâjnavalkya* disse: 'Como quem deseja fazer uma longa viagem, Ó majestade, toma uma carruagem ou um barco, assim, tens a mente preparada com muitos nomes secretos de *Brahmân*. És rico e respeitado e tens estudado os *Vêdas* e escutado os ensinamentos secretos. Mas aonde irás ao deixar este corpo?'. Não sei, Ó senhor, aonde irei'. 'Eu vos direi aonde irás, Ó *Janaka*'. 'Dize-me, Ó venerável senhor'".

COMENTÁRIO: *Yâjnavalkya*, mestre do conhecimento espiritual, conhecia todos os aspectos do Absoluto *Brahmân* e seus atributos. Aqui o imperador foi humilde, ao se erguer do seu trono para indagar *Yâjnavalkya*, prostrando-se aos seus pés. Ao perceber tal atitude e lendo os pensamentos do imperador, *Yâjnavalkya* lhe disse que ele estava preparado por meditar muito sobre os diversos nomes do Absoluto. Além disso, era rico e respeitado, estudioso dos *Vêdas*, tendo escutado as *Upanishads* dos seus mestres. Mas, apesar disso, estava longe de alcançar o objetivo da sua vida, até que conseguisse perceber o Absoluto. Foi-lhe feita a pergunta sobre aonde iria ao deixar seu corpo. O imperador, ao deixar seu corpo, era como alguém que tomaria uma carrugaem ou um barco para essa viagem. O imperador nada sabia sobre o destino após a morte. Com humildade, o imperador indaga a *Yâjnavalkya* aonde iria após a morte.

VERSO 2: "Aquele ser que se encontra no olho direito se chama *Indha*. Mas, indiretamente, se chama *Indra*, em vez de *Indha*. Isto porque os *Devas* parecem preferir o misterioso ao certo".

COMENTÁRIO: Aqui há uma referência ao *Deva* que se encontra no olho direito. Em IV, 1, 14, foi dito que o olho é o Absoluto. Ele se chama *Indra* em vez de *Indha* porque os *Devas* preferem o misterioso. Essa deidade associada ao olho direito também é chamada *Vaishvânara*. Essa expressão se encontra na *Mândukya Upanishad,* verso 9, ao se referir aos estados de consciência do ser humano.

VERSO 3: "A pessoa que está no olho esquerdo é a sua esposa, *Virâj*. O espaço que se encontra dento do coração é o seu lugar de união. Seu alimento é o pedaço de sangue no coração. A estrutura em forma de rede do coração é o manto que os cobre. O canal que vai do coração para cima é o caminho no qual se move. Ele é semelhante a um cabelo dividido em mil partes. No corpo, há canais chamados *hitâ,* que são encontrados no coração. Através deles caminha a essência do alimento. Por isso, o corpo sutil recebe um alimento mais fino que o do corpo físico".

COMENTÁRIO: Aqui há uma referência aos canais sutis chamados *nadi*. Eles não se encontram no corpo físico, e sim no corpo sutil. Através desses canais circulam os diversos *prânas* para alimentarem o refererido corpo sutil, do mesmo modo que o sangue que circula em veias e artérias alimenta o corpo físico.

A figura abaixo é uma representação das *nadis*.

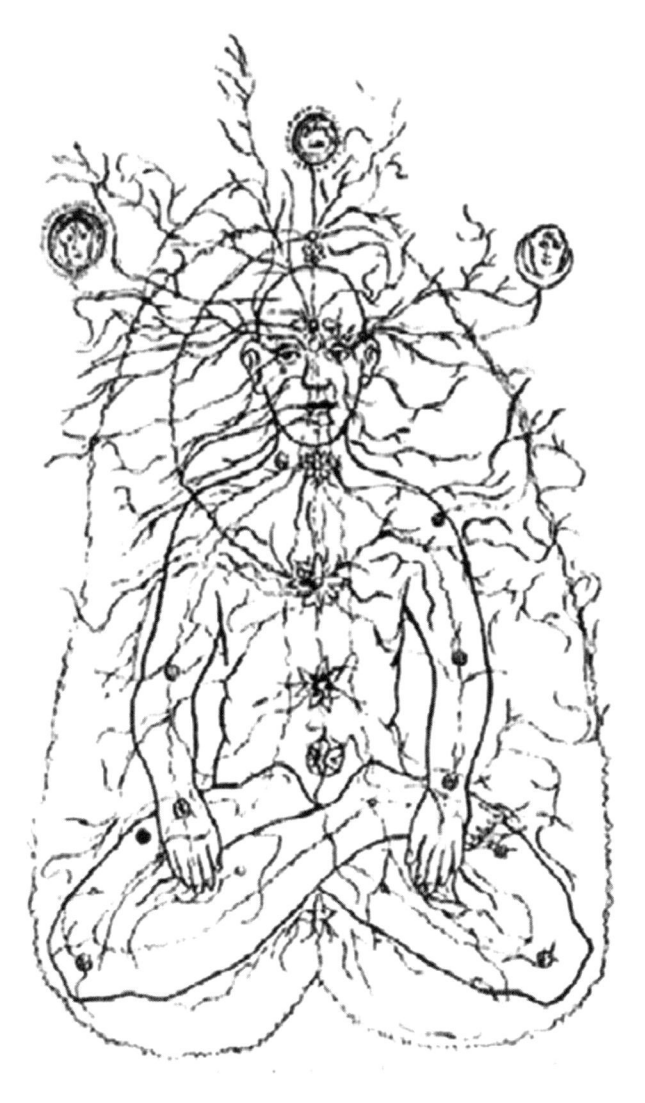

Figura 2: Nadis e Chakras: Extraído de KALYAMA, Acharya (2003). *Yoga: Repensando a Tradição*. São Paulo, Ibrasa, p. 195.

Virâj, a matéria, e a esposa de *Indra,* que é o ser chamado *Vaishvanara*, tornam-se unidos na fase dos sonhos. De que modo isso ocorre? O espaço do coração, onde se encontra a massa de sangue, é o lugar de união deles. É local onde *Indra* e sua esposa desfrutam da companhia um do outro. O alimento deles é o sangue que se encontra no coração. Mas o alimento que os seres humanos comem adquire dois aspectos, ou seja, a parte mais densa vai alimentar o corpo físico e segue para baixo, onde é eliminada; a outra, a mais fina, alimenta o corpo sutil através das *nadis*, originando *Indra,* no verso identificado com o corpo sutil (*Taijasa*). *Indra* e sua esposa estão cobertos por um manto, que é a rede do coração. Essa rede é formada pelas *nadis* que nele se encontram. Através da *nadi* que parte do coração e segue para cima, ambos se movem, *Indra* e sua esposa. Nessa *nadi,* ambos, *Indra* e sua esposa se movem, como se vai do sono com sonhos ao estado de vigília. Diz o verso que essa *nadi* é muito fina, da espessura de um cabelo partido em mil partes. Do coração partem inúmeras *nadis* no verso denominadas *hitâ.* Há textos do Yoga que dizem que elas são 300 mil, enquanto outros falam de 70 mil. Isso certamente significa que são muitas. O Yoga denomina o corpo sutil por *Linga Sharîra.*

VERSO 4: "Ó iluminado sábio (identificado com *Prâjna* no sono profundo), a região oriental é o *prâna* oriental, a região meridional é o *prâna* meridional, a região ocidental é o *prâna* ocidental, a região setentrional é o *prâna* setentrional, a energia superior é o *prâna* superior, a energia inferior é o *prâna* inferior. E todas as regiões são os diferentes *prâna*s, para o sábio. Aquele Ser pode ser definido como "Não é isto, não é isto", é imperecível porque nunca pode ser percebido; indestrutível porque nunca se destrói; intocável porque não pode ser tocado. Não tem apegos. Não sente dor, não sofre dano algum. Verdadeiramente, Ó *Janaka*, alcançastes Aquele que está livre do medo', disse *Yâjnavalkya*. 'Venerável *Yâjnavalkya*', disse o imperador, possa Esse *Brahmân* sem medo ser vós também, por O haveres feito conhecido a nós, o *Brahmân* sem medo. Saudações a vós! Aqui está o Império de Videha e também a mim mesmo, ao teu serviço".

COMENTÁRIO: Aqui há uma honrosa referência ao sábio *Yâjnavalkya*, denominado de iluminado pelo imperador *Janaka.* Este faz referência aos diversos tipos de *prânas,* das regiões oriental, meridional, ocidental, setentrional e superior. Todas essas regiões são os diferentes *prânas,* para o sábio. Diz ainda o verso que Aquele, ou seja, o Supremo *Brahmân,* só pode ser definido pela expressão "Não é isto, não é isto", já especificada antes. Daí, segue dizendo que Aquele Ser é imperecível, indestrutível, intocado, sem apegos, insensível à dor e incapaz de sofrer danos. O verso termina com uma humilde declaração de *Janaka,* colocando aos pés de *Yâjnavalkya* seu império e a si mesmo. O corpo (*Prâjna*) identificado com o coração é mantido pelo *prâna*. Este se localiza no coração, que é a sede da mente. Há uma clara referência aos estados de consciência descritos pela *Mandukya Upanishad: Vaishvanara* (vigília); *Taijasa* (sono); *Prâjna* (sono sem sonhos) e *Turya* (estado de consciência superior). O sábio identifica a si mesmo com esses estados e com os *prânas,* que incluem a todos. O estado e *Turya,* ou seja, a percepção do Absoluto, é definido por "Não é isto, não é isto".

TERCEIRO *BRÂHMANA*
O SER, A LUZ NO SER HUMANO
(INVESTIGAÇÃO DOS TRÊS ESTADOS)

VERSO 1: "*Yâjnavalkya* foi até *Janaka,* imperador de Videha. Ele disse a si mesmo: 'Nada vou dizer'. Mas *Janaka,* imperador de Videha, e *Yâjnavalkya* haviam falado sobre o sacrifício *Agnihotra,* e *Yâjnavalkya* lhe havia oferecido um favor. Ele escolheu perguntar-lhe o que desejasse. *Yâjnavalkya* lhe permitiu. Então, o imperador começou a perguntar".

COMENTÁRIO: Aqui *Yâjnavalkya* foi até onde se encontrava o Imperador de Videha, e durante o caminho pensou em nada lhe dizer. O motivo da sua visita era adquirir outras riquezas, como fez anteriormente. *Yâjnavalkya* explicou a *Janaka* tudo o que este lhe perguntou. Mas porque desistiu de permemanecer em silêncio? A resposta está no fato de antes ambos terem conversado sobre o ritual do fogo. Por essa ocasião, *Yâjnavalkya* prometeu ao imperador lhe prestar um favor. *Janaka* optou por lhe indagar o que desejasse. *Yâjnavalkya* concedeu ao imperador a realização do seu desejo. Pois, *Janaka* começou a lhe indagar, apesar de *Yâjnavalkya* parecer estar disposto a continuar em silêncio.

VERSO 2: "Disse *Janaka*: '*Yâjnavalkya,* qual é a luz de um ser humano?'. 'A luz do sol, Imperador', disse *Yâjnavalkya,* 'pois com a luz do sol ele se senta, caminha, trabalha e retorna'. 'Assim é, Ó *Yâjnavalkya*'".

COMENTÁRIO: A pergunta de *Janaka* se refere à luz que o ser humano usa na sua vida diária. Ao que parece, a pergunta se refere ao uso de uma luz que faz parte do seu corpo, ou uma luz que se encontra dentro do seu corpo? Mas qual seria a diferença de se usar uma luz que faça parte do corpo ou outra que dele não faça parte? A resposta indicou uma luz fora do corpo, a luz do Sol. A luz do Sol é aquela através da qual o ser humano se senta, caminha, trabalha e retorna. A luz do sol é quem dá a vida. Daí a sua importância.

VERSO 3: "Quando o Sol se põe, Ó *Yâjnavalkya,* qual é então, a luz para o ser humano?'. 'A Lua é essa luz, pois, com a luz da Lua, ele se senta, caminha, trabalha e regressa'. 'Assim é, Ó *Yâjnavalkya*'".

VERSO 4: "'Quando o Sol se põe e se oculta a Lua, Ó *Yâjnavalkya*, qual é então a luz para o ser humano?'. 'O fogo é essa luz, pois, com o fogo, ele se senta, caminha, trabalha e regressa'. 'Assim é, Ó *Yâjnavalkya*'".

VERSO 5: "'Quando o Sol se põe, se oculta a Lua e se apaga o fogo, Ó *Yâjnavalkya*, qual é então a luz para um ser humano?'. 'A voz é a sua luz, pois com a voz ele se senta, caminha, trabalha e retorna. Por isso, Ó imperador, quando não se pode ver nem sequer a própria mão e se ouve uma voz, é possível orientar-se até ali'. 'Assim é, Ó *Yâjnavalkya*'".

COMENTÁRIO: Os versos 3 e 4 se assemelham. Neste, a voz significa "som". O som estimula o ouvido, possibilitando ao ser humano agir. Aqui o som, ou o ouvido, é superior à luz. Por isso, quando o fogo se apaga, o Sol se põe e a Lua se esconde, é a voz quem orienta o ser humano. Ao ouvir essa explicação, *Janaka,* o imperador, concordou com *Yâjnavalkya.*

VERSO 6: "'Quando o Sol se põe, se oculta a Lua e se apaga o fogo e se cala a voz, Ó *Yâjnavlakya*, qual é então, a luz para o ser humano?'. 'O Ser é a sua luz, pois, com a luz do Ser, ele se senta, caminha e regressa'. 'Assim é, Ó *Yâjnavalkya*'".

COMENTÁRIO: Quando até mesmo a voz cessou, qual é a luz do ser humano? A resposta de *Yâjnavalkya* ao imperador foi que essa luz é o Ser, ou seja, o Absoluto *Brahmân.* Quando o olho e os demais órgãos são ajudados pelo Sol, então, o ser humano tem vitalidade e se movimenta. Mas quando até a voz é silenciada, além dos órgãos, a luz do ser humano é a luz de *Brahmân* ou do *Âtman.* Sem a luz, o corpo e os sentidos não podem realizar suas funções.

VERSO 7: "'Quem é o Ser?'. 'Ele é o Espírito Infinito (*Âtman*), que é identificado com o intelecto (*budhi*) entre os sentidos, a brilhante luz dentro do coração, e, sendo Ele mesmo, adota uma aparência e se move entre os dois mundos. Parece que pensa, parece que se move, já que ao identificar-se com o sono profundo transcende este mundo constituído pelas formas da morte'".

COMENTÁRIO: À pergunta de *Janaka* sobre qual é as luz do ser humano quando até mesmo a voz cessou, *Yâjnavalkya* lhe responde que essa luz é a do Ser Interno, a luz do *Âtman,* que é identificado a *budhi,* Ele que brilha dentro do coração. Esse Ser, ao estar em qualquer dos mundos, assume um corpo físico, se no corpo físico; sutil, se no mundo sutil. Esse Ser parece que pensa, que se move. Ele é identificado com o sono profundo, o sono sem sonho, o estado de *Prâjna*. Nesse estado, Ele transcende este mundo físico, constituído pelas formas da morte. Isto porque tudo neste mundo material é constituído por substâncias perecíveis, ou seja, pelas formas da morte. O Ser é aqui identificado com a *budhi*, porque esta nos ajuda a compreender todas as coisas. Tudo é percebido através da luz do intelecto. Isto, no que se refere ao conhecimento ordinário. O intelecto é aquele que é iluminado pela luz do Ser. Aqui há uma referência à reencarnação, ao ser dito que o Ser se move entre dois mundos. Isso ocorre quando o Ser se identifica com o corpo e com a mente, o Ego. Isso ocorre em virtude da ignorância, *avidyâ*. Esse estado de falsa identificação não é o estado natural do Ser. Este é o estado de permanente bem-aventurança, *Sat-Chit-Anada*. Quando o intelecto se identifica com o sono profundo, o Ser também assume a forma do sono profundo. Quando o intelecto desperta, o Ser também desperta. Tudo em virtude da *avidyâ*. Despetar, sonhar e sono sem sonho são diferentes modificações do intelelecto. Diz *Nikilananda* (p. 265) que é a luz do Ser quem faz tais modificações possíveis.

VERSO 8: "O ser humano, ao nascer e assumir um corpo, une-se aos males e, ao morrer e deixar o corpo, abandona esses males".

COMENTÁRIO: Quando ainda no seu corpo, uma pessoa se identifica com o sono profundo, e ao deixar seu corpo, vive na luz do *Âtman,* transcendendo assim, seu corpo e seus órgãos. É esse ser humano ao qual se refere o verso. Ao nascer, logo se identifica com os males do corpo que assumiu. Quando morre, volta a assumir outro corpo e, assim, abandona os males desse primeiro corpo. Quais seriam esses mundos entre os quais o ser humano se move?

VERSO 9: "Aquele Ser tem duas moradas, esta e a do outro mundo. E, o estado de sono com sonhos, a terceira, é uma junção das duas. Quando se encontra nesse lugar intermediário, olha as duas outras moradas, esta e a do outro mundo. E as capacidades com a quais se apresenta ao outro mundo lhes proporcionam visões desagradáveis ou agradáveis. Quando sonha, seleciona uma pequena parte dos elementos que constituem este mundo, que abarca todas as coisas. Ele mesmo elimina seu corpo e cria outro, manifestado ao sonhar o brilho da sua própria luz. Nesse estado, o ser humano cria sua própria luz".

COMENTÁRIO: Trata-se de um verso profundo e belo. Além deste e do outro mundo, o Ser tem outra morada, uma terceira constituída pela junção das duas, que é o estado de sono sem sonho. Desta terceira morada o Ser pode contemplar as duas primeiras. Quando em estado de sonho, seleciona partes do mundo material. A partir daí, cria outro corpo semelhante ao corpo material. Vale aqui, citar um pensamento de Ramana Mahashi (MAHASHI, 1975):

> "O Real é contínuo e não influenciado. É o ego que reencarna, e pertence ao plano inferior, a saber, o pensamento. Em qualquer plano em que aconteça de a mente agir, ela cria um corpo para si mesma; no mundo físico, um corpo físico, no mundo onírico, um corpo onírico. Agora, deve ficar claro que não há nem nascimento real nem morte real. É a mente que cria e conserva a ilusão pela compreensão de si mesma".

Como se pode verificar, este pensamento de Ramana Mahashi diz respeito ao verso 9. Onde quer que se encontre a mente, ela cria um corpo para si.

VERSO 10: "Não existe nesse estado, nem cavalos, nem carruagens, nem caminhos. Sem dúvida, Ele cria carruagens, cavalos e caminhos. Não há ali prazeres nem alegrias, nem satisfações. Sem dúvida, ele cria os prazeres, as alegrias, as satisfações. Tampouco há ali fontes, tanques de água e rios. Sem dúvida, Ele cria fontes, tanques e rios, porque Ele é o sujeito criador".

COMENTÁRIO: Neste verso, o autor anônimo desta *Upanishad* nos diz que no sonho não há objetos, tais como cavalos, carruagens ou caminhos. Entretanto, ele, o sonho, cria cavalos, carruagens e caminhos.

---
36. Se refere ao estado de vigília, que é a outra morada do Ser.

Mas, como se dá isso? O verso responde que o sonho seleciona uma parte pequena dos elementos que constituem nosso mundo material, para criar os objetos citados e outros que ocorrem no sonho. O sonho é o sujeito criador. No sonho, não há instrumentos criadores como as mãos ou os pés. A luz do Ser, que é pura consciência, ilumina o corpo e os órgãos através da mente, e eles, os órgãos e o corpo, realizam suas funções ao ser iluminados por ela. A luz do Ser não atua diretamente, exceto ao iluminar todas as coisas.

VERSO 11: "Em relação a isso, há os seguintes versos muito expressivos:

> O Luminoso, o Infinito Espírito,
> solitário como um cisne,
> deixa em um lado o corpo
> e, manifestando-se desperto no sonho
> adquire o reflexo das suas funções,
> apesar de observar aos que dormem.
> Depois, volta à sua outra morada.[36]

COMENTÁRIO: O autor anônimo não diz a fonte da qual foram extraídos os versos citados. O Luminoso ao qual se refere os versos é o *Âtman*, solitário como um cisne. Ele deixa de lado o corpo, ou seja, Ele migra de uma vida para outra, ou do sonho para o despertar. Durante o sonho, enquanto nossa consciência de vigília se apaga, o *Âtman* permanece desperto, adquirindo o reflexo das funções corporais, enquanto observa os que dormem. Adquirir o reflexo das funções corporais pode ser interpretado como "adquirir as impressões criadas pelos objetos externos e transformadas em modificações da mente em pensamentos". O Ser se move entre os estados de sonho e vigília. Ao sair do sonho, retorna à Sua outra morada, o estado de vigília e outros já referidos.

VERSO 12:

> "O Luminoso, o Infinito Espírito
> solitário como um cisne,
> o Ser Imortal,
> proteje Seu impuro abrigo
> com a ajuda do *prâna*
> e, por ser Imotal,
> move-se para fora do abrigo impuro
> e vai aonde quer".

COMENTÁRIO: Uma interpretação para a expressão "impuro abrigo", segundo *Nikilananda* (p. 269), é o próximo corpo onde vai habitar o *Âtman*. Esse corpo é mantido, mesmo impuro, pelo *prâna*. Como o *Âtman* é imortal, sai desse corpo impuro e vai onde assim desejar.

VERSO 13:

> "No mundo do sonho,
> o que brilha se eleva e desce
> criando inúmeras formas.
> Às vezes parece que desfruta e ri,
> em companhia de alguma mulher.
> Outras vezes, parece que vê coisas terríveis".

COMENTÁRIO: Quando está no mundo do sonho, o Luminoso Ser brilha como um deus e desce ao estado animal. Esse Luminoso Ser cria inúmeras formas, ou seja, as coisas e os seres vivos. Às vezes, parece que desfruta e ri, como se estivesse em companhia de mulheres e amigos, e também pode ver coisas terríveis, como feras ameaçadoras.

VERSO 14: "Todos veem sua atividade e suporte, mas niguém O vê. Eles dizem: 'Não O despertes bruscamente. Porque, se não se encontra em lugar correto, é difícil curar o corpo'. Também eles dizem: 'O estado de sono com sonhos para uma pessoa é realmente, o estado de vigília, já que vê em sonhos unicamente as coisas que vê quando desperto. Mas, em verdade, nos sonhos o ser humano é a sua própria luz. *Janaka* disse: 'Vós darei mil vacas, ó *Yâjnavalkya*. Ensina-me algo mais sobre a libertação, por favor'".

COMENTÁRIO: Todas as pessoas veem a sua atividade, ou seja, a criação de pessoas, coisas, cidades, mulheres, alimentos, etc. O Ser cria tudo isso, mas, ninguém O vê, apesar de estar diante daquelas imagens que cria ou diante de tudo. Durante o sonho, o Ser é diferente do corpo, sendo, ele mesmo, Luz. Os médicos dizem que não se deve despertar bruscamente uma pessoa que dorme. Isso pode lhe causar problemas físicos e psíquicos. Talvez isso se deva ao fato de o Ser, ao sair de o corpo, ter de fazê-lo devagar. No sonho, o Ser sai do corpo. Ao ser arrebatado do corpo bruscamente, o Ser pode não encontrar os órgãos do corpo em condições de ajudá-lo a sair deste. Por essa razão, o verso afirmar que, se o Ser não se encontra em lugar correto, não se pode curar o corpo. O Ser assim arrebatado não poderia retornar pelas portas dos órgãos por onde saiu e depois assumir as funções corporais anteriores. Durante o sonho, as pessoas veem o que veem no estado de vigília ou algo parecido. No estado de sonho, o ser humano é a sua própria luz, ou seja, no sonho, a luz do ser humano é a luz do *Âtman*. O verso conclui com a conhecida frase de *Janaka,* ao lhe prometer mil vacas, caso *Yâjnavalkya* lhe revele algo mais sobre a Libertação Espiritual.

VERSO 15: "*Yâjnavalkya* disse: 'Depois de o Ser ter experimentado, depois de ter vagado e haver visto simplesmente o bem e o mal, no estado de sono profundo, volta em direção oposta até o local de onde partiu, até o estado de sonho. Ele permanece inafetado pelo que viu naquele estado. Porque o Ser Infinito é incondicionado'. *Janaka* disse: 'Assim é, ó *Yâjnavalkya.* Vos darei mil vacas. Ensina-me mais sobre a libertação espiritual'".

COMENTÁRIO: O Ser é o *Âtman.* Antes de entrar no estado de sono profundo, o Ser, em estado de sonho, desfruta da companhia de amigos, etc. Nada do que viu naquele estado de sono profundo o afeta, pois este é inafetado, intocado, incondicionado. Ao explicar isso a *Janaka,* este promete, mais uma vez, dar-lhe mil vacas, pedindo-lhe, em seguida, que ensine mais sobre a Libertação Espiritual. Deve ser dito aqui que o Ser não participa de nenhuma ação, boa ou má, durante o sonho. Ele é a Testemunha Serena, o Observador Silencioso. No estado de vigília, o ser humano é atingido por impurezas diversas em decorrência das atividades dos seus órgãos.

VERSO 16: "*Yâjnavalkya* disse: 'Depois de haver vagado e ter visto simplesmente o bem e o mal, em estado de sonho, retorna na direção oposta até o local de onde partiu, o estado de vigília. Nada do que viu naquele estado o afeta porque o Ser Infinito é incondicionado'. Disse *Janaka*: 'Assim é, ó *Yâjnavalkya.* Eu vos darei mil vacas. Ensina-me mais sobre a Libertação Espiritual'".

COMENTÁRIO: Diz *Nikilananda* (p. 272) que se o Ser fosse atigido por desejos no estado de sonho, ao retornar ao estado de vigília, seria afetado pelo mal, em razão do desejo. Mas isso não ocorre. Isso seria uma demonstração de que o Ser permanece intocado durante o sonho.

VERSO 17: "*Yâjnavalkya* disse: 'Após o *Âtman* haver experimentado, depois de haver vagado e ter visto simplesmente o bem e o mal no estado de vigília, retorna em direção oposta ao local de onde partiu, o estado de sono profundo'".

COMENTÁRIO: Nada do que o *Âtman* viu (por meio do corpo físico) em estado de vigília o afeta porque Ele é um Ser inafetável, incondicionado, imperecível, infinito. Nos três versos precedentes, a ideia aqui descrita foi estabelecida, ou seja, o Ser é luz distinto do corpo e seus órgãos, sendo livre do desejo e não atingido por nada. Esse Ser se move do estado de vigília ao de sonho, deste para o estado de sono profundo, então retornando aos estados de sonho e de vigília, ou seja, o estado desperto. Esse ciclo se repete, continuamente. Tudo isso evidencia que o Ser é distinto desses três estados citados.

VERSO 18: "Como um grande peixe nada nas duas margens (de um rio), ao leste e ao oeste, assim o Ser Infinito se move nos dois estados, de sono e vigília".

COMENTÁRIO: Neste verso há uma analogia entre o *Âtman* e um peixe. Assim como este último nada, margeando os dois lados de um rio, também o *Âtman* se move entre os estados de sono e vigília. O corpo e seus órgãos são atributos do mundo material, sendo distintos do *Âtman*. Sua existência relativa entre esses estados se deve apenas às limitações impostas pela ignorância, adquiridas ao possuir um corpo. No estado de vigília, o Ser, por ignorância, possui apegos, corpo e morte. No estado de sono com sonhos é dependente do desejo, porém livre da morte. No sono profundo, o Ser é desprovido de apegos, sendo dotado de grande serenidade.

VERSO 19: "Assim como uma águia ou um falcão depois de voarem no céu, se cansam, dobram suas asas e se encaminham aos seus ninhos, assim também aquele Ser se dirige a esse estado em que não tem nenhum desejo, não vê nenhum sonho".

COMENTÁRIO: Aqui, há uma analogia entre um falcão ou uma águia e o *Âtman*. Assim como os dois primeiros, após voarem nos céus se cansam, dobrando suas asas e voltando aos seus respectivos ninhos, o *Âtman* se dirige àquele estado em que, dormindo, nada deseja e não vê nenhum sonho. Como a águia deste verso vai ao seu ninho após se cansar, o ser humano, apegado aos resultados das próprias ações (em virtude do contato com o corpo e seus órgãos na vigília ou sonho), se cansa. Se bem que não esteja presente no verso, a palavra *samlaya* significa "um lugar de perfeito repouso", segundo *Nikilananda* (p. 274). Essa palavra está no verso para se referir ao ninho, ao local para onde retorna a águia depois de se cansar. O estado no qual não há nenhum desejo referido neste verso é o estado de sono profundo, citado no verso anterior.

VERSO 20: "Há no Seu corpo canais (*nadis*) denominados *hitâ*, os quais são tão finos quanto um cabelo dividido em mil partes e estão cheios de fluidos de cores brancas, azuis, marrons, verdes e vermelhas. Aqui, quando (sente) como se o estivesse matando ou derrotando, ou quando é perseguido por um elefante, ou cai em um poço, está imaginando por ignorância qualquer coisa aterradora experimentada no estado de vigília. E quando (se sente) como se fosse um *Deva* ou um rei, e pensa: 'Tudo isto sou eu, sou todas as coisas', este é o estado mais elevado".

COMENTÁRIO: Aqui há uma referência ao corpo sutil. Ele é constituído por 17 partes: os cinco elementos, os dez órgãos, o *prâna* e a mente. À semelhança de um transparente cristal, esse corpo possui canais denominados *nadis,* como já foi visto antes. Em contato com os fluidos citados que se encontram nesses canais, o corpo sutil passa por mudanças sob a influência dos seus méritos ou deméritos antigos manifestando-os sob a forma de sonhos. Pelo seu contato com o mundo físico por meio do corpo (fluidos e nervos), o corpo sutil sofre mudanças mediante seus méritos ou deméritos, culpas ou alegrias passadas, manifestando-as sob a forma das figuras que aparecem nos sonhos, como casas, animais, pessoas, etc. Vamos citar um exemplo: uma pessoa, por ignorâncias baseadas em impressões de vidas passadas ou em períodos anteriores desta mesma vida, crê que algumas pessoas são suas inimigas, perseguindo-a durante seus sonhos. Se essa pessoa que adquiriu amizades em vidas passadas ou nesta, crê que essas pessoas lhe oferecem presentes durante os seus sonhos. Ninguém a está perseguindo ou presenteando-a. Tudo não passa de um engano oriundo de impressões passadas, criadas por ignorância. Um ser humano que alcança grande grau de evolução espiritual e mente pura, mediante práticas de meditação e austeridades, identifica-se com os *Devas* ou com um rei, no estado de vigília ou no estado de sonho. Quando, no estado de vigília, sua ignorância é muito pequena e o conhecimento que possui cresce, então, no estado de sonho, ele sente que se torna todas as coisas, tudo. Essa ideia surge quando realiza o *Âtman*. As consequências desse estado de realização do *Âtman* são percebidas durante os sonhos.

VERSO 21: "Esta é a Sua forma, que está livre dos desejos, livre dos males e do temor. Assim como um homem abraçado pela sua querida esposa não percebe nada exterior nem interno a si mesmo, assim também aquele infinito ser, abraçado pelo Ser Absoluto, não percebe nada externo nem nada interno. Essa é a Sua verdadeira forma, aquela em que se cumpriram todos os desejos que não eram senão desejos do Ser. Nele, não há desejos nem sofrimentos".

COMENTÁRIO: Nesse verso é apresentada a Libertação Espiritual sob a forma de identificação com o todo. Isso surge mediante o conhecimento da Verdade, o Conhecimento de *Brahmân*. Essa identificação também surge no estado de sono profundo. Assim como o homem que é abraçado por sua esposa querida não percebe nada externo ou interno, seu *Âtman*, abraçado pelo Absoluto *Brahmân*, não percebe nada externo ou interno a Si mesmo, quando encarnado. Esse estado de Graça Absoluta, quando identificado com *Brahmân,* é a verdadeira natureza do *Âtman*. Essa natureza é aquela em que se cumpriram todos os desejos, sendo estes, os desejos de realização espiritual. No *Âtman* não há desejos nem sofrimentos.

VERSO 22: "Nesse estado, um pai não é pai, uma mãe não é mãe, os mundos não são mundos, os deuses não são deuses, os *Vêdas* não são *Vêdas*. Nesse estado, um ladrão não é um ladrão, o assassino de um nobre *brâhmane* não é um assassino, um *candâla* ou um *pulkasa* deixam de sê-lo, um monge não é um monge nem um ermitão é ermitão. Esse estado não está condicionado ao bem ou ao mal. Está mais além dos sofrimentos do coração".

COMENTÁRIO: Tanto a parternidade como a maternidade são condições humanas em relação às quais o Ser está desvinculado no estado de sono profundo. O Ser também está desvinculado dos mundos, dos *Devas*, dos *Vêdas*. Nesse estado, em que um ladrão não é ladrão, um assassino não é um assassino, mesmo que tenha matado um *brâhamane*. As palavras *candâla* e *pulkasa* significam pessoas que pertencem às castas inferiores. Podem ser *shudras*, ou uma pessoa nascida de um pai *shudra* e de uma mãe da casta dos *brâhmanes*. A palavra *pulkasa* se refere mais apropriadamente a uma pessoa nascida de pai *shudra* e de uma mãe *kshatrya*. No sono profundo, uma pessoa não possui obrigações monásticas ou em relação à vida ascética. Esse estado está muito além dos sofrimentos do coração.

VERSO 23: "Quando aparecem visões nesse estado (sono profundo), ele não vê, porque a visão da Testemunha Silenciosa nunca se perde, é indestrutível. E não existe nada separado do Ser que possa ser visto".

COMENTÁRIO: Parece que nesse verso está dito que o Ser não vê, quando em estado de sono profundo. Não é isso que ocorre. Ele vê nesse estado. O verdadeiro vidente é o Ser, a Testemunha Silenciosa, não os olhos. Pode ser dito aqui que no estado de sono profundo, quando a mente se apaga e os olhos e os outros sentidos não funcionam, o Ser não vê, ainda que veja todo o tempo, pois não vê com os olhos. Nada existe fora Dele, que possa ser visto. Tudo está Nele.

VERSO 24: "Ele não percebe odor nesse estado, porque, sem percebê-lo, está percebendo o odor, em verdade. A percepção do odor por aquele que o percebe nunca se perde, já que é indestrutível. Mas não existe nada separado Dele que possa ser cheirado".

VERSO 25: "Ele não percebe sabor nesse estado porque, sem sentir sabor, está sentindo o sabor em verdade. A percepção do sabor por Aquele que o sente nunca se perde, já que Ele é indestrutível. Mas, não existe nada separado Dele que possa ser saboreado".

VERSO 26: "Ele não fala nesse estado, porque sem falar está falando, em verdade. A capacidade de falar Daquele que fala nunca se perde, já que Ele é indestrutível. Mas não existe nada separado Dele, que possa falar".

VERSO 27: "Ele não ouve nesse estado, porque sem ouvir está ouvindo, em verdade. A audição Daquele que ouve nunca se perde, já que Ele é indestrutível. Mas não existe nada separado Dele que possa ser ouvido".

VERSO 28: "Ele não pensa nesse estado, porque sem pensar pensa, em verdade. O pensamento Daquele que pensa nunca se perde, já que Ele é indestrutível. Mas não existe nada separado Dele que possa ser pensado".

VERSO 29: "Ele não percebe a sensação tátil nesse estado, porque sem sentir essa sensação Ele sente-a, em verdade. A sensação tátil Daquele que a sente nunca se perde, já que Ele é indestrutível. Mas nada existe separado Dele que possa ser sentido pelo tato".

VERSO 30: "Ele não conhece nesse estado, porque, sem conhecer, conhece em verdade. O conhecimento Daquele que conhece nunca se perde, já que ele é indestrutível. Mas nada existe separado Dele que possa ser conhecido".

COMENTÁRIO: Os versos de 24 a 30 foram explicados no verso 23. Basta acrescentar odor, sabor, falar, ouvir, pensar, sentir o tato e conhecer. Os versos se referem ao fato de Aquele que está em sono profundo (o *Âtman*) não possuir nenhum dos atributos citados, ou seja, sentir odor, sabor, falar, etc., embora, nesse estado, Ele sinta ou possua tudo isso. Tais sensações nunca se perdem porque Ele é indestrutível. Nada pode existir separado Dele que possa sentir odor, sabor, falar, ouvir, etc. É Ele quem sente ou possui tudo o que foi especificado, não o corpo físico daquele que está nesse estado. Diferentemente da vigília e do sonho, no sono profundo o Ser vê, ouve, sente, etc., como algo que Lhe pertence, que Lhe é próprio. Como a luz do Sol, ao se por em contato com as coisas por ele iluminadas, estas aparentam ser de diversas cores, assim atua a luz do Ser, quando, ao manifestar toda a realidade material, assemelha-se a esta.

VERSO 31: "Quando (desperto e em sonho) parece que existe alguma coisa, ali se pode ver algo, pode-se perceber o odor de algo, pode-se perceber o sabor de algo, pode-se falar de algo, pode-se ouvir algo, pode-se pensar em algo, pode-se tocar em algo, pode-se conhecer algo".

COMENTÁRIO: No estado de sono profundo não existe, como na vigília e no sonho, uma coisa diferenciada do Ser, que possa ser conhecida. Por essa razão, não há o conhecimento de coisas particulares, no estado de sono profundo. A ideia de "outro", que se apresenta nos estados de vigília e sonho, é o resultado da ignorância. Somente o *Âtman* existe nos três estados, ou seja, vigília, sonho e sono profundo. Uma pessoa pode ver algo nesses estados. Mas não há nada fora do *Âtman* nem *Âtman* separado de qualquer coisa, pois tudo é Ele.

VERSO 32: "'A Testemunha Silenciosa, em sono profundo (*Âtman*), o Um Sem Segundo é transparente como a água. Esse é o Mundo de *Brahmân*, ó Imperador. Assim é a Sua Suprema Realização, Sua Suprema Glória, este é o Elevado Mundo, esta é a Sua Suprema Graça. Com apenas uma partícula desta felicidade vivem os demais seres'. Isto foi ensinado por *Yâjnavalkya* a *Janaka*".

COMENTÁRIO: Nesse lindo verso, o autor desta *Upanishad* faz uma anologia entre o *Âtman* e a transparência da água, quando se está em sono profundo. O *Âtman*, o Um Sem Segundo, a Testemunha Silenciosa, quando nesse estado se encontra no Mundo de *Brahmân*. Assim são as Suas Supremas Realização, Glória e Graça. Como uma partícula desse estado de Beatitude Suprema desfrutado no sono profundo vivem todos os seres. Tais seres, separados do Ser e em estado de ignorâcia, desfrutam apenas de uma pequena partícula desse estado de Beatitude Suprema, que se vivencia no sono profundo.

VERSO 33: "Aquele que não possui defeitos físicos é rico e tem poder sobre outros, que tem ao seu dispor todos os prazeres, isto representa a maior alegria entre os homens. E essa alegria humana é uma centésima parte da alegria dos antepassados (*manes*), os que conquistaram seu mundo. A alegria desses antepassados é uma centésima parte da dos cantores celestes (*gandhârvas*). Essa alegria dos cantores celestes é uma centésima parte da dos *Devas*, que a obtêm pelos sacrifícios. A alegria dos *Devas* que a conquistaram pelo sacrifício é a centésima parte da dos *Devas* que a conquistaram por nascimento. E também a daqueles que conhecem bem os *Vêdas* está livre da culpa e dos desejos. A alegria dos *Devas* que a conquistou por nascimento é a centésima parte da alegria no Mundo de *Prajâpati* (*Vijaj*). E também a daqueles que conhecem os *Vêdas*, estão sem culpa e livre dos desejos. A alegria no mundo do Criador é uma centésima parte da alegria do Mundo da Vida (*Hiranyagarbha*). E também a alegria daquele que conhece bem os *Vêdas* está livre da culpa e dos desejos. E esta é a felicidade Suprema, este é o Mundo de *Brahmân*, ó Imperador', disse *Yâjnavalkya*. *Janaka* disse: 'Eu vos darei mil vacas, venerável senhor. Por favor, instrua-me sobre a Libertação Espiritual'. Assim, ficou assustado *Yâjnavalkya*, porque o Imperador o estava levando a lhe dar solução a todas as suas questões".

COMENTÁRIO: Todos os seres vivos, a partir da Vida Superior (*Brahmân*), caem para a condição de vida inferior. Tais seres caem à condição de seres humanos, passando a possuir, pequenas frações da Suprema Felicidade, desfrutada por aqueles que estão na Vida Superior. Aqui, para poder expressar essa Felicidade Superior, o autor desta *Upanishad* vai comparando as diversas felicidades (dos ricos, dos antepassados, dos *gandhârvas*, etc.), que são uma centésima parte da alegria dos precedentes. A felicidade do Mundo de *Hiranyagarbha*, a Felicidade Suprema, é a do Mundo de *Brahmân*. Depois de ouvir isso, o Imperador, como fez em versos anteriores, prometeu mil vacas a *Yâjnavalkya*. Então, pediu a este que lhe ensinasse sobre a Libertação Espiritual, sobre *moksha*. Ao ouvir esse último pedido, *Yâjnavalkya* percebeu que o Imperador estava usando sua habilidade em dialogar para convencê-lo a lhe dar solução para todas as suas questões. Os *gandhârvas* são *Devas* cantores celestes. Diz a mitologia do Hinduísmo que, quando uma jovem que vai se casar, ela fica em estado de recolhimento, de tristeza; dizia-se que estava sob o encantamento de algum *gandhârva*. Para libertá-la disso, rituais eram necessários.

VERSO 34: "O Ser, após haver experimentado, depois de haver vagado e haver visto o bem e o mal, no estado de sono, retorna em direção oposta até o local de onde partiu, o estado de vigília".

COMENTÁRIO: Após haver experimentado, vagado e visto o bem e o mal, o Ser retorna ao ponto de onde partiu, ou seja, o estado de vigília. Nessa jornada, Ele desfrutou de Alegria Suprema no estado de sono profundo, de onde retorna à vigília.

VERSO 35: "Assim como a roda de uma carroça pesada move-se estalando, assim também o Ser que está no corpo, dirigido pelo Ser Supremo, avança com ruído quando a respiração está chegando ao fim".

COMENTÁRIO: Aqui é feita uma analogia entre a roda de uma pesada carroça que se move estalando com o Ser que está no corpo, dirigido pelo Supremo, avançando com barulho quando a respiração está no fim. Quando a vida está no fim, prenunciada pela respiração ofegante, o Ser Imortal migra após a morte para outro corpo. Quando o corpo sutil, que tem no *prâna* o seu dirigente, sente-o aproximar-se do fim, prepara-se para entrar em um novo corpo.

VERSO 36: "Quando este corpo se debilita, quando se deteriora pela idade ou pela enfermidade, então, assim como uma manga, um figo, uma cereja se desprendem do ramo, assim, aquele Ser Infinito se desprende completamente das distintas partes do corpo por desdobramento do seu *prâna* e volta a percorrer o mesmo caminho por onde chegou a este corpo pela manifestação do *prâna*".

COMENTÁRIO: Assim como as frutas citadas se desprendem dos seus respectivos ramos, o corpo material, ao chegar ao seu fim, o Ser Imortal que o habita dele se desprende pelo desdobramento do *prâna* que está nesse corpo. Depois disso, após algum tempo, esse Ser que se instalou em um corpo sutil volta a percorrer o mesmo caminho, desta vez, de volta a um novo corpo, pela ação do *prâna* e do *karma*.

VERSO 37: "Quando chega um Imperador, os dirigentes da aldeia e os guardas (*ugras*) abandonam suas oferendas particulares, o esperam com variadas comidas, bebidas e alojamento apropriado para Ele, exclamando: 'Aqui vem, aqui vem'. Do mesmo modo, todos os elementos esperam aquele que conhece a Verdade, exclamando: 'Aqui vem *Brahmân*, aqui vem'".

COMENTÁRIO: *Ugras* são pessoas de casta particular, em razão de suas ferozes façanhas. Elas abandonam suas oferendas, assim como os dirigentes da aldeia abandonam suas oferendas particulares para saudar o Imperador que chega à aldeia. Essas pessoas dizem em voz alta: "Aqui vem, aqui vem", referindo-se à chegada do Imperador. Do mesmo modo, todas as pessoas e elementos que conhecem a Verdade exclamam: "Aqui vem o Absoluto *Brahmân*, aqui vem". Isto porque Ele é o Imperador Supremo que deve ser conclamado por todos.

VERSO 38: "Quando um rei está a ponto de partir, os dirigentes da aldeia e os guardas (*ugras*), abandonam suas oferendas particulares, aproximam-se Dele (o Rei). Da mesma maneira, todos os órgãos sensoriais e mentais se aproximam do ser humano que parte, no momento da morte, quando a respiração está chegando ao fim".

COMENTÁRIO: Assim como os aldeões se aproximam do Rei, quando este está de partida, deixando de lado suas oferendas particulares, do mesmo modo, os órgãos sensoriais e mentais se reúnem ao corpo sutil, para exercerem suas funções na outra vida, de modo também sutil. Isto ocorre quando a respiração está chegando ao fim, anunciando a morte que se avizinha.

QUARTO *BRÂHMANA*
O SER INDIVIDUAL DEPOIS DA MORTE
(A VIDA APÓS A MORTE)

VERSO 1: "(*Yâjnavalkya* continuou): 'Agora, quando o ser humano torna-se fraco e perde o sentido, os órgãos sensoriais e mentais vão até Ele. Recolhe por completo essas partículas de luz e entra no coração.

Quando volta o espírito dos olhos para trás, a pessoa moribunda deixa de distinguir formas e cores".

COMENTÁRIO: Aqui há uma breve descrição do que se passa no momento da morte. Quando se aproxima a morte, o ser humano se torna fraco e perde o sentido da realidade física. Nesse momento, os órgãos sensoriais e a mente vão até o Ser, o *Âtman*, nele permanecendo. Então, o ser humano recolhe as partículas de luz referidas no verso 32 do capítulo anterior e entra no coração. Estamos diante da antiga doutrina das *Upanishad*s, em que o coração é a morada do *Âtman*. Como acontece o desprendimento do *jiva*? A resposta se encontra em: "Recolhe por completo essas partículas de luz", ou seja, os olhos. São assim chamados porque é por meio deles que se percebe a luz e as cores. Quando ocorre isso? Quando o "espírito dos olhos", a deidade que os preside, que é parte do Sol, ajuda-o a se integrar no Ser, quando a pessoa está morrendo. Esta explicação é de Martín (p. 374). Por outro lado, *Nikilananda* (p. 288) diz que as "partículas de luz" representam os órgãos, como os olhos que revelam as cores. É o Sol a deidade ou o espírito dos olhos, ajudando-os, ao longo da vida da pessoa, de acordo com as suas ações passadas. No instante da morte, essa deidade cessa sua ajuda aos olhos e retorna ao Sol. Quando essa pessoa renasce, retomando outro corpo, essa deidade retorna aos olhos, sendo também verdade no que se refere aos outros órgãos.

VERSO 2: "Os olhos se unificam com o corpo sutil e, então, as pessoas dizem: 'não vê'. O nariz se unifica e dizem; 'não percebe odores'. A língua se unifica e dizem: 'não percebe sabores'. O órgão da palavra se unifica e dizem: 'não fala'. O ouvido se unifica e dizem: 'não ouve'. O pensamento se unifica e dizem: 'não pensa'. A pele se unifica e dizem; 'não tem sensação tátil'. O intelecto se unifica e dizem; 'não entende'. O mais alto do seu coração brilha. E por esse brilhante cume sai o Ser ou também através dos olhos, pela cabeça ou por alguma outra parte do corpo. Quando Ele parte, o *prâna* o segue e quando o *prâna* parte, todos os órgãos o seguem. O Ser tem uma consciência particular e vai até o corpo, que está relacionado com essa consciência. A consciência segue o conhecimento, a ação e a experiência passada".

COMENTÁRIO: Cada um dos órgãos citados se unifica com o corpo sutil da pessoa no momento da morte. Nesse momento, as pessoas que estão ao seu lado dizem: "não vê", "não percebe cheiros", etc. O "brilhante cume" aqui citado se refere à última *nadi*, aquela que vai até o *brahmarandra*, situado no topo da cabeça, por onde sai o corpo sutil no momento da morte. Este, brilhando com a luz do Ser, o ser individual (*jiva*) parte com o corpo sutil que o integra. O Ser e, consequentemente, o *jiva*, podem partir, saindo do corpo pelos olhos, pela cabeça ou por qualquer outra parte. Quando o *jiva* parte, o *prâna* o segue, deixando o corpo sem energia vital. Quando o *prâna* parte, todos os órgãos o seguem. O *jiva* possui uma consciência particular, como nos sonhos, de acordo com as suas experiências passadas. Caso tivesse essa consciência independentemente dessas experiências, qualquer pessoa poderia alcançar o objetivo da sua vida. No momento da morte, as pessoas têm uma consciência particular formada pelas experiências passadas. Assim, o *jiva* que a possui se dirige a um próximo corpo a elas relacionado, a ser assumido por esse *jiva* na sua vida seguinte.

VERSO 3: "Como uma lagarta quando chega à borda da planta que a sustenta e salta para outra, se contrai sobre si mesma, assim o Ser, quando abandona o corpo e o deixa inconsciente, salta para outro corpo e se concentra em Si mesmo".

COMENTÁRIO: Aqui há uma analogia entre a lagarta que está na borda de uma planta que a sustenta e salta para outra planta, contraindo-se. Assim, o Ser, o *Âtman* no *jiva*, no momento da morte, salta do velho corpo para o novo, concentrando-se em Si mesmo. Deixa-o inconsciente porque, na morte, se entra em estado de inconsciência, como no sonho. O novo corpo que espera o Ser será construído de acordo com o *karma* acumulado no *jiva* reencarnante.

VERSO 4: "Assim como o ourives toma um pouco de ouro e com ele modela uma nova e mais bonita forma, assim o Ser, após abandonar o corpo e o deixar inconsciente, cria uma nova e mais bela forma, de acordo com os antepassados (*manes*), os cantores celestiais (*gandhârvas*), os *Devas*, a luz do Sol ou a Vida Divina (*Prajapâti*) ou outros seres".

COMENTÁRIO: Após abandonar o corpo na hora da morte, o Ser (*jiva*), afetado pelo seu *karma*, construirá com isto um novo corpo para nele habitar, semelhante ao ourives que faz novas e belas joias a partir de um pouco de ouro. Esse novo corpo será usado em diversos planos de existência, de acordo com o *karma*, por exemplo, no mundo dos *manes*, dos *gandhârvas*, dos *Devas*, dos humanos, no Plano Divino de *Prajapâti*, no de *Virâj* ou de outros seres, de acordo com suas obras anteriores ou seu conhecimento espiritual.

VERSO 5: "O Ser é, realmente, o Absoluto, que se identifica com a consciência, com o pensamento, com o *prâna*, com os olhos e os ouvidos, a água, o ar, o espaço (*akâsha*), o fogo, o desejo e a ausência de desejo, a cólera e o que não é cólera, a retidão e o que não é retidão, com todas as coisas, com isto e com aquilo. E no que faz, em como atua, nisso se converte. Fazendo o bem se faz bem, fazendo o mal se faz mal. É bom por suas boas obras e mal por suas más obras. Alguns dizem também: O Ser se identifica com o desejo, o que decide fazê-lo, o que decide o faz e, segundo o que faz, isso obtém".

COMENTÁRIO: O Ser que transmigra de uma vida para outra no *jiva* é o Absoluto *Brahmân,* que está muito além da fome, da sede, da morte. Ele, em decorrência da ignorância, identifica-se com a mente (*chitta*). No verso IV, 3, 7, pode-se ler: "Esse Espírito Infinito (*Âtman*), unido à consciência que está entre os órgãos". Em outras palavras, o Imortal *Âtman*, ao reencarnar, perde a possibilidade de perceber a Si mesmo como sendo o Absoluto e passa a identificar-se com o corpo e os seus órgãos e com a mente. Daí nasce a ignorância, *avidyâ*, que faz essa confusão. Tudo isso ocorre com pessoas que ainda não conquistaram *moksha*. No verso está dito que o Ser se confunde com os olhos, os ouvidos, a água, o espaço, o fogo, o desejo e a ausência dele, etc. Tudo em virtude da *avidyâ*.

VERSO 6: Sobre o que foi dito, há os seguintes versos:

> "A pessoa com apegos
> Junto com suas obras
> Alcança aquele lugar
> Ao qual está apegada à sua mente.
> E ao esgotar-se os efeitos
> Das obras da vida
> Retorna daquele mundo para este
> Para realizar outras obras.
>
> Isto sucede ao homem de desejos
> Mas o que nada deseja
> Porque está livre do desejar,
> Aquele para quem todos
> Os objetos do desejo
> Não são senão o Ser,
> Não necessita dos órgãos
> Se distanciando deles.

Ao ser só o Absoluto
No Absoluto se integra".

COMENTÁRIO: Nesses versos muito bonitos há uma explicação sobre os apegos e desejos que fazem o Ser reencarnar. Ao cessarem tais desejos e apegos, o Ser retorna do mundo dos desencarnados para este, afim de realizar outras obras, de acordo com o seu *karma*. Entretanto, para aquele que esgotou seus desejos e apegos, percebendo que tudo é o Ser, Nele se integra. É o apego e os desejos que produzem *avidyâ*, e vice-versa. Somente aquele que se apega aos frutos das suas ações reencarna. Liberta-se dos desejos e apegos de muitos modos. Um deles é a prática da meditação e do Yoga, quando o *karma* pode ser eliminado por se alcançar *moksha*.

VERSO 7:

"Quando se vão todos os desejos
Ocultos em seu coração
Ele que foi mortal se faz imortal
E chega ao Absoluto nesse mesmo corpo.
Como a pele sem vida de uma serpente
É abandonada e jaz em um formigueiro
Assim sucede com este corpo.
Então o Ser, desencarnado e Imortal
É a Vida, o Absoluto, a Luz".

COMENTÁRIO: Quando os desejos ocultos no coração são dominados e desaparecem, aquele que foi mortal se torna imortal. Isto por causa do desaparecimento do seu *karma*. Nessa condição sem *karma*, a pessoa se liberta da roda do *samsara* e alcança *Brahmân* ainda nesta vida. Como a pele de uma serpente se desprende sem vida, sendo abandonada em um formigueiro, assim sucede com este corpo, que é abandonado após a morte. Desencarnado sem possuir *karma,* o Ser se torna Luz, Vida, confundindo-se com *Brahmân*.

VERSO 8: Sobre isto, há os seguintes versos:

"O sutil, amplo e original caminho
Chegou até mim.
E como o vivenciei em mim mesmo
Vou pelo caminho dos sábios,

> Que conhecem o Absoluto
> Até a esfera celestial
> Após abandonar este mundo".

COMENTÁRIO: Após percorrer o caminho sutil, amplo e original e o haver vivenciado, o aspirante segue pelo caminho dos sábios, ou seja, daqueles que conhecem o Absoluto. Seguindo por esse caminho, o praticante alcança a esfera celestial, após haver abandonado este mundo material. Após haver alcançado o caminho que conduz à Libertação Espiritual, que é o conhecimento de *Brahmân,* o praticante O alcança e se confunde com Ele.

VERSO 9:

> "Alguns dizem que ele é branco,
> Outros que é azul, amarelo, verde, vermelho.
> Os que conhecem o Absoluto
> Tomam consciência desse caminho.
> E qualquer conhecedor de *Brahmân*
> Que realizou boas obras
> E esteja identificado com a Suprema Luz
> Se encontrará nesse caminho".

COMENTÁRIO: "Aqueles que procuram a Libertação Espiritual são os que percorrem esse caminho que a Ele conduz. Alguns buscadores acreditam que esse caminho é branco, azul, amarelo, verde ou vermelho, de acordo com a experiência de cada um. De acordo com Martín (p. 390) e *Nikilananda* (p. 297), as cores citadas pertencem às *nadis,* principalmente a *sushumna,* todas elas cheias de *prânas* diferentes e de diversas cores, como já foi mencionado. Entretanto, o caminho da Libertação Espiritual não possui cores. Todo aquele que realizou boas obras e que conhece o Absoluto toma conhecimento desse caminho. Assim, identifica-se com esse caminho e com a Suprema Luz, ou seja, com *Brahmân.*

VERSO 10:

> "Aqueles que seguem a ignorância (*avidyâ*)
> Penetram em cega obscuridade.
> E em maior obscuridade ainda
> Se precipitam os que seguem o conhecimento".

COMENTÁRIO: Este poema parece uma contradição. Os que seguem a ignorância penetram em cega obscuridade. Isto parece claro. Mas, por que os que seguem o conhecimento se precipitam em maior obscuridade? Certamente, esta última expressão se refere àqueles que seguem os *Vêdas* com apego a Eles, com o propósito de conseguir algo. Isto seria uma atitude oposta à Verdade, à sabedoria. Os que assim procedem, precipitam-se em grande obscuridade, pois são piores que os que seguem a ignorância. Diz *Nikilananda* (p. 297) que estes são os que seguem os rituais e preceitos *vêdicos* ao pé da letra, considerando inferiores os conhecimentos contidos nas *Upanishads*, ou seja, aqueles que verdadeiramente conduzem à Libertação Espiritual. Sobre isto, vale lembrar o seguinte verso da *Isha Upanishad* (TINOCO, Carlos Alberto, 1996):

> "Os que são devotados às tarefas da ignorância (*rituais*) permanecem em cegueira e escuridão; em cegueira e escuridão mais profunda permanecerão aqueles que pretendem realizar por toda a vida o cultivo de atividades ignorantes (onde, no máximo, podem perceber deidades insignificantes)".

> "Uma coisa é aquilo que se obtém a partir do conhecimento; outra, muito diferente, é obtida a partir do cultivo da ignorância. Isto foi ouvido dos sábios que alcançaram o conhecimento do *Âtman*".

(*Isha Upanishad,* versos 9 e 10)

VERSO 11:

> "Infelizes são, em verdade, aqueles mundos
> Envoltos nessa cega obscuridade,
> A eles vão, após a morte,
> As pessoas ignorantes e néscias."

COMENTÁRIO: Desgraçados são os mundos, envoltos em cega obscuridade que impede a visão da Verdade. Essa cega obscuridade é a de *avidyâ*. Para tais mundos vão as pessoas que estão na obscuridade, após morrerem.

VERSO 12:

> "Se uma pessoa conhece o Ser,
> Pode dizer: 'Eu sou Isso'.
> Então, por que desejo e por que causa
> Ela sofreria no despertar do corpo?".

COMENTÁRIO: Uma pessoa conhecer o Ser é algo raro. Quando o conhece, quando conhece o *Âtman*, então se identifica com ele e diz: 'Eu sou Ele', ou 'Eu sou Isso'. Quando está na ignorância, fica doente quando seu corpo adoece, despertando quando este desperta, sofrendo quando seu corpo sofre. Quando liberto, quando conhece o Ser, nenhum desejo o faz estar associado ao seu corpo, percebendo nele algo mortal. Outro modo de dizer seria: desviado da sua natureza própria, torna-se miserável, seguindo as dores sofridas pelo seu corpo. Por esta razão, pessoas que se identificam com seu corpo não percebem o Ser e desejam coisas diferentes Dele.

VERSO 13:

> "Aquele que descobriu em seu interior,
> O Ser que penetrou
> Naquele perigoso e inacessível lugar
> É o criador do universo,
> O que tudo criou.
> Tudo é o seu Ser
> E Ele é o Ser de tudo".

COMENTÁRIO: Qualquer pessoa que tenha descoberto no seu interior, no seu coração, o Ser, o *Âtman,* que através do *jiva* penetrou no corpo físico, é o criador do universo. Por quê? Porque o *Âtman* é idêntico a *Brahmân*, o criador do universo. Ele é o Ser que tudo criou e tudo o que existe, é Ele, que é o Ser de tudo. O corpo físico é aqui chamado de perigoso e inacessível porque pode estar cheio de doenças, de perigos e obstáculos que oferece à iluminação espiritual.

VERSO 14:

> "Nesse mesmo corpo
> Podemos de alguma maneira conhecê-Lo.
> Se não O conheceres, serás um ignorante
> E isso será a perdição.
> Aqueles que O conhecem são imortais,
> Enquanto os demais, só encontram desgraças".

COMENTÁRIO: Estando neste corpo físico, podemos conhecer o Absoluto. Caso isto não aconteça, será uma perda, pois teremos que retornar a este mundo material até que possamos conhecê-Lo. Como diz a *Katha Upanishad* (TINOCO, Carlos Alberto, 1996):

"Se um homem pode realizar *Brahmân* aqui nesta vida, antes do seu corpo físico perecer, alcança a Libertação. Não conseguindo isso, o homem reencarna novamente em mundos criados".

(*Katha Upanishad*, II, 3, 4)

VERSO 15:

"Quando um ser humano
Toma consciência diretamente
Do Luminoso Ser,
O criador de tudo o que foi e será
Já não deseja ocultar-se mais Dele".

COMENTÁRIO: Quando uma pessoa percebe ou toma consciência do *Âtman*, que é o Luminoso Ser, idêntico a *Brahmân*, Ele que é o criador de tudo o que existiu e do que ainda existirá, a partir desse momento não deseja mais permanecer oculto em relação a Ele.

VERSO 16:

"Os *Devas* meditam no Imortal,
Na Luz de todas as luzes
A qual faz girar o ano e os seus dias".

COMENTÁRIO: Os *Devas* meditam em *Brahmân*, que é o Imortal, a Luz de todas as luzes. Essa Luz faz girar o ano e os seus dias. O ano aqui simboliza o tempo. É o tempo quem traça limites para todas as coisas criadas. Mas o tempo não limita o Ser, o Absoluto *Brahmân*. Todas as coisas criadas são perecíveis, menos o Absoluto, que é aqui tratado como o Imortal.

VERSO 17:

"Aquele onde se encontram
Os cinco grupos de cinco e o espaço (*akâsha*)
É o *Brahmân* que eu considero o Absoluto Imortal.
E ao descobri-Lo, sou imortal".

COMENTÁRIO: O que são esses grupos de cinco? Diz *Nikilananda* (p. 300) que são formados dos cantores celestiais (*gandhârvas*), os *manes*, os *Devas*, os demônios e os *Râkshasas*. Podem ser também as quatro castas e os *harijans* (intocáveis). Ou ainda o *prâna*, o olho, o ouvido, a comida (ou a luz) e a mente. O espaço ou *akâsha* permeia *Hiranyagarbha*. Os *Râkshasas* ou *Râshas* são seres demoníacos inimigos dos seres humanos.

São monstruosos, com deformações físicas e dotados de cores esquisitas, como por exemplo, amarelo, verde, vermelho. Alimentam-se do sangue e da carne dos humanos, após entrarem nos seus corpos, podendo lhes trazer muitas doenças. Andam à noite e estão associados à escuridão. Por isso, deve-se invocar *Agni* para afastá-los.

VERSO 18: "Aqueles que O conhecem como a Vida da vida (o *Prâna* do *prâna*), a Visão da visão, o Ouvido do ouvido, a Mente da mente, aqueles descobriram o Eterno e Antigo, primordial *Brahmân*".

COMENTÁRIO: O *prâna* funciona pelo poder do *Âtman*. Por isso, Ele é aqui considerado como sendo o *Prâna* do *prâna* (a Vida da vida). O olho, o ouvido e a mente funcionam pela ação do *prâna*, que por sua vez funciona pelas propriedades do *Âtman*. Quem assim percebe, descobriu o *Âtman*, que é o Eterno, o Antigo, o primordial *Brahmân*.

VERSO 19: "Através da mente se percebe *Brahmân*. Não há Nele diversidade alguma. Vai de morte em morte quem crê que Nele há diversidade".

COMENTÁRIO: Segundo *Patânjali*, como foi abordado antes, ao cessar as atividades da mente, o praticante se estabelece em sua natureza própria. Em outras palavras, quando as atividades da mente cessam, então se percebe a nossa verdadeira natureza, o *Âtman* que está em nós e em tudo. Portanto, é através da mente que se conhece o *Âtman,* idêntico a *Brahmân*. Como Ele é Imortal, Indiferenciado, Nele não há diversidade, pois é Uno Sem Segundo. Quem percebe Nele diversidade, não O percebeu. E assim, segue na roda do *samsara,* de morte em morte, até não perceber Nele diversidade alguma.

VERSO 20: "Insondável e Eterno, Ele poderia ser percebido como Uno. Esse Ser é puro, maior que o espaço (*akâsha*), sem origem, infinito, imperecível".

COMENTÁRIO: O conhecimento comum implica na dualidade sujeito-objeto. Como o Absoluto é Uno, é desconhecido pelo raciocínio comum. Ele é Uno porque é homogêneo, sem limitações, sem forma, sem tempo nem espaço. Ele é livre do bem e do mal, sem mudanças, infinito, sem origem.

VERSO 21: "O inteligente buscador de *Brahmân,* somente por conhecê-Lo, alcança a sabedoria. Não necessita de muitas palavras que causam fadiga à mente".

COMENTÁRIO: Ao conhecer o Absoluto, o buscador da Verdade alcança a sabedoria. Assim, após chegar a essa meta, não mais necessita de palavras. Estas causam desconforto e fadigam a sua mente. Sendo Ele infinitamente sábio, ao ser alcançado pelo buscador, este adquire a sabedoria Dele, pois se torna idêntico a Ele.

VERSO 22: "Aquele imenso Ser, sem origem, que é consciência e está identificado com os órgãos sensoriais e mentais, habita no espaço do coração. É Ele que tudo dirige. Não cresce pelas boas obras nem diminui pelas más. É o criador de tudo, Ele governa e protege todos os seres. É a barragem que limita e mantém separados diferentes mundos. Os *brâhmanes* tratam de conhecê-Lo por meio do estudo dos *Vêdas,* dos rituais, da caridade e da austeridade, que consiste em experimetar os objetos sensoriais sem apego a eles. E só se chega a ser sábio, conhecendo-O. Desejando viver em Seu meio, os monges abandonam seus lugares. Por eles os antigos sábios diziam que não queriam ter descendência. 'Que vamos conseguir com a descendência, nós que chegamos ao Ser?' E como se sabe, renunciaram aos seus desejos de ter filhos, de riquezas, de outros mundos, e viveram uma vida de monges mendicantes. Porque o desejo de filhos e de riquezas e o desejo de outros mundos eram não mais que desejos".

COMENTÁRIO: Há uma conhecida frase das *Upanishads* sobre *Brahmân:* "Não é isto. Não é isto". Ele não pode ser conhecido pelo pensamento. Ele é Consciência Pura. Sobre isto, diz a *Aitareya Upanishad* (TINOCO, C. A. 1996):

> "Tudo isso é guiado pela Consciência, é suportado pela Consciência. A base do universo é Consciência. Consciência é *Brahmân*".

> (*Aitareya Upanishad*, III, 1, 3)

Quando estamos encarnados, confundimos o Ser em nós, com o nosso corpo, em virtude da *avidyâ.* O *Âtman,* de acordo com algumas *Upanishads,* localiza-se no coração, no espaço do coração. O *Âtman* ou *Brahmân,* tudo dirige. Nossas boas ou más ações não O modificam. Os *brâhmanes* procuram conhecê-Lo por meio do estudo dos *Vêdas,* realizando cerimônias, praticando a caridade e austeridades. Tudo isso consiste em experimentar tudo, sem se apegar a nada. Somente se é sábio ao conhecê-Lo. Os antigos *rishis* não queriam ter filhos, pois questionavam o que iriam conseguir por meio deles, uma vez que tê-los era o desejo que pretendiam vencer, assim como outros desejos, de riquezas, de outros mundos, etc. O Absoluto atua como um dique, para poder manter os mundos separados. Se assim não fosse, haveria uma superposição deles, o que acarretaria muita confusão.

VERSO 23: Isto foi expresso nos seguintes versos:

"A eterna glória do que conhece o Absoluto
É que não cresce nem diminui com suas obras.
Essa é a única glória que se deve conhecer
E ao conhecê-La, as más obras não te atigem".

'Portanto, o que compreendeu isto permanece sereno, controlado, interiorizado, paciente, concentrado, já que vê o Ser em seu próprio ser. Vê tudo como o Ser. O mal não o afeta, porque transcende todo o mal. O mal não o preocupa porque ele destruiu todo o mal. É um conhecedor do Absoluto, livre de culpas, de impurezas e de dúvidas. Esse é o meio do Absoluto, Ó Imperador, e vós chegastes a Ele', disse *Yâjnavalkya*. E *Janaka* lhe disse: 'Vos darei o império de Videha e a mim mesmo, para vos servir".

COMENTÁRIO: Quem conhece o Absoluto não diminui nem cresce com o que faz, seja o bem ou o mal. Ao conhecê-Lo, nada que uma pessoa fizer poderá atingi-la. Quem compreendeu isso, permanece tranquilo, sereno, paciente, etc. Essa pessoa vê o Absoluto em tudo. Como destruiu o mal, este não o afeta. Ao ouvir esta lição de *Yâjnavalkya*, o Imperador lhe promete o seu império e a si mesmo para servi-lo.

VERSO 24: "É o Grande Ser, sem origem, o que se alimenta do alimento, o que distribui os bens. Aquele que O conhece assim, recebe esses bens".

COMENTÁRIO: O Ser objeto do diálogo entre *Yâjnavalkya* e *Janaka* é Aquele que se alimenta de todos os alimentos. Isto porque vive em todos os seres vivos e em tudo. Ele é o doador de bens, tanto materiais como espirituais. Todas as pessoas que sabem disso recebem todos esse bens.

VERSO 25: "Esse é o Grande Ser, que não decai, imortal, imperecível, livre e Absoluto. O Absoluto está livre de todo temor. Aquele que O conhece assim, chega e ser Esse Absoluto, livre de temor".

COMENTÁRIO: Aqui, há uma espécie de síntese desta *Upanishad*. É uma referência ao Absoluto, que não decai, é imortal, imperecível e livre. Ele está livre de todo medo, peculiar aos seres humanos e animais. Todo aquele que sabe disso O alcança, ficando livre do temor, confunde-se com Ele.

QUINTO *BRÂHMANA*
DIÁLOGO ENTRE *YÂJNAVALKYA* E *MAITREYÎ*
(*YÂJNAVALKYA* E *MAITREYÎ*)

VERSO 1: "Então, diziam que *Yâjnavalkya* tinha duas esposas: *Maitreyî* e *Kâtyâyanî*. *Maitreyî* se interessava em dialogar sobre o Absoluto, enquanto *Kâtyâyâni* se ocupava apenas nas tarefas próprias da sua condição de doméstica. Um dia, *Yâjnavalkya* decidiu entrar em um estado de vida diferente".

COMENTÁRIO: Como foi dito antes, *Yâjnavalkya* tinha duas esposas. *Maitreyî*, preocupada em saber mais sobre o Absoluto. *Kâtyâyanî*, preocupada com os afazeres domésticos. Certo dia, *Yâjnavalkya* decidiu mudar de estilo de vida.

VERSO 2: "'*Maitreyî*, querida', disse *Yâjnavalkya*, 'Vou renunciar a esta vida pela de renunciante. Deixe que me desfaça de ti e de *Kâtyâyanî*'".

COMENTÁRIO: Aqui, *Yâjnavalkya* está se despedindo das suas duas esposas. A nova vida de *Yâjnavalkya* seria a de *samniasyn*, ou aquele que renunciou. Passaria a ser um *parivrajaka*, um *Yati*, o errante. Abandonaria seu lar e a sociedade, para caminhar pelas ruas e vilas, falando apenas sobre o Absoluto.

VERSO 3: "Então, *Maitreyî* disse: 'Se a terra com todas as suas riquezas fossem minhas, isso tudo me faria imortal?'. 'Não', retrucou *Yâjnavalkya*. 'Tua vida seria como a das pessoas que possuem muitas propriedades, mas não se pode esperar que a imortalidade venha pelas riquezas'".

COMENTÁRIO: *Maitreyî* estava determinada a encontrar o Absoluto. Nenhuma riqueza a faria chegar até Ele. Se todas as riquezas do mundo fossem dela, mesmo assim *Maitreyî* não as desejava. As riquezas não levam a *Brahmân*.

VERSO 4: "Então, *Maitreyî* disse: 'Que posso fazer com algo que não me faz imortal? Fala-me do que tu sabes sobre isso'".

VERSO 5: *Yâjnavalkya* disse: 'Tens sido minha amada, e amado é para meu coração o que agora me dizes. Eu O explicarei. E mesmo que lhe explique, medita sobre Ele".

VERSO 6: "*Yâjnavalkya* continuou: 'Não é por amor ao esposo que se ama o esposo, mas por amor ao Absoluto. Não é por amor à esposa que se ama a esposa, mas por amor ao Absoluto. Não é por amor aos filhos que se ama os filhos, mas por amor ao Absoluto. Não é por amor às riquezas que se ama as riquezas, mas por amor ao Absoluto. Não é por amor aos animais que se ama os animais, mas por amor ao Absoluto. Não é por amor aos *brâhmanes* que se ama os *brâhmanes*, mas por amor ao Absoluto. Não é por amor aos *kshâtyas* que se ama aos *kshâtyas*, mas por amor ao Absoluto. Não é por amor aos mundos que se ama os mundos, mas por amor ao Absoluto. Não é por amor aos *Devas* que se ama os *Devas*, mas por amor ao Absoluto. Não é por amor aos *Vêdas* que se ama os *Vêdas*, mas por amor ao Absoluto. Não é por amor aos seres que se ama os seres, mas por amor ao Absoluto. Não é por amor a tudo que se ama tudo, mas por amor ao Absoluto. Querida *Maitreyî*, deve-se ter consciência do Absoluto, escutar o Absoluto, refletir sobre Ele, meditar sobre Ele. Porque quando se é consciente Dele, escutando-O, refletindo e meditando Nele, tudo se torna conhecido".

COMENTÁRIO: Pelas palavras de *Yâjnavalkya,* percebemos que o amor que sentimos pela esposa, pelo esposo, pelos filhos, pela riqueza, pelos animais, pelos *brâhmanes*, *kshâtryas*, pelos mundos, pelos *Devas,* os *Vêdas, os* seres e a tudo são formas diferentes de amar o Absoluto. Assim, *Yâjnavalkya* conclui suas belas palavras, dizendo que se deve ter consciência Dele, escutá-Lo, refletir e meditar sobre Ele, para que tudo se possa tornar conhecido. Estas palavras são semelhantes àquelas da *Mundaka Upanishad* (TINOCO, C.A. 1996):

> "*Saunaka,* respeitável chefe de família, certa vez se aproximou de *Angiras* e perguntou:
> 'O que é Aquilo que após ser conhecido, todas as coisas se tornam conhecidas?'".

"*Angiras* respondeu: (...) Pelo Conhecimento superior o sábio pode observar *Brahmân,* em qualquer lugar (...)".
(*Mundaka Upanishad,* I, 1, 2-4)

VERSO 7: "Os *brâhmanes* abandonam a quem os vê como diferentes do Absoluto. Os *kshâtryas* abandonam quem os vê como diferentes do Absoluto. Os mundos abandonam quem os vê como diferentes do Absoluto. Os *Devas* abandomam quem os vê como diferentes do Absoluto. Os *Vêdas* abandonam quem os vê como diferentes do Absoluto. Os seres abandonam quem os vê como diferentes do Absoluto. Todos abandonam quem os vê como diferentes do Absoluto. Porque os *brâhmanes*, os *kshâtryas*, os mundos, os *Devas*, os *Vêdas*, os seres e tudo são o Absoluto".

COMENTÁRIO: Como tudo e todos estão contidos e são o Absoluto, quem assim não percebe é abandonado por todos, ou seja, pelos *brâhmanes*, *kshâtryas*, *Vêdas*, os mundos, os seres, etc. Isto porque tudo o que foi citado é o Absoluto.

VERSO 8: "Quando se toca um tambor não se pode distinguir os diferentes sons particulares, mas os que estão incluídos no som geral do tambor ou o som geral produzido pelas diferentes classes de golpes".

VERSO 9: "Quando se toca uma concha não se pode distinguir as diferentes notas em particular, mas as que se incluem na nota geral da concha ou no som geral produzido pelas diferentes classes de batidas".

VERSO 10: "Quando se toca uma *vinâ* não se pode distinguir as diferentes notas em particular, mas as que se incluem na nota geral da *vinâ* ou o som geral produzido pelas diferentes maneiras de tocá-la".

COMENTÁRIO: *Vinâ* é um instrumento musical semelhante à cítara.

VERSO 11: "Do fogo aceso com lenha úmida se produzem distintas classes de fumaças. Assim mesmo, querida, o *Rig-Vêda, Yajur-Vêda, Sâma-Vêda, Atahrvângirasa,* as histórias, a mitologia, as artes, as *Upanishads,* os versos de sentenças, os aforismos, as aclarações e explicações, os atos sacrificiais, as oferendas e todos os seres são, no total, a respiração da Realidade Infinita. São a Respiração do Absoluto".

COMENTÁRIO: Como foi explicado em II, iv, 10, *Atharvangirasa* é o *Atharva-Vêda,* artes são a dança, a música, etc., ou seja, os *vidyas,* os versos (*slôka*) são aqueles que se encontram nos *Brâhamanas,* os aforismos são algumas passagens dos *Vêdas* que apresentam a Verdade de modo resumido, os *sutras,* história são os *Ithasas,* mitologia são os *Puranas,* declarações e explicações são os *vyâhhyânas*. Assim como do fogo que é aceso com lenha verde são produzidos vários tipos de fumaças, todas procedentes do mesmo fogo, toda a literatura citada nada mais é que a respiração da Realidade Infinita, são a Respiração do Absoluto. São formas diferentes de expressar a mesma Realidade Infinita.

VERSO 12: "O oceano é a meta de todas as águas, a pele é a meta de todos os tipos de toques, o nariz é a meta de todos os odores, os olhos são a meta de todas as cores, o ouvido é a meta de todos os sons, a mente pensante é a meta de todos os pensamentos, as mãos são a meta de todos os tipos de trabalhos, o órgão reprodutor é a meta de todos os tipos de experiências prazerosas, o ânus é a meta de todos os excrementos, os pés são a meta de todos os movimentos, o órgão da fala é a meta de todos os *Vêdas*".

VERSO 13: "'Uma pitada de sal não tem exterior nem interior, toda ela é puro sal em sabor. Assim é também o Absoluto, minha querida, não tem interior nem exterior, é pura consciência. Esse Ser se expressa como uma entidade separada a partir dos elementos materiais e, com a destruição destes, é também destruído. Após alcançar (a unidade), passa a não ter consciência. Isto é o que eu sei, minha querida'. Assim falou *Yâjnavalkya*".

COMENTÁRIO: Aqui há uma comparação entre o Absoluto e uma pitada de sal. Essa não tem exterior ou interior, pois é somente sal. Do mesmo modo, o Absoluto não tem exterior nem interior, pois é pura consciência, de acordo com a *Aitareya Upanishad,* citada acima. O Absoluto pode ser percebido como algo separado, formado por partes, desde que seja compreendido por meio dos elementos materiais. Sendo estes destruídos, o ignorante que O perceba por meio desses elementos, o julga destruído.

VERSO 14: *Maitreyî* disse: "Com o que disseste, me deixaste cheia de confusão. Não compreendi nada'. Então, disse *Yâjnavalkya*: 'Na verdade eu não disse nada que seja confuso. O Absoluto é imutável e indestrutível, querida'".

COMENTÁRIO: *Maitreyî* não compreendeu as palavras de *Yâjnavalkya*. Ela não entendeu, em especial, porque o devoto, após alcançar a unidade, não tem consciência. Essa aparente contradição ocorre por meio do conhecimento do Absoluto. Então se alcança a unidade com tudo e, não havendo consciência particular, o ego se aquieta e se dissolve.

VERSO 15: "Continuou *Yâjnavalkya*: 'Porque, quando há dualidade se vê algo, se cheira algo, se saboreia algo. Mas, quando para ele que conhece o Absoluto, todas as coisas são Ele, então, ele veria através de que, ele cheiraria através de que, saborearia através de que, ele falaria através de que, ele ouviria através de que, ele pensaria com o que, ele haveria de tocar com o que, e ele haveria de conhecer através de que? Através do que ele poderia conhecer tudo o que é conhecido? O Absoluto é Aquele que foi definido como: 'Não é isto. Não é isto'. É imperecível porque nunca se percebe, indestrutível porque nunca se destrói, intocável porque nunca foi tocado, sem travas, nunca sente dor nem sofre. Através de que, *Maitreyî*, se poderia conhecer ao conhecedor? Já te dei o ensinamento, *Maitreyî*. Esse é, na verdade, a Imortalidade, querida'. Ao assim falar, *Yâjnavalkya* a deixou".

COMENTÁRIO: *Yâjnavalkya* continua falando a *Maitreyî*: Quando existe a dualidade sujeito-objeto, se vê, se ouve, se cheira, se sente sabor, etc. Mas, quando se conhece o Absoluto, não há mais essa dualidade. Então, não se cheira algo, não se vê algo, não se ouve algo, etc., porque tudo isso é o Absoluto, até mesmo aquele que cheira, ouve, vê, etc. Por meio do que se poderia conhecer tudo o que é conhecido? Ao se conhecer o Absoluto, tudo se torna conhecido. Ao se perceber isso, se torna imortal. Esse foi o conhecimento que *Yâjnavalkya* passou à sua esposa *Maitreyî*.

SEXTO *BRÂHMANA*
LINHAGEM DE MESTRES ESPIRITUAIS

VERSO 1: "Agora será dada a linhagem de mestres: Nós recebemos o conhecimento espiritual por meio de *Pautimâsya*. *Pautimâsya* recebeu de *Gaupavana*. *Gaupavana* recebeu de outro *Pautimâsya*. Este *Pautimâsya* recebeu de outro *Gaupavana*. Este *Gaupavana*, de *Kaushika*. *Kaushika*, de *Kaundinua*. *Kaundinya*, de *Shândilya*. *Shândilya*, de *Kaushîka* e *Gautama Gautama* (...)".

VERSO 2: "(...) de *Âgnivesha*. *Âgnivesha*, de *Gârgya*. *Gargya*, de outra *Gargy*. Esta *Gargy*, de *Gautama*. *Gautama*, de *Saitava*. *Saitava*, de *Pârâsharyayana*. *Pârâsharyayana*, de *Gârgyâyama*. *Gârgyâyama*, de *Uddâlakâyayana*. *Uddâlakâyayana*, de *Jâbâlâyana*. *Jâbâlâyana*, de *Mâdhyandinâyana*. *Mâdhyandinâyana*, de *Saukarâyana*. *Saukarâyana*, de *Kâshayana*. *Kâshayana*, de *Sâyakâyana*. *Sâyakâyana*, de *Kaushikâyani*. *Kaushikâyani* (...)".

VERSO 3: "(...) de *Ghrtakaushika*. *Ghrtakaushika*, de *Pârâsharyayana*. *Pârâsharyayana*, de (...) *Sânatana*, de *Parameshthin*. *Parameshtin* (*Virâj*), de *Brahmân* (*Hiranyagarbha*). *Brahmân* é o Eterno e não nascido".

COMENTÁRIO: Aqui é apresentada uma linhagem de mestres espirituais que se inicia com *Pautimâsya* e termina com *Brahmân*. Trata-se de uma *sampradaya*, numa sucessão discipular, um ensinando ao outro, ou seja, *param-parâ*.

Khilakânda

QUINTO *ADHYÂYA*
PRIMEIRO *BRÂHAMANA*
SOBRE *BRAHMÂN* - SOBRE O INFINITO
(SOBRE A INFINITUDE DE *BRAHMÂN*)

VERSO 1: "*Om*. Infinito é *Brahmân,* infinito neste (manifesto universo). Do infinito *Brahmân* se origina o infinito. Após ser realizada a Grande Identidade ou após a dissolução cósmica, quando a infinitude do infinito universo funde-se com *Brahmân*, ainda permanece o Infinito *Brahmân*. A sílaba *Om* é o Absoluto, o espaço eterno, o espaço que contém o ar, como somente poderia dizer *Kauravyâyânî*. O *Om* é a sabedoria dos *Vêdas* e quem a possui conhece o Absoluto. Mediante ela, sabe-se o que deve ser aprendido".

COMENTÁRIO: *Brahmân* também se manifesta neste universo físico. Neste caso se trata do *Brahmân* condicionado. Do *Brahmân* não condicionado se origina o próprio infinito. A Grande Identidade é uma expressão que significa a Identificação com o Absoluto. Quando isso acontece, ou quando ocorre a dissolução do universo que submerge em *Brahmân*, o que permanece é ainda *Brahmân*. Quando nos identificamos com o Absoluto, somos Ele e, após isso, somente Ele permanece. A sílaba sagrada *Om* é a manifestação sonora do Absoluto. Esse som sagrado contém a sabedoria dos *Vêdas*. Quem possui tal sabedoria conhece *Brahmân*. Por meio dessa sabedoria se pode saber tudo o que deve ser aprendido. Outro aspecto deste verso é o seguinte: quando o universo manifesto alcança a unidade com *Brahmân*, o que permanece é ainda *Brahmân*. O que faz o universo manifesto parecer diferente de *Brahmân* é o efeito da ignorância, o efeito de *mâyâ*. Quando o universo manifesto é percebido como sendo *Brahmân*, pela eliminação da ignorância, então esse universo aparece como sendo imanifesto.

SEGUNDO *BRÂHAMANA*
AS TRÊS VIRTUDES
(AS TRÊS GRANDES DISCIPLINAS)

VERSO 1: "As três classes de descendência do Criador *Prajapâti* são: *Devas*, humanos e *Asuras*. Eles viviam com o pai, *Prajapâti*, praticando votos de pureza. Ao terminar os *Devas* disseram: 'Instrui-nos, Ó senhor'. Então, Ele pronunciou a sílaba '*Dâ*', perguntando-lhes: 'Compreendestes?'. 'Compreendemos', disseram. 'Disseste-nos: 'Controla a vós mesmos'. 'Sim', disse o Criador, 'compreendestes'".

COMENTÁRIO: Diz *Nikilananda* (p. 321) que a sílaba *Dâ* é a primeira da palavra sânscrita *dâmyata*, que significa "autocontrole". No verso, os *Devas*, humanos e *Asuras*, segundo ainda *Nikilananda* (p. 321), estavam praticando votos de *brahmacharya*. Isto significa que estavam praticando continência, humildade, autocontrole e outras disciplinas espirituais. Ao pronunciar a sílaba *Dâ*, todos compreenderam *Prajapâti*. Ele os estava concitando à prática do autocontrole.

VERSO 2: "Então, os humanos Lhe disseram: 'Instrui-nos, ó senhor'. E Ele pronunciou a mesma sílaba '*Dâ*', perguntando-lhes: 'Compreendestes?'. Seus filhos responderam: 'Compreendemos'. E continuaram: 'Dissestes para nós: '*Dad*'. Daí, *Prajapâti* disse: 'Lhes digo, compreendestes'".

COMENTÁRIO: A palavra sânscrita *datta* começa com a sílaba *Dâ*. Isto pode ser compreendido como uma ordem de *Prajapâti* aos seus filhos para que estes adquirissem o hábito de dar. *Datta* está associada a dar.

VERSO 3: "Então, os *Asuras* Lhe disseram: 'Intrui-nos, Ó Senhor'. E Ele pronunciou a sílaba *Dâ*, perguntando-lhes: 'Compreendestes?'. Seus filhos responderam: 'Compreendemos. Dissestes para nós: 'Sejam compassivos'. *Prajapâti* respondeu: 'Sim, compreendestes'. E isto é o que repete a voz celestial do trono: '*Dâ, Dâ, Dâ*'. O que significa 'controle a si mesmo'. '*Dad*' (dar). 'Tenham compaixão'. Estas são as três coisas que devem ser praticadas: autocontrole, a cariade e a compaixão".

COMENTÁRIO: Como uma poderosa voz, saída das nuvens como um trovão no céu, o verso ensina as três maiores virtudes: autocontrole, caridade e compaixão. Essa lição foi dada por *Prajapâti* aos seus filhos, os *Devas,* os humanos e os *Asuras*. Ela é válida para os nossos dias, quando as coisas governam os homens, nessa Era de *Kali,* a era de ferro, quando a virtude declina e o mal prevalece.

TERCEIRO *BRÂHAMANA*
O CRIADOR
(*BRAHMÂN* COMO O CORAÇÃO)

VERSO 1: "*Prajapâti,* o Criador, é o coração. Ele é *Brahmân*, é todas as coisas. A palavra coração possui três sílabas (*hridayam*). *Hri* é uma. Recebe oferendas aquele que conhece isto. *Dâ* é a outra sílaba. Para quem conhece isto, poderes são oferecidos. *Yam* é a última sílaba. Quem conhece isto, vai ao céu".

COMENTÁRIO: A mente está localizada no coração, não na cabeça. Isto, segundo Martín (p. 434), nota de rodapé nº 8, está nas *Upanishads*. Diz ainda Martín, na mesma página, que se trata do coração ou mente cósmica. O criador, *Prajapâti,* tem no coração a sua morada. *Brahmân,* a mente cósmica, se identifica com todos e com tudo. O verso explica o significado de cada uma das sílabas da palavra sânscrita *hridayam,* que significa coração. *Hri* significa "trazer", "reunir". *Dâ* significa "dar". *Yam* significa "ir". Quem conhece o significado dessas sílabas ganha, respectivamente, oferendas, poderes e vai ao céu. Se as pessoas que conhecem as sílabas citadas recebem o que foi referido, o que receberá aqueles que meditam no coração?

QUARTO *BRÂHAMANA*
A PRIMEIRA REALIDADE
(MEDITAÇÃO EM *SATYA BRAHMÂN*)

VERSO 1: "Aquele *Brahmân* não é mais que isto, a Verdade (*Satya*). Quem conhece esse Grande Ser, glorioso e o primeiro nascido como Verdade-Absoluto (*Satya-Brahmân*), conquista esses mundos, e seus inimigos ao ser conquistados deixam de existir. Quem conhece Este Grande Ser, digno de adoração, o primeiro que nasceu como *Satya--Brahmân*, pela Verdade, chega-se a Ele".

COMENTÁRIO: Um verso marcante em que *Brahmân* e a Verdade são considerados como a mesmas coisa. Daí ser chamado de *Satya-Brahmân* ou Verdade-*Brahmân*. Quem sabe disso conquista os mundos, da mesma forma que *Brahmân* conquistou e criou o universo e seus inimigos desaparecem ao ser conquistados. Com o conhecimento de *Satya-Brahmân*, também conquista-se os inimigos, como Ele conquistou os mundos. Pela Verdade se alcança Esse Ser, digno de adoração.

QUINTO *BRÂHAMANA*
A REALIDADE MANIFESTADA
(UM LOUVOR A *SATYA BRAHMÂN*)

VERSO 1: "No princípio, este universo era era apenas água. E a água deu origem à Realidade (*Satya*). E a realidade é *Brahmân*. *Brahmân* originou o Criador *Prajapâti* e este originou os *Devas*. Os *Devas* meditam na Realidade *Satya*. E o nome da Realidade *Satya* é formado por três sílabas. *Sa* é uma sílaba, *Ti* é outra sílaba e *Y* é a terceira sílaba. A primeira e a última são verdadeiras. A do meio é falsa. Sua falsidade está rodeada em ambos os lados pela verdade e participa da mesma essência da Verdade. Aquele que conhece isso, a falsidade não lhe causa danos".

COMENTÁRIO: Ao que parece, a ideia da água como princípio de tudo é universal. Assim foi com o filósofo físico da Jônia, Tales de Mileto, Aristóteles e o conhecido livro "Gênesis", assim diz sobre as águas (GÊNESIS, I:1):

> "No princípio, criou Deus o céu e a terra; e havia trevas sobre a face do abismo; e o Espírito de Deus se movia sobre as águas".

A Biologia sabe que a vida surgiu na água e tudo o que é vivo cresce a partir dela. Aristóteles, ao comentar as ideias de Tales sobre a água como o princípio de tudo, disse que a semente de todo ser vivo tem natureza úmida, sendo a água a origem da umidade. Na *Chandogya Upanishad* (DE PALMA, Daniel, 2001), pode ser lido:

> "(...) A água é, na verdade, estas formas, o que contitui esta terra, a atmosfera, o céu, as montanhas, os *Devas* e os homens, o gado e as aves, as ervas e as árvores, as feras e os vermes, as mariposas e as formigas. A água é estas formas. Medita sobre a água. Quem medita na água como sendo *Brahmân* obtém mundos com água e alimento. Quem medita na água como *Brahmân* chega até onde a água vai e, em relação com ela, faz o quanto deseja (...)".

Seguindo esta linha de pensamento, este verso atribui à água o poder de gerar a Realidade que é *Satya,* que é *Brahmân*. No princípio, havia apenas a água. Esta gerou *Brahmân*. Este gerou *Prajapâti*, que gerou os *Devas*. A palavra *Satya* é formada por três sílabas, *Sa, Ti, Y.* A primeira e a última representam o que é verdadeiro e a do meio representa a falsidade. Esta está rodeada pela Verdade. Quem sabe disso não é atingido pela falsidade. Aqui, a água gera o Absoluto. Por que é dada tanta importância à água? Ao que tudo indica, isso se deve ao fato de a água ser muito importante nas cerimônias de purificação da Índia antiga. A água era oferecida no ritual *agnihotra* e outros. Daí, ela ter tal importância nesse verso. Sobre as sílabas citadas, diz *Nikilananda* (p. 326) que se tratam de um jogo de palavras: *Ti* é a falsidade (*amrita*). A falsidade é morte (*mrtyu*) porque a letra *t* é comum a ambas as palavras. *Sa* e *Ya,* sendo livres da morte, são a Verdade.

VERSO 2: Aquele que é a Verdade é este Sol, o ser que está lá na órbita solar e o espírito que está aqui no olho direito. Os dois se encontram um no outro. O primeiro está no outro pelos raios e pela energia. Quando uma pessoa está prestes a deixar o corpo, vê a órbita solar como uma claridade. Os raios solares não a alcançam mais".

COMENTÁRIO: Diz *Nikilananda* (p. 327) que o Ser que está na órbita solar e no olho direito é o ser individual, o *jiva*. O ser no Sol e o ser no olho são formas diferentes de *Satya-Brahmân*. Ambos se encontram um no outro porque, sendo *Satya-Brahmân,* ambos são um só. O Sol aqui seria a deidade que está relacionada aos olhos. Quando se está morrendo, aparece a órbita solar como uma claridade, o que significa que o moribundo está diante da morte. O Sol usa seus raios como seus servos. Estes ajudam o seu amo, auxiliando aqueles que estão nos olhos.

VERSO 3: "Sobre o Ser que está na órbita solar, a sílaba *Bhuh* é a cabeça. Lá está uma cabeça e essa sílaba. A palavra *Bhuvah* são seus dois braços e há essas duas sílabas. A palavra *Svah* são as suas pernas e há essas duas sílabas. Seu nome secreto é *Ahar*. Quem conhece isso destrói e aniquila o mal".

COMENTÁRIO: No Ser que está na órbita solar, chamado *Satya*, há três membros, chamados *Bhuh, Bhuvah* e *Svah*. Estas três são chamadas *Vyâhrits*. São as três palavras acrescentadas ao *Gaiatry Mantra*, que se encontra nos hinos do *Rig-Vêda* (III, 62, 10). Esse Ser possui três nomes, que são essas palavras. O nome secreto de *Satya*, o Absoluto, é *Ahar*. É uma palavra sânscrita oriunda da raiz *Ham* ou *Hâ*, que significa "aniquilar, destruir". Ou seja, destruir ou aniquilar o mal. Quem sabe isso, destrói o mal.

VERSO 4: Sobre o Ser que está na órbita solar, a sílaba *Bhuh* é a cabeça. Lá está uma cabeça e esta sílaba. A palavra *Bhuvah* são seus dois braços e há essas duas sílabas. A palavra *Svah* são as suas pernas e há essas duas sílabas. Seu nome secreto é *Aham*. Quem conhece isso destrói e aniquila o mal".

COMENTÁRIO: Este verso é semelhante ao anterior. Neste, o nome secreto de *Satya*, o Absoluto, é *Aham*. A palavra *Aham* significa "Eu". Seria uma referência ao Ser Interno, o *Âtman*. Quem sabe que a palavra *Aham* é derivada da raiz *Ham* ou *Hâ* obtém o resultado descrito no verso.

SEXTO *BRÂHAMANA*
O ESPÍRITO NA MENTE
(MEDITAÇÃO SOBRE *BRAHMÂN* COMO A MENTE)

VERSO 1: "O Ser identificado com a mente é resplandecente por natureza (e realizado pelos *yoguins*). Ele está no coração como um grão de arroz ou uma cebola. Ele é o Senhor de tudo, O que tudo ordena, e Aquele que governa tudo o que existe".

COMENTÁRIO: *Brahmân* é identificado pela mente porque é percebido por meio dela. Esse Ser transcendental é brilhante e resplandecente por Sua própria natureza. Ele, do tamanho de grão de arroz ou de uma cebola, se encontra no coração. Ele é o Senhor de tudo, O que tudo ordena. Sobre Ele está o coração.

Vale citar a *Katha Upanishad* (TINOCO, Carlos Alberto, 1996):

"*Yama*: 'O *Âtman,* menor que a menor coisa, maior que qualquer coisa, está oculto no coração de todas as criaturas. O homem liberto dos desejos permanece senhor do Ser Interno através da tranquilidade dos sentidos e da mente, libertando-se dos grilhões que o prendem ao corpo". (*Katha Upanishad,* I, 2, 20)

"O *Purusha,* do tamanho de um polegar, reside no corpo. Ele é o senhor do passado e do futuro". (*Katha Upanishad,* II, 1, 12)

Meditando-se em *Brahmân,* como sendo a mente, alcança-se a identidade com Ele.

SÉTIMO *BRÂHAMANA*
BRAHMÂN COMO ILUMINAÇÃO
(MEDITAÇÃO EM *BRAHMÂN* COMO ILUMINAÇÃO)

VERSO 1: "Dizem que iluminação é *Brahmân.* Chama-se iluminação porque dissipa as trevas. Aquele que sabe que a iluminação é *Brahmân* dissipa o mal em torno de si porque a iluminação é, realmente, *Brahmân".*

COMENTÁRIO: Trata-se de outra técnica de meditação sobre *Brahmân,* cujos resultados são a dissipação das trevas em torno daquele que medita, extinguindo também o mal.

OITAVO *BRÂHAMANA*
BRAHMÂN COMO A PALAVRA
(MEDITAÇÃO SOBRE OS *VÊDAS* COMO UMA VACA)

VERSO 1: "Alguém poderia meditar sobre a fala (os *Vêdas*) como uma vaca. Ela tem quatro tetas: os sons *Svâhâ, Vashat, Hanta* e *Svadhâ.* Os *Devas* residem em duas das suas tetas: *Svâhâ* e *Vashat.* O ser humano reside em *Hanta* e os *manes* em *Svadhâ.* Seu touro é o *prâna* e sua bezerra é a mente".

COMENTÁRIO: Diz *Nikilananda* (p. 331) que assim como a vaca dá à sua bezerra leite com suas quatro tetas, os *Vêdas,* por meio dos seus quatro ramos (*Rig, Sama, Yajur, Athar*va), dá comida para os *Devas,* os seres humanos e *Manes.* As palavras *Svâhâ* e *Vashat* são pronunciadas durante a realização de rituais oferecidos aos *Devas*. A palavra *Hanta* é pronunciada quando comida é oferecida aos seres humanos. A palavra *Svahâ* é pronunciada quando comida é oferecida aos *manes*. Rituais *vêdicos* não podem ser realizados se o *prâna* não funciona. Por isso, o touro é o *prâna*. Os *Vêdas* produzem frutos com a ajuda do *prâna*. Assim como o leite da vaca sai, estimulado pela sucção da bezerra, o conhecimento contido nos *Vêdas* somente pode ser adquirido por meio das mentes dos ouvintes. Por isso, a bezerra é comparada à mente.

NONO *BRÂHAMANA*
O FOGO
(MEDITAÇÃO NO FOGO *VAISHVÂNARA*)

VERSO 1: "O fogo que se encontra no interior de um ser humano e digere o alimento ingerido é *Vaishvânara*. Ele emite um som que é ouvido quando os ouvidos são fechados. Quando uma pessoa está próxima de abandonar o corpo não ouve mais este som".

COMENTÁRIO: Aqui há uma referência ao fogo que se encontra no estômago do ser humano e que o ajuda a digerir os alimentos. O que é o fogo *Vaishvânara*? É aquele que se encontra no interior do ser humano. Há uma referência ao som que é produzido por esse fogo. Será uma referência aos sons *nada*? Será que não se ouve mais esse tipo de som místico, quando se está abandonando o corpo? Ao que se pode deduzir do texto, a resposta é sim.

DÉCIMO *BRÂHAMANA*
NO MOMENTO DA MORTE
(O CAMINHO DA ALMA QUE PARTE)

VERSO 1: "Quando uma pessoa parte deste mundo, vai ao ar. Esse ar abre um espaço para ela como se fosse o oco de uma roda de uma carruagem. Por meio disso, ela ascende e alcança o Sol. O Sol se abre para ela como o oco de um pequeno tambor. Por meio dele, ascende e alcança a Lua. A Lua abre um espaço para ela como o oco de um tambor. Por meio dele, ascende e alcança um mundo livre de aflições e de frio. Ali, habita por anos sem fim".

COMENTÁRIO: Essa pessoa aqui referida deve ser aquela citada nos versos anteriores. O ar se encontra no espaço, no céu, impenetrável e sem movimento. Ao morrer, entra-se nele. Os orifícios citados são aqueles através dos quais se ascende aos diversos locais: o Sol, a Lua e o mundo livre de aflições e de frio. Esse mundo maravilhoso é o mundo de *Brahmân*. Este verso trata dos resultados das técnicas de meditação citadas nos versos anteriores: *Brahmân* como iluminação, como uma vaca e como o fogo *Vaishvânara*.

DÉCIMO PRIMEIRO *BRÂHAMANA*
PENITÊNCIA
(A SUPREMA AUSTERIDADE)

VERSO 1: "Uma grande penitência é sofrer por causa de uma enfermidade. Aquele que sabe disso ganha um mundo superior. Uma suprema penitência é quando um homem morre e seu corpo é levado para a floresta. Aquele que sabe disso ganha um mundo superior. É uma grande penitência para aquele que morre e o seu corpo é colocado em uma fogueira. Aquele que sabe disso ganha um mundo superior".

COMENTÁRIO: Aqui há referências a três formas de sofrimentos, quando se morre: sofrer por causa de uma enfermidade, ter o corpo sepultado em uma floresta e ter o corpo queimado em uma fogueira. Quem sabe disso tudo, ganha um mundo superior. Na Índia *vêdica* como hoje, quando se morre, o corpo é cremado. Será isso uma forma de sofrimento? Sepultar um corpo morto que era carregado pelos sacerdotes para ser sepultado na floresta, na Índia antiga, era uma forma de austeridade. Há sofrimento nisso? A aceitação das três formas de sofrimentos aqui descritas como formas de penitências destrói os erros oriundos da ignorância e produz os mesmos resultados que aqueles ganhos em rituais, segundo *Nikilananda* (p. 334).

DÉCIMO SEGUNDO *BRÂHAMANA*
O *PRÂNA* E O ALIMENTO
(MEDITAÇÃO SOBRE O ALIMENTO E O *PRÂNA* COMO *BRAHMÂN*)

VERSO 1: "Algumas pessoas dizem que o alimento é *Brahmân*. Isso não é assim porque o alimento apodrece sem o *prâna*. Outros dizem que o *prâna* é *Brahmân*. Isso não é assim porque o *prâna* seca sem o alimento. Mas essas duas deidades (alimento e *prâna*), ao se unirem, alcançam seus mais altos estados. Então, *Prâdrida* disse ao seu pai: 'Que posso fazer de bom para quem conhece isso e que posso fazer de mal para o outro?' Seu pai, com um gesto da mão, lhe disse: 'Não, *Prâtrida*. Porque quem chega a esse estado pela união dos dois?'. Então lhe disse o filho: 'Este é *Vi*. O alimento é *Vi*, porque todas essas criaturas se mantêm pelo alimento. É *Ram*. O *prâna* é *Ram*, porque todas essas criaturas desfrutam da energia da vida. Todas as criaturas repousam nele, todas as criaturas desfrutam dele, para quem sabe disso".

COMENTÁRIO: Sobre a importância do alimento, deve-se citar a *Taitti*yria *Upanishad* (Tinoco, C. A, 1996):

"A importância do Alimento

O conhecedor de *Brahmân* nunca despreza o alimento; esse é o seu juramento. O *prâna* é, verdadeiramente, o alimento; o corpo é o comedor do alimento; o corpo sustenta o *prâna*; o *prâna* sustenta o corpo; assim, o alimento sustenta o alimento". (*Taiittiyria Upanishad,* III, 7, 1)

O alimento como *prâna* e este como alimento, é citado neste verso, por sua importância em manter a vida. Mas o alimento apodrece se dele retiramos o *prâna*. Como já foi citado antes, o *prâna* foi assimilado ou dito ser *Brahmân*, no Comentário de *Shankaracharya* ao *Brahma--Sutra*. O verso apresenta um diálogo entre *Prâdrida* e seu pai. Este, disse o filho, que o alimento é *Vi* porque todas as criaturas vivem dele. O *prâna* é *Ram* porque todas as criaturas dependem dele.

DÉCIMO TERCEIRO *BRÂHAMANA*
MEDITAR NO *PRÂNA*
(MEDITAR NA ENERGIA VITAL)

VERSO 1: "Meditar no *prâna* como *uktah*. O *prâna* é *uktha* porque é a energia da qual surge o universo. De quem sabe isso, nasce um filho que conhece o *prâna*. E chega à unidade no mesmo mundo como *uktha*".

COMENTÁRIO: Aqui está uma recomendação para se meditar no *prâna* como *uktha*. Mas, o que é *uktha*? É uma palavra sâscrita que significa um hino ou oração do *Rig-Vêda*. É um hino para orar. É a principal parte do ritual denominado *Mahâvrata*. Assim como *uktha* é um hino muito importante, o *prâna* é o fator mais importante para o corpo e a vida. Por isso se deve meditar no *prâna* como *uktha*. De quem sabe disso, nasce um filho que conhece o *prâna*.

VERSO 2: "Deve-se meditar no *prâna* como *Yajur*. O *prâna* é *Yajur* porque todos os seres estão unidos uns aos outros se o *prâna* está presente. Todos os seres estão unidos pela importância daquele que, ao saber disso, consegue a união com o todo no mundo dos *Yajurs*".

COMENTÁRIO: A palavra sânscrita *Yajur* tem a mesma raiz que *Yajur-Vêda*. Nesse verso é feita referência a um hino ou mantra que simboliza a vida, que une *yajus*. Significa também o *prâna*. Esses são os *yajus* porque todos os seres estão unidos se o *prâna* está presente. Somente ele faz isso. Daquele que conhece isso, nasce um filho que conhece o *prâna*.

VERSO 3: "Deve-se meditar no *prâna* como *sâman*. O *prâna* é *sâman* porque dodos os seres estão unidos se o *prâna* está presente. Unidos estão todos os seres em razão da importância daquele que, ao saber disso, alcança a união com o todo no mesmo mundo como o *sâman*".

VERSO 4: "Deve-se meditar no *prâna* como *Kshatra*. O *prâna* é *Kshatra*, já que é o *prâna* quem governa. É ele quem protege o corpo das feridas. Aquele que sabe disso alcança o *prâna* e não necessita mais de proteção. Assim, consegue a união com o todo, no mesmo mundo como *Kshatra*".

COMENTÁRIO: A palavra *sâman* tem a mesma origem que *Sâma-Vêda*. Neste verso significa união com o verso anterior. A palavra *Kshatra* tem a mesma origem que *kshâtrya*, a casta dos guerreiros, reis, etc. O *prâna* protege o corpo em relação às feridas e, por isso, é chamado de *Kshatra*. O resultado para quem sabe disso é alcançar o *prâna* e, assim, não necessita mais de proteção. Dessa forma, consegue unir-se ao todo, no mundo como *Kshatra*.

DÉCIMO QUARTO *BRÂHAMANA*
GAIATRY MANTRA E O PRÂNA
(O SAGRADO *GAIATRY*)

VERSO 1: "As palavras *Bhumi* (terra), *Antariiksha* (firmamento), *Dyaus* (céu) possuem oito sílabas. E de oito sílabas também é a primeira linha do *Gaiatry Mantra*. Por que essa primeira linha se refere àqueles mundos. Quem conhece isso, conquista o que existe até onde esses mundos se estendem".

COMENTÁRIO: Nesse verso é feita uma referência às quatro linhas de oito sílabas do *Gaiatry Mantra:*

*"Om, bhur, Bhuvar, Svat,
Tat Savitur Varenian
Bhargo Devasia Dhymahe
Dhyo Yo Nat Prachodaya".*

Há oito sílabas em cada linha. A palavra *Gaiatry* significa também a forma de escrever versos em sânscrito, ou seja, sob a forma de versos de quatro linhas com oito sílabas cada. As palavras *Bhur, Antariksha, Dyaus* ou *Bhur, Bhuvar, Svat* significam: terra, firmamento e céu ou éter. As palavras da primeira frase são chamadas *Vyahits* e foram acrescentadas ao original. Quem sabe disso conquista tudo o que existe, até onde esses mundo alcançam.

VERSO 2: "*Richah, Yajumshi* e *sâmani* formam oito sílabas, e a segunda linha do *Gaiatry* tem oito sílabas. Esta é, portanto, aqueles três. Quem conhece a segunda linha do *Gaiatry* conquista o que existe, até onde essas três formas de conhecimento alcançam".

COMENTÁRIO: A segunda linha do *Gaiatry* possui oito sílabas. As três palavras citadas têm oito sílabas no total. Elas são a forma plural dos nomes de três *Vêdas*: *Rig, Yajur* e *Sâma*. Quem conhece a segunda linha desse mantra conquista tudo o que existe, até onde essas três formas de saber alcançam.

VERSO 3: "*Prâna, Apana* e *Vyana* formam oito sílabas, e a terceira linha do *Gaiatry* tem oito sílabas. Essas três formas de *prânas* constituem a terceira linha do *Gaiatry.* Quem sabe sobre a terceira linha do *Gaiatry* conquista os seres vivos que se encontram no universo. Agora, *Turîya* é essa linha aparentemente visível que se encontra acima da obscuridade do mundo, onde o Sol brilha. *Turyîa* significa a quarta. Diz-se que é aparentemente visível porque é como se fosse vista. E se considera que está acima da obscuridade mundana porque brilha sobre o universo inteiro. Quem conhece a quarta linha do *Gaiatry* brilha com espledor e glória".

COMENTÁRIO: São citados três nomes ou tipos de *prânas*. Juntos, têm oito sílabas e constituem a terceira linha do *Gaiatry*. Quem conhece a terceira linha do *Gaiatry* conquista os seres vivos do universo. O *Gaiatry* possui três linhas. Aqui é feita uma referência a uma quarta linha, que é *Turîya*, visível acima do que é mundano, obscuro. Esta linha do *Gaiatry* é o sol que brilha. A palavra *Turîya* significa "quarto" ou "quarto".

VERSO 4: "*Gaiatry* permanece na quarta, a linha claramente visível, por cima dos mundos obscuros. Permanece na Verdade. A visão é a Verdade porque ver é a verdade. Se duas pessoas começam uma disputa dizendo uma 'eu vejo' e a outra, 'eu ouço', confiaríamos naquela que disse 'eu vejo'. Essa verdade mantém a sua força. O *prâna* é a força. Logo, a verdade está no *prâna*. Por isso se diz que a força é mais poderosa que a verdade. Assim, o *Gaiatry* permanece no *prâna* dentro do corpo. *Gaiatry* protege os *gayâs*, os órgãos. E porque os protege se chama assim. O verso *Sâvitrî* que o mestre comunica ao discípulo não é senão isto. E cuida dos órgãos daquele que se comunica".

COMENTÁRIO: Esse mantra foi descrito nos versos acima como abrangendo três mundos, três *Vêdas*, três formas de *prânas*, consistindo de três linhas. A quarta linha do *Gaiatry* é referida aqui como claramente visível. Ela está acima dos mundos obscuros porque está no Sol ou no amanhecer, que é o *Sâvîtri* ou *Savitur*, o *Deva* do amanhecer, citado na primeira linha do *Gaiatry*. A testemunha mais importante, entre a que ouve e a que vê, esta última é a preferida porque a visão é a verdade. A verdade está no *prâna* porque este contém a verdade. Como o *Gaiatry* está no *prâna*, ele é a verdade que está no corpo com ele. A palavra *gayâ* significa a língua, o órgão da fala. Mas aqui significa todos os órgãos. Como estes são protegidos pelo *prâna* que está no corpo, o *Gaiatry* protege os *gayâ* ou os órgãos. O verso *Sâvîtri* que o mestre comunica aos discípulos é o *Gaiatry Mantra*, que cuida dos órgãos daquele que o recita e comunica.

VERSO 5: "Algumas pessoas ensinam os versos *Sâvîtry*, que é uma métrica *Anushtubh*, dizendo: 'A Deusa da fala é *Anushtubh*. Nós vamos ensinar isso a você. Não deveríamos fazê-lo. Deveríamos ensinar-te o *Sâvîtry*, que é o *Gaiatry*'. Verdadeiramente, se algum sabedor disso o recebesse como se fosse um dom, não seria suficiente para igualar-se a apenas uma linha do *Gaiatry*".

COMENTÁRIO: A expressão "Algumas pessoas" se refere a seguidores de algumas linhas dos *Vêdas*, segundo *Nikilananda* (p. 342). O verso *Sâvîtry*, composto segundo a métrica *Anushtubh*, é o seguinte, segundo *Nikilananda* (idem):

*"Tat Savitur vrinamahe vayam devasya bhojanam
Shreshtham sarvadhâtamam turam bhagasya dhimahi".*

A tradução seria:

"Nós suplicamos a melhor comida do radiante Sol, o qual interpenetra todas as coisas. Nós meditamos sem protelação sobre o Sol". (*Rig-Vêda*, V, 82, 1)

No verso, o *Gaiatry Mantra* é descrito como tendo sido escrito na métrica *Anushtubh*, a deusa da fala. De acordo com as linhas dos *Vêdas* citadas, como *Sarasvati* é a deusa da fala, é apropriado aos novos iniciados cantarem o *Gaiatry* de acordo com a métrica *Anushtubh* e fazer adorações a *Sarasvati*. Caso seja dado ao iniciado conhecimentos sobre o *prâna,* ele estará recebendo ensinamentos sobre a palavra e sobre *Saravati*. Se aquele que sabe disso recebesse o que sabe como um dom, na verdade não é um dom para ele, uma vez que ele é como se fosse o universo inteiro, ao cantar esse mantra. A totalidade do suposto dom recebido seria insuficiente para que ele se igualasse a uma linha sequer do *Gaiatry Mantra*.

VERSO 6: "Se aquele (o conhecedor do *Gaiatry*) aceita esses três mundos plenos de saúde, receberá apenas a primeira parte do *Gaiatry*. Se aceita, entretanto, as três classes de conhecimentos (dos *Vêdas*), receberá a segunda parte do *Gaiatry*. E, se aceita também a todos os seres vivos, receberá a terceira parte. Quanto à quarta, que é claramente visível e está acima da obscuridade do Sol luminoso (*Sâvìtry*), não pode ser adquirida por nenhuma classe de dádiva".

COMENTÁRIO: É muito difícil, senão impossível para quem quer que seja, receber como dádiva os três mundos e assim obter da terceira linha do *Gaiatry*. A aceitação de tal dádiva conturbará os resultados do conhecimento que se adquire ao se saber sobre a primeira linha do *Gaiatry*. Aqui é dado especial destaque à quarta frase do *Gaiatry,* que é plenamente visível. Ela está acima da obscuridade, pois sendo ela o Sol ou *Sâvìtry* não pode ser adquirida por meio de nenhum tipo de dádiva.

VERSO 7: "Saudação ao *Gaiatry*": "Ó *Gaiatry*, vós sois a primeira linha, a segunda linha, a terceira linha e a quarta linha. E vós (ao mesmo tempo) não possuis nenhuma linha porque sois inalcansável. Eu saúdo a ti, quarta linha, claramente visível, que está acima da obscuridade! Que o inimigo não alcance o seu objetivo! Que o conhecedor do *Gaiatry* não leve o ódio a ninguém. Ele poderia usar este mantra: "Possam seus desejos não se realizem". Caso a pessoa que canta este mantra seja objeto do mal desejo, que este nunca prospere. Ou poderia dizer: "Que eu possa obter isso dele, (do *Gaiatry*)".

COMENTÁRIO: Segundo *Nikilananda* (p. 343), há interpretações para as seguintes expressões:

- Primeira linha = refere-se aos três mundos;
- Segunda linha = refere-se aos três *Vêdas*;
- Terceira linha = refere-se aos três tipos de *prâna*;
- Quarta linha = refere-se ao Sol ou *Sâvîtry*.

As respeitosas palavras observadas no verso referem-se às formas incondicionadas do *Gaiatry Mantra,* descritas do mesmo modo que se descreve o Absoluto: "Não é isto, Não é isto". O inimigo também citado se refere aos obstáculos que surgem no caminho espiritual, na *sadhana* do buscador da Verdade ou do *Gaiatry,* aqui assimilado como o Absoluto.

VERSO 8: "Nesse ponto, *Janaka,* Imperador de Videha, disse a *Budila,* filho de *Ashvatarâshva*: 'Bem, como é que tú, que designas a ti mesmo como um conhecedor do *Gaiatry,* carregaste a mim como se fosses um elefante?'. Ele replicou: 'Porque, ó majestade, eu não conheço sua boca'. O Imperador lhe disse: 'Sua boca é fogo. Se as pessoas põem uma grande quantidade de combustível dentro do fogo, tudo será queimado rapidamente. De modo semelhante, uma pessoa que conhece isto e comete uma grande quantidade de enganos pode consumi-los e tornar-se puro, limpo e livre da decadência e da morte".

COMENTÁRIO: O verso é um diálogo entre *Janaka,* o Imperador e *Budila,* filho de *Ashvatarâshva*. O Imperador lhe questiona, indagando como poderia ele, que se considera um conhecedor do *Gaiatry,* carregá-lo como se fosse um elefante. A questão central do diálogo é que aquele que conhece o *Gaiatry* identifica-se com ele e possui fogo na própria boca por recitá-lo. Isto faz consumir os seus enganos e erros. É importante que seja dito que a palavra sânscrita para Sol é *Surya*. *Sâvîtry* é a deidade do amanhecer ou o próprio amanhecer. Portanto, *Sâvîtry* está associado ao Sol.

DÉCIMO QUINTO *BRÂHAMANA*
ORAÇÃO AO SOL NO MOMENTO DA MORTE
(A ORAÇÃO PARA A PESSOA QUE MORRE)

VERSO 1: "A porta da Verdade (*Satya-Brahmân*) está coberta por um disco dourado. Descrubra-a, ó luminoso Sol! Remova-a para que se possa vê-la, eu que a amo. Luz! Tu és a essência de tudo, o poder criador de todas as criaturas, tu que viajas no espaço, dirige teus raios que nos deslumbram, para que eu possa contemplar Esta Verdade, a mais bela que se pode ver. A luz que está ali e em todas as partes, isso sou eu. Que pela força da vida eu me identifique com o Espírito da Luz Imortal, nesse mesmo momento em que o corpo mortal vai ser reduzido a cinzas. *Om.* Sois o símbolo *Om,* ó Luz, relembra tudo quanto tenhas feito. Ó fogo, Ó luz divina, que conhece todas as coisas! Conduze-nos pela via correta que conduz à felicidade. Aparta de nós os enganos que nos desviam do caminho. Para ti, nossas palavras de reverência".

COMENTÁRIO: Trata-se de uma oração ao Sol e à Verdade que deve ser pronunciada quando alguém está morrendo. Estes são os mesmos versos 15 e 16 da *Isha Upanishad,* traduzidos pelo autor do seguinte modo (TINOCO, C. A. 1996):

> "*15.* A porta da Verdade está coberta por um disco dourado. Abra-a, ó Tu que és o Alimentador. Remova-a, para que eu, verdadeiro e puro adorador da Verdade, possa observá-La".

> "16. Ó Tu que alimentas, solitário viajante do céu! Ó Controlador de todas as coisas! Ó Sol da linhagem de *Prajapâti*! Reúne os Teus raios, afasta dos meus olhos a Tua ofuscante luz, para que eu veja através da Tua graça, Tua majestosa forma. Eu sou Tu, ó brilhante *Purusha,* e em Ti resido". (*Isha Upanishad*, versos 15 e 16)

Trata-se de um lindo verso sobre a Verdade e a Sua luz. A porta da Verdade está coberta por um disco dourado porque, quem não meditou sobre Ela e quem não tem sua mente fixa Nela, não pode vê-La. Uma pessoa que tenha meditado e feito ao longo da sua vida atos religiosos, no momento da sua morte ora ao Sol, que constitui as quatro linhas do *Gaiatry Mantra*. A palavra *Pûsan* que se encontra neste verso representa o Sol porque ele é quem alimenta o mumdo, ou seja, é o Alimentador. Há outros nomes para *Pûsan*: *Yama, Sûrya* e *Prajapâti*. São usados para designar os vários aspectos da luz solar. A Luz da Verdade cega, com o seu forte brilho, a quem não está em condições de contemplá-La. Na famosa "Alegoria da Caverna", de Platão, que se encontra no capítulo VII de *A República*, está uma narrativa sobre o mesmo tema da Luz Solar. A expressão "dirige teus raios que nos deslumbram, para que eu possa contemplar Esta Verdade, a mais bela que se pode ver" significa que não se pode vê-La tal como Ela é, uma vez que se pode ficar cego pela deslumbrante luz que Dela emana. Daí, o verso fala da identificação do moribundo com Essa magnífica e resplandecente luz. Sendo o moribundo imortal, identifica-se com *Satya-Brahmân* no momento da morte, retornando ao ar, o seu *prâna*. A frase: "Sois o símbolo *Om*" significa tal identificação do moribundo com o *Om*, o Absoluto. Na oração é pedido ao moribundo que relembre tudo quanto tenha feito, ao longo da sua vida. Sabe-se que, durante as "Experiências de Quase Morte (EQM), o moribundo faz um restrospecto da sua vida, quando todas as cenas que viveu são passadas na tela da sua mente. O verso se encerra com uma alusão a que essas reverentes palavras da oração são dedicadas à Verdade.

SEXTO *ADHYÂYA*
PRIMEIRO *BRÂHAMANA*
O *PRÂNA* E SUAS FUNÇÕES
(A SUPREMACIA DO *PRÂNA*)

VERSO 1: "*Om*. Aquele que conhece o primeiro e o melhor se converte no primeiro e no melhor entre os seus. O *prâna* é o primeiro e o melhor. E quem o conhece se converte no primeiro e no melhor, não apenas dos seus, mas também de quem quer sê-lo".

COMENTÁRIO: O tema da supremacia do *prâna* tratado nesse verso também se encontra na *Chadogya Upanishad* (PALMA, Daniel de, 2001):

> "1. Quem conhece o mais antigo e o melhor se torna o mais antigo e o melhor. O *prâna* é, por certo, o mais antigo e o melhor".
>
> "2. Quem conhece o mais rico converte-se no mais rico entre os seus". (*Chandogya Upanishad,* V, 1, 2)

Em verso anterior foi dito que o *prâna* é o *Gaiatry Mantra*. Mas, por que é o *Gaiatry* e não os órgãos, como a língua? A resposta seria: Porque o *prâna* é o primeiro e o melhor, enquanto que os órgãos não. A primeira parte do verso esclarece isto. Quem o conhece se converte no primeiro e no melhor (o *prâna*), não apenas entre os seus, mas também de quem deseja sê-lo.

VERSO 2: "Aquele que conhece o melhor chega a ser o melhor dentre os seus. A fala é o melhor. Aquele que o conhece se transforma no melhor dentre os seus parentes e também dentre aqueles que desejam ser assim".

COMENTÁRIO: Ainda continua sobre o *prâna,* que é o melhor. E quem o conhece se torna o melhor dentre os seus e dentre os seus parentes. Também se torna o melhor dentre aqueles que desejam sê-lo.

VERSO 3: "Aquele que conhece a base estável, vive estável, tanto em tempos e lugares difíceis como nos fáceis. O olho é também considerado como a base, porque por meio dele te estabeleces tanto nos tempos e lugares difíceis, como nos fáceis. Quem sabe disso, vive na estabilidade em todos os tempos".

COMENTÁRIO: Quem conhece *prastisthâ,* diz Martín (p. 456), aquele que tem o atributo da estabilidade ou aquele pelo qual se vive em estabilidade, adquire o seguinte resultado: vive estável em lugares e tempos suaves e também nos difíceis ou inascessíveis, como em tempos de revolução social, de carestia, de corrupção política, etc. Se isto é assim, diz-se que é *prastisthâ*. O olho é a base porque, vendo tudo isso, se vive estável em lugares difíceis e fáceis. É a visão quem nos dá estabilidade em todos os tempos.

VERSO 4: "Aquele que conhece a prosperidade consegue qualquer objeto que deseje. O ouvido é a prosperidade porque através dele se adquire todos os *Vêdas*. Quem sabe disso, consegue qualquer objeto que deseje".

COMENTÁRIO: A palavra sânscrita associada à prosperidade é *sampad*. *Sampad* tem por atributo a prosperidade. Quem conhece *sampad* adquire qualquer objeto deste mundo, desde que o deseje. Mas quem tem tal atributo? O ouvido é a resposta. Por que é assim? Porque é através dos ouvidos que se aprende os *Vêdas*. No tempo em que essa

Upanishad foi escrita os *Vêdas* eram ensinados oralmente, da boca do mestre para o ouvido dos discípulos. Por isso, o ouvido conduz à prosperidade. Quem sabe disso adquire qualquer objeto que deseja.

VERSO 5: "Aquele que conhece a morada (*âyatana*) torna-se a morada dos seus parentes e de outras pessoas. A mente (*manes*) é a morada. Quem sabe disso se torna a morada dos seus parentes e de outras pessoas".

COMENTÁRIO: Aqui, a mente pensante (*manes*) é a morada. *Manes* é a morada dos órgãos sensoriais e seus objetos de desejos. É através da mente que se experimenta o mundo e, consequentemente, os seus objetos externos desejados. Os órgãos sensoriais interrompem seus trabalhos de percepção, de acordo com a decisão do pensamento. Por isso, a mente é a morada dos órgão sensoriais. Quem sabe que a morada é a mente torna-se a morada dos seus parentes e de outras pessoas.

VERSO 6: "Aquele que conhece os atributos do órgão da procriação (*prajâti*) se enriquece com filhos e animais. O sêmen tem esse atributo. Quem sabe disso se enriquece com filhos e animais".

COMENTÁRIO: Aqui, a palavra "sêmen" se refere ao órgão da procriação. Quem conhece os seus atributos, ou seja, a sua capacidade de gerar filhos, adquire filhos e animais.

VERSO 7: "Esses órgãos, discutindo sobre a superioridade de cada um, foram até *Brahmâ* e lhe disseram: 'Quem de nós é o melhor?'. E *Brahmâ* respondeu: 'Aquele dentre vocês por cuja saída faz o corpo ficar em pior situação'".

COMENTÁRIO: Os órgãos, dentre eles a língua e os outros, ao discutirem entre si sobre quem dentre eles era o superior, foram até *Brahmâ* ou *Prâjapati* e lhe indagaram quem era o melhor. Este respondeu que o superior era aquele que, ao partir, faz o corpo ficar em má situação. Por ser o corpo um agregado, uma junção de muitas coisas impuras é algo desprezível, mesmo que nele uma pessoa viva. Será mais impuro ainda, após a morte ou a partida de qualquer órgão. Esse que partiu é o maior. Essa resposta foi dada para criar uma sensação de desgosto entre eles. Diz *Nikilananda* (p. 349) que *Brahmâ* sabia a resposta mas não a deu antes, para evitar ofender aos outros órgãos.

VERSO 8: "O órgão da fala partiu. E, após permanecer um ano ausente, retornou e disse: 'Como vocês foram capazes de viver sem mim?'. Os demais órgãos responderam: 'Vivemos como vivem os mudos, sem falar através da língua, mas vivendo através do *prâna,* vivendo com os olhos, ouvindo com os ouvidos, conhecendo através do pensamento e tendo filhos com o órgão da procriação'. Assim, o órgão da fala entrou no corpo".

COMENTÁRIO: Após se dirigir a *Brahmâ,* os órgãos passaram a provar seus poderes, um a um. Dentre eles, o órgão da fala foi o que saiu primeiro, deixando o corpo. Após estar fora durante um ano, voltou e indagou aos que ficaram: "Como vocês foram capazes de viver sem mim?". Os que ficaram responderam: "Vivemos como vivem os surdos, sem falar através da língua, mas vivendo através do *prâna,* vivendo através dos olhos, ouvindo através dos ouvidos, conhecendo através do pensamento e tendo filhos através do órgão da procriação". Ao ouvir isso, o órgão da fala percebeu que não era o melhor. Então, entrou no corpo.

VERSO 9: "O olho partiu. E, após permanecer um ano ausente, retornou e disse aos que ficaram: 'Como vocês foram capazes de viver sem mim?'. Os que ficaram responderam: 'Vivemos como vivem os cegos, não vendo com o olho, mas mantendo a vida com o *prâna,* falando através da língua, ouvindo através do ouvido, pensando através do pensamento e procriando através do órgão da procriação'. Assim, o olho entrou no corpo".

COMENTÁRIO: O comentário seria semelhante ao verso anterior, mas desta vez se trata do olho.

VERSO 10: "O ouvido partiu. E, após ficar um ano ausente, retornou e disse aos que ficaram: 'Como vocês foram capazes de viver sem mim?'. Os que ficaram responderam: 'Vivemos como vivem os surdos, sem ouvir com o ouvido, mas mantendo a vida através do *prâna*, falando através da língua, vendo através do olho, pensando através do pensamento e procriando através do órgão reprodutor". Assim, o ouvido entrou no corpo".

VERSO 11: "O pensameto partiu. E, após permanecer um ano ausente, voltou e disse aos que ficaram: 'Como vocês viveram sem mim?'. Os órgãos que ficaram responderam: 'Vivemos como vivem os loucos, sem conhecer com o pensamento, mas vivendo através do *prâna,* falando através da língua, vendo através do olho, ouvindo através do ouvido e procriando através do órgão reprodutor'. Assim, o pensamento entrou no corpo".

VERSO 12: "O órgão reprodutor partiu. E, após ficar um ano ausente, retornou e indagou aos que ficaram: 'Como vocês viveram sem mim?'. Os que ficaram responderam: 'Vivemos como vivem os eunucos, sem procriar através do sêmen, mas mantendo a vida através do *prâna,* falando através da língua, vendo com o olho, ouvindo através do ouvido e pensando através do pensamento'. Assim, o órgão reprodutor retornou ao corpo".

VERSO 13: "Então, o *prana,* ao abandonar o corpo como se fosse um brilhoso corcel do Sind, arrancou as estacas que o prendiam e retirou todos os órgãos. Estes lhe disseram: 'Não te vás, Senhor, pois não podemos viver sem ti'. O *prâna* então respondeu: 'Se sou tão importante assim, dediquem-me oferendas'. 'Assim será', responderam".

COMENTÁRIO: O *prâna,* ao abandonar o corpo como se fosse um fogoso corcel do Sind, arrancou as estacas que o prendiam e retirou os órgãos do corpo. Sind é uma região do oeste da Índia. Ao fazer isso, os órgãos protestaram, dizendo que não poderiam viver sem o *prâna,* a energia da vida. O *prâna,* consciente da sua importância, lhes disse para prestarem oferendas a ele, já que era tão necessário. Todos concordaram e assim fizeram. Os demais órgãos foram arrancados em decorrência da saída do *prâna.*

VERSO 14: "A língua disse: 'A supremacia que possuo é tua'. O olho disse: 'A estabilidade que tenho é tua'. O ouvido disse: 'A prosperidade que tenho é tua'. O pensamento disse: 'A morada que tenho é tua'. O órgão da procriação disse: 'A capacidade de procriar que tenho é tua'. Então, o *prâna* disse: 'Qual é o meu alimento e o meu vestuário?'. Eles responderam: 'Qualquer coisa que se considere alimento, incluindo-se cachorros, vermes, insetos ou moscas, é teu alimento, e as águas são tua vestimenta'. Aquele que conhece o alimento do *prâna* nunca comerá algo que não seja alimento ou aceitará algo que não o seja. Por isso, os sábios que conhecem os *Vêdas* tomam um pouco de água antes e após comerem. Assim, eles pensam que procedendo desse modo eliminam a nudez do *prâna*".

COMENTÁRIO: A língua foi a primeira a oferecer a sua homenagem. Ela disse ao *prâna* que a supremacia a ele pertencia, pois o *prâna* era o melhor. O olho, o ouvido, o pensamento e o órgão reprodutor lhe prestaram o mesmo tributo. Após ser exaltado, o *prâna* retrucou, indagando qual seria o seu alimento e o seu vestuário. Então, todos responderam que seu alimento e seu vestuário eram qualquer coisa que seja considerada alimento, incluindo-se cachorros, vermes, insetos ou moscas e até mesmo as águas. Pode-se entender do texto que todas as coisas são alimento para o *prâna*. Mas não se deve entender que se deva comer tudo, pois existem alimentos impuros, estragados. Isto é algo proibido pelas escrituras sagradas da Índia. Por isso, os sacerdotes ou sábios que conhecem os *Vêdas* têm o hábito de beber um pouco de água, antes e após comerem. Por isso, a água também é alimento e vestimenta do *prâna*.

SEGUNDO *BRÂHAMANA*
OS CAMINHOS DO APÓS MORTE
(OS PROCESSOS DE RENASCIMENTO)

VERSO 1: "*Shvetaketu*, neto de *Aruna*, veio até a assembleia de *Pânchâlas* e aproximou-se de *Pravâhana* filho de *Jivala*, que estava seguido por seu séquito. Assim que o rei o viu, disse-lhe: 'É você, jovem?'. Ele respondeu: 'Sim, ó Senhor'. Então, o rei indagou: 'Você tem sido instruído por seu pai?'. Ele respondeu: 'Sim'".

COMENTÁRIO: *Shvataketu* foi até a assembleia de *Pânchâlas* para expor o que havia aprendido. Os *Pânchâlas* eram famosos pelo que ensinavam. Com o desejo de conquistar primeiramente a assembleia e depois a corte imperial, *Shvetaketo* se aproximou de *Pânchâlas*, o filho de *Jivala*, que estava rodeado pelo seu séquito. O rei ouviu falar do seu orgulho pelo que havia aprendido e desejava dar-lhe uma lição. Ao vê-lo, a ele se dirigiu com uma expressão de censura, chamando-o de "jovem". É sabido pela tradição da Índia antiga que não se dirige a um *kshâtrya* dessa maneira. Mas ele respondeu, afirmando que sim. Então o rei lhe indagou se ele estava sendo instruído pelo seu pai. O jovem orgulhoso respondeu afirmativamente, como se o rei tivesse alguma dúvida sobre o fato ou, se tivesse alguma dúvida, poderia indagar-lhe o que desejasse.

VERSO 2: "O rei disse: 'Você sabe como as pessoas seguem por caminhos diferentes após morte?'. 'Não', disse ele. Daí o rei continuou: 'Você sabe como se retorna a este mundo?'. 'Não', retrucou ele. 'Sabes por que o outro mundo não se enche nunca com tantas pessoas que morrem incessantemente?'. 'Não', foi a resposta. 'Sabes após quantas oferendas e oblações, a água torna-se dotada de voz humana e fala?'. 'Não'. 'Conheces os meios para se acessar o caminho dos *Devas* ou dos antepassados (*Manes*), ou melhor, através de quais ações o ser humano alcança o caminho que leva aos *Devas* ou *Manes*? Temos ouvido as seguintes palavras do mantra: 'Eu tenho ouvido sobre dois caminhos para o ser humano, um que conduz aos *manes* e o outro que leva aos *Devas* (Os *jivas* que partem). Seguindo por eles, todos se unem com seus destinos. Os caminhos se situam entre o pai (céu) e a mãe (terra)'. *Shvetaketu* retrucou, dizendo: 'Não, não sei nada sobre isso'".

COMENTÁRIO: Pelo que se pode observar, o orgulhoso *Shvetaketo* não era tão esperto quanto julgava. Respondeu negativamente a todas as perguntas que lhe foram feitas. O trecho que se refere à água ser dotada da voz humana pode significar algo como, por exemplo, quando a oferenda assume forma humana, segundo *Nikilananda* (p. 353). Após a morte, os *jivas*, seguindo o mesmo caminho, chegam ao ponto onde essas rotas se separam. Alguns deles seguem por um, outros por outras rotas, de acordo com os seus respectivos destinos. Somente os humanos seguem pelo caminho dos antepassados (*Manes*) e dos *Devas*. O mantra citado neste verso se encontra no *Rig-Vêda*, X, 88, 15. Os caminhos, pelo que se deduz, conectam este mundo com o próxmo. Os *jivas* após a morte, viajando ao longo dos dois caminhos, são reunidos de acordo com os seus respectivos *karmas* ou ações passadas. O *Shatapatha Brâhamana* XII, 2, 9, 7 e o *Taittiriya Brâhaman*, III, 8, 9, 1 dizem que o céu é o pai e a terra é a mãe. Por isso, pode-se entender o que está escrito na última frase do verso. Céu e terra são as duas metades da totalidade do universo. Como pertencem ao mundo relativo, não podem conduzir à Imortalidade, à Libertação Espiritual.

VERSO 3: "Então, o rei o convidou a sentar-se. Mas, *Shvataketo*, não atendendo ao convite, saiu correndo. Foi até o seu pai e lhe disse: 'Não me dissestes antes que havias me instruído completamente?'.

Seu pai retrucou: 'Como podes me dizer isto, meu inteligente filho?'. *Shvetaketo* respodeu: 'Um homem da casta dos *kshâtryas* me fez cinco perguntas. E eu não soube responder nenhuma delas'. 'Quais foram essas perguntas?', disse seu pai. 'Foram as seguintes'. E lhe indicou quais eram".

COMENTÁRIO: Aqui, o rei desejou mostrar hospitalidade a *Shvataketo,* pedindo-lhe para sentar. O menino não só não aceitou o convite para sentar-se, como saiu correndo, para se queixar ao seu pai, dizendo-lhe que apesar de haver sido por ele instruído, não soube responder às indagações que lhe foram feitas pelo rei. Seu pai lhe pede para dizer quais foram essas perguntas. O menino diz ao seu pai quais foram elas.

VERSO 4: "O pai disse: 'Meu filho, acredite-me, eu te disse tudo o que sei. Mas, vamos ali, e viver a vida de estudantes religiosos (*brâhmacharins*). 'Vá tú, Senhor', o filho replicou. E assim, *Gautama* (o pai de *Svetaketu*), foi até onde o rei *Pravâhana*, o filho de *Jivala,* estava dando audiência. O rei ofereceu-lhe um assento e pediu água para ele, oferencendo-lhe as reverências da hospitalidade. Então, o rei lhe disse: 'Reverendo *Gautama*, eu vos concederei um desejo'".

COMENTÁRIO: Após falar com o seu pai, *Gautama, Shvetaketo* não pretendeu olhar o rei, face a face. Seu pai disse haver lhe ensinado tudo quanto sabia, convidando-o para viver em uma vida de estudantes religiosos. *Shvataketo* não aceitou o convite do pai e lhe pediu para seguir tal destino. Seu pai, decepcionado, foi até o rei *Pravâhana*, que estava dando audiência e este lhe fez um gentil convite para sentar, oferecendo-lhe ainda as reverências que eram feitas aos hóspedes. Tais reverências eram associadas a certos rituais religiosos, em que um sacerdote tomava parte. A oferenda se denomina *Madhuparka,* em que se recitavam versos sagrados. Após fazer tal reverência, o rei desejou conceder a realização de um desejo a *Gautama.* Naquela época, os desejos consistiam em doar vacas, cavalos, etc.

VERSO 5: "*Gautama* disse ao rei: 'Vós prometestes a mim a realização de um desejo. Agora, por favor, diga-me o que falastes ao meu filho".

VERSO 6: "O rei lhe respondeu: 'Ah, isso pertence aos desejos celestiais. Peça-me um desejo humano'".

VERSO 7: "*Gautama* disse: 'Vós sabeis bem que tenho ouro, vacas e cavalos, serventes, séquito e vestimentas. Por favor, sê generoso para comigo e não me prives dessa oferenda, a qual é plenitude, infinitude e inexaurível'. Então, o rei retrucou: 'Então, verdadeiramente, ó *Gautama*, expressas teu desejo de maneira adequada'. *Gautama* disse ao rei: 'Eu me dirijo a vós como um discípulo'. Os antigos se acercavam de um mestre com essa simples afirmação. Assim, *Gautama* passou a viver como um discípulo do rei, ao anunciar que era seu aprendiz".

COMENTÁRIO: *Gautama* disse ao rei que possuía objetos de desejos muito valiosos. Assim, o desejo que o rei se propôs a lhe conceder de nada serviria a *Gautama*. Este tinha outra coisa em mente. Como o rei sempre foi muito generoso com todos, não deveria deixar de sê-lo com *Gautama*, que desejava o que era pleno, infinito, inexaurível. Ao que o rei lhe pede para formular de modo mais adequado seu desejo, *Gautama* se prosta diante do rei, dizendo-lhe que desejava ser seu discípulo. Os antigos se referem aos *brâhmanes* que davam instruções aos *kshâtryas* e *vaishyas*, ou aos *kshâtryas* que buscaram instruções dos *vaishyas*. A reverência feita por *Gautama* consistia em tocar os pés do rei.

VERSO 8: 'O rei disse; 'Por favor, não se ofenda conosco nem com os teus antepassados. Este ensinamento não o possuiu antes nenhum *brâhmim*. Mas eu o transmitirei a ti. Quem poderia recusar-te, quando falas desse modo?'".

COMENTÁRIO: O rei pensou que *Gautama* ficaria ofendido, caso se recusasse a lhe ensinar o que lhe foi pedido. Pensou também que *Gautama* não só ficaria ofendido com ele, mas também com os antepassados. Tratava-se de um ensinamento secreto, nunca dantes possuído por nenhum *brâhmim*. Entende-se que tal conhecimento era transmitido ao longo do tempo, por uma linhagem de mestres da casta dos *kshâtryas*. Mas essa tradição seria agora quebrada, pois o rei pretendia ensinar aqueles conhecimentos a *Gautama*. O dever de ensinar pertencia à casta dos *brâhmanes*. Nesse verso se verificou o contrário, ou seja, um *kshâtrya* (o rei) ensinando a um *brâhmane* (*Âruni Gautama*).

VERSO 9: "Aquele mundo celestial, Ó *Gautama,* é o fogo sacrificial. O Sol é o seu combustível, os seus raios são a fumaça, o dia são as chamas, os quatro pontos cardeais são as cinzas, as regiões intermediárias são as chispas. Os *Devas* oferecem a fé nesse fogo. Dessa oferenda, o rei Lua nasce".

COMENTÁRIO: O mundo celestial aqui referido é o céu. Ele é comparado ao fogo dos sacrifícios. O Sol é o seu combustível, os seus raios são são a fumaça, os dias são as chamas, os quatro pontos cardeais são as cinzas e as regiões intermediárias são as chispas. Nesse fogo os *Devas* oferecem fé como uma forma de libação. Dessas oferendas, nasce o rei Lua, o rei dos *Manes* e dos *brâhmanes*. Líquidos e leite eram oferecidos durante o ritual *Agnihotra* e sacrifícios semelhantes. Estes ascendiam aos céus sob uma forma sutil, juntamente com o sacrifício, ao longo do caminho dos *Manes*. A fé era oferecida nesse sacrifício.

VERSO 10: "*Parjania, Ó Gautama*, é o fogo, o ano é o combustível, as nuvens são a fumaça, o relâmpago é a chama, o raio são as cinzas, o granizo são as chispas. Nesse fogo, os *Devas* oferecem ao rei Lua. Dessa oferenda surge a chuva".

COMENTÁRIO: *Parjania* é o segundo receptáculo das oblações, durante a viagem de retorno do Sol para o renascimento. Nesse verso, esta palavra significa o *Deva* que é identificado com o fogo. Ele caminha ao longo do ano com as estações, do outono ao verão, quando a estação das chuvas tem início. No fogo *Parjania*, os *Devas* oferecem libações ao rei Lua, que foi gerado pelas oferendas de fé, no fogo celestial. Esta *Upanishad* dá uma interpretação espiritual do processo cósmico e do renascimento do *jiva*.

VERSO 11: "*Gautama*, este mundo é fogo, a terra é o seu combustível, o fogo é a fumaça, a noite são as chamas, a Lua são as cinzas e as estrelas são as chispas. Nesse fogo, os *Devas* oferecem a chuva como libação. E, através dessa oferenda, se produz o alimento".

COMENTÁRIO: Nesse verso, a palavra "mundo" significa a morada na qual todos os seres vivos são nascidos e experimentam os resultados das suas ações passadas. A terra é o lugar onde inumeráveis criaturas desfrutam prazeres diversos. Os *Devas* oferecem a chuva como libação e através dessa oferenda nascem o arroz e a cevada, por exemplo, todos eles produzidos pela chuva.

VERSO 12: "O homem, Ó *Gautama*, é o fogo. Sua boca aberta é o combustível, seu *prâna* é a fumaça, sua voz são as chamas, seus olhos são as brasas, seus ouvidos são as chispas. Os *Devas* oferecem nesse fogo, o alimento. E, dessa oferenda, nasce o sêmen".

COMENTÁRIO: Aqui, o ser humano é comparado ao fogo. Sua boca aberta é o combustível para o fogo porque é através dela que o ser humano fala e recita os *Vêdas*. O *prâna* é a fumaça porque ambos têm a mesma origem, uma vez que o alento surge da boca, que é o combustível. Este dá origem à fumaça. Os olhos são as brasas porque ambos são fontes de luz. Os ouvidos são as chispas porque ambos se expandem em diferentes direções. Os *Devas* podem ser equiparados ao *prâna* que se encontra no corpo. Eles oferecem o alimento ao fogo. Dessa oferenda nasce o sêmen e este resulta da comida.

VERSO 13: "A mulher, ó *Gautama*, é o fogo, seu órgão sexual é o combustível, seus cabelos são a fumaça, a sua vulva são as chamas, a relação sexual são as cinzas, o prazer são as chispas. Nesse fogo, os *Devas* oferecem o sêmen como libação. Dessa oferenda, nasce um ser humano. Ele vive durante um tempo para o qual está destinado a viver. Após isso, ele morre".

COMENTÁRIO: No verso 12, é feita referência ao homem como sendo o fogo. Neste, a referência à mulher está sendo conduzida para apresentar a relação sexual como uma oferenda aos *Devas*. Como se pode verificar, o texto inclui o combustível, a fumaça, etc., do fogo aqui referido como o ato sexual. Nesse fogo os *Devas* oferecem o sêmen humano. Dessa oferenda, nasce um ser humano, ou seja, do sêmen nasce um ser humano. A água, o líquido oferecido, designado como "fé", é sucessivamente oferecido no fogo sacrificial do céu, dos mundos, da chuva, do homem e da mulher. Fora estes, há ainda a comida, o sêmen. A água transformada em sêmen, oferecida no fogo da mulher, assume a forma humana. Diz *Nikilananda* (p. 358) que a expressão "ele vive durante um tempo para o qual está destinado a viver" significa que o *prârabdha karma* desse ser humano determina a sua vida, seu atual corpo. Quando o referido tipo de *karma* chega ao fim, seu destino está cumprido e o ser humano morre.

É importante comentar aqui algo sobre os três tipos de *karma*, segundo *Shamkaracharya,* no seu livro intitulado *Viveka Chûdâmani* (SHANKARACHARYA, 1992):

- *Prârabdha Karma* = contraído em prévia vida, atuando na presente vida;
- *Sanchita Karma* = adquirida na presente vida e que não produz seus frutos na vida presente;
- *Âgami Karma* = é o que acumulamos nesta vida, e produzirá seus frutos na vida futura. Também é chamado *Kriyamana Karma*.

De acordo com as concepções dos *Vêdas,* os vários estágios da jornada do *jiva* devem ser considerados como se fossem muitos sacrifícios. O ato sexual, que fornece o corpo para o *jiva* nele encarnar nessa caminhada física sobre a terra, é um deles.

VERSO 14: "Eles o conduzem para ser oferecido ao fogo. Assim, o fogo chega a ser seu fogo, o combustível o seu combustível, a fumaça sua fumaça, as chamas suas chamas, as cinzas as suas cinzas e as chispas suas chispas. Nesse fogo os *Devas* oferecem o ser humano como libação. Dessas oferendas, emerge o ser humano".

COMENTÁRIO: Aqui há uma referência à cremação. Os sacerdotes conduzem o cadáver para oferecê-lo ao fogo. Ali, o fogo que vai devorar o cadáver torna-se o fogo, o fogo daquele homem que vai ser queimado. Esse fogo da pira funerária torna-se o receptáculo do cadáver, ele mesmo sendo a oblação. O combustível é o seu combustível, a fumaça sua fumaça, as chamas suas chamas, as cinzas suas cinzas e as chispas suas chispas. Como último sacrifício, os *Devas* oferecem o ser humano como se fosse a última oblação. Dessa oferenda, emerge o ser humano, radiante, brilhante, para ser purificado pelos diversos rituais a serem realizados em sacrifícios, desde o seu nascimento até a sua morte, quando será realizada a cerimônia do seu funeral.

VERSO 15: "Aqueles que sabem disso e os que meditam com fé na Verdade, morando na floresta, alcançam a deidade identificada com as chamas, daí à do dia, dessa à da quinzena da Lua Cheia, daí aos seis meses onde o Sol vai ao Norte, desses meses ao mundo dos *Devas*, daí ao Sol, do Sol ao relâmpago. Então, um ser criado através da mente de *Hiranyagarbha* chega a essas regiões do relâmpago e os conduz aos mundos de *Brahmâ*. Nesses mundos de *Brahmâ*, eles vivem durante muitos períodos de tempo na perfeição. E para eles, não haverá retorno para este mundo".

COMENTÁRIO: Para aqueles que sabem disso, ou seja, as meditações descritas alcançam os mundos de *Brahmâ*, conhecidos por *Brahmâ--Loka*. "Morando na floresta" é uma referência aos *vanaprashtas*. A palavra "chama" significa a deidade a ela associada (*archi*), localizada no caminho do Nordeste. A palavra "dia", como as outras circunstâncias, é a deidade a ele associada e não o dia como intervalo de tempo. Assim é o mesmo para as outras palavras. As diferentes deidades conduzem o *jiva* de um lugar para outro. Os seis meses são controlados por um grupo de seis deidades. Segundo *Nikilananda* (p. 359), em *Brahmâ-Loka*, todas as coisas consistem de ideias. O plural, se escreve "mundos" em vez de "mundo", indica que existem diferentes planos em *Bramâ--Loka*, alcançados por diferentes práticas meditativas. "Muitos anos" significa muitos ciclos no mundo de *Brahmâ*. De acordo com a recensão *Madhyamdina*, os *jivas* retornam a este mundo em outro ciclo.

VERSO 16: "Mas, aqueles que conquistam os mundos com o auxílio dos sacrifícios, austeridades e caridade, alcançam a região da fumaça, daí a noite, daí a quinzena da Lua Minguante, daí os seis meses em que o Sol vai ao sul, daí o mundo dos *Manes*, daí a Lua. Ao chegar na Lua se convetem em alimento. E assim como os sacerdotes, ao beber o *soma*, dizem: 'cresce, diminui', assim os *Devas* se alimentam com eles. Quando as ações passadas se extinguem, penetram no espaço (*akâsha*), do espaço no ar, do ar na chuva, da chuva na terra. E, ao chegar à terra, se convertem em alimento. Então, são oferecidos outra vez ao fogo do homem e logo nascem no fogo da mulher, de onde podem ir a outros mundos. E assim, vão circulando. Mas, aqueles que não conhecem estes dois caminhos se convertem em vermes, insetos ou qualquer coisa que pique".

COMENTÁRIO: Aqueles que conquistam os mundos por meio dos sacrifícios, etc., são aqueles homens que são apenas realizadores de rituais, fazendo-os de modo automático. A fumaça, etc., aqui, como nos versos precedentes, referem-se às respectivas deidades que agem como condutoras do ritual. Durante a realização dos rituais, os sacerdotes, em intervalos, enchem e esvaziam seus copos com o líquido ritual, o *soma*. Daí, dizem: 'cresce, diminui', significando que os sacerdotes ficam eufóricos e animados ao beber o *soma* dos seus copos, que bebem pouco a pouco, em intervalos, até beber tudo. Do mesmo modo, os *Devas* gostam dos ritualistas que obtiveram novos corpos na Lua, e estes tornaram-se os objetos das suas luxúrias. Eles recompensam esses ritualistas de acordo com suas ações anteriores, dando-lhes frequentes intervalos de descanço.

Seus serviços são usados pelos *Devas*. Os intervalos de descanço são como o preenchimento de copos com *soma*. Estas três últimas frases foram retiradas de *Nikilanada* (p. 360). Ou, quando as ações passadas são extintas, penetram no espaço. Essas ações passadas, diz Martín (p. 426), são as obras que os conduziram à Lua, os rituais, à caridade e às austeridades. Essas, chegam ao espaço. Os líquidos chamados "fé" são oferecidos ao fogo do céu, e tomam a forma da Lua. Com isso, um novo corpo se constrói na Lua, para aqueles que realizam rituais, até que chegue o momento de se extiguirem as ações passadas. Convertem-se em alimento, ou seja, entram, através da chuva, no arroz, na ceveda e em outros cereais. Quando o ser humano adulto come isso, é produzido o seu sêmen. A alma do ritual penetra no sêmen. A expressão "nasce no fogo da mulher" é uma referência ao momento do ato sexual. "Vão circulando" significa que os ritualistas se movem, repetidamente, entre a Lua e este mundo, girando como se fosse um círculo. Tal circulação para quando eles alcançam o *Brahmâ-Loka* ou alcançam a Libertação da terra, segundo *Nikilananda* (p. 361). Os dois caminhos citados são o do Norte e o do Sul. São seguidos por aqueles que não meditam nem realizam rituais, segundo ainda *Nikilananda* (p. 361). Esses, ou seja, os que não sabem disso, se transformam em vermes, insetos ou qualquer coisa que pique, ou seja, retornam para uma nova vida da qual é muito difícil escapar. Isto é uma advertência para nós, porque devemos tentar dar o melhor de nós, praticando meditação e realizando os rituais prescritos pelas escrituras.

TERCEIRO *BRÂHAMANA*
RITUAIS PARA CUMPRIR UM GRANDE DESEJO
(RITUAIS PARA SE ALCANÇAR A SAÚDE)

VERSO 1: "Aquele que deseja alcançar a perfeição deveria fazer o seguinte: Em um dia auspicioso da quinzena da Lua Cheia, sob uma constelação de nome masculino e durante a marcha do Sol para o Norte, realizar a cerimônia (*Upasads*), durante 12 dias. Depois, recolher em um recipiente de madeira da figueira todas as ervas e seus grãos, varrer o solo, limpando-o. Deve-se purificar as oferendas (*matha*) do modo prescrito e, em seguida, fazer oblações com os seguintes versos: 'Ó fogo e todos esses *Devas* que estão abaixo de ti, aqueles que, com rancor, frustram os desejos de uma pessoa, eu lhes dou esta oferenda. Que eles satisfaçam todos os meus desejos! Salve! (*Svâha!*). A essa deidade que muda o rancor pela proteção, ofereço-lhe este fluxo de manteiga clarificada. Salve! (*Svâha!*)".

COMENTÁRIO: Aqui, a palavra "perfeição" deve ser entendida como "saúde", "riqueza". De acordo com os *rishis védicos,* a saúde era adquirida pela graça dos *Devas,* quando invocados através dos seus ritos próprios. A palavra *Upasads* se refere aos rituais vinculados ao sacrifício *Jyotishtoma,* no qual o sacerdote deve beber leite de vaca, de acordo com a produção obtida pelo crescente ou decrescente número de tetas enquanto se ordenha o animal. Para obter saúde, riqueza, deveria se realizar um ritual a ser feito em um dia auspicioso de Lua Cheia, o que era determinado pelos astrólogos. O dia deveria coincidir com a presença de uma constelação de nome masculino e durante o caminhar do Sol para o Norte. Um dia raro, portanto. A cerimônia se chamava *Upasads* e era realizada durante 12 dias. Eram recolhidas ervas em recipiente de madeira da figueira e o solo era varrido. Depois, purificavam-se as oferendas (*matha*) do modo prescrito e, em seguida, faziam-se oblações, por meio de versos dirigidos ao fogo e aos *Devas* que estavam abaixo do Sol. O ofertante se dirigia a esses *Devas,* pedindo-lhes para satisfazerem todos os seus desejos. Segundo *Nikilananda* (p. 362), o fogo referido nesse verso é denominado *Âvasathya,* ou fogo doméstico. *Matha* era uma espécie de pasta obtida pelo esmagamento de ervas e grãos, socados com coalhada, açúcar e manteiga derretida e, finalmente, mexendo tudo com o auxílio de uma pequena vara.

VERSO 2: "Ele oferece oblações ao fogo, dizendo: 'Saúdo ao mais velho, saúdo ao grande!'. Verte o que permaneceu aderido à concha, pingando dentro da pasta (*mantha*). Ao oferecer oblações ao fogo, dizendo: 'Salve o *prâna,* salve *Vasistha!* Verte o que permaneceu aderido à concha, pingando dentro da pasta (*mantha*). Ele oferece oblações, dizendo: 'Saúdo o olho, saúdo a prosperidade!'. Verte o que permaneceu aderido à concha, pingando dentro da pasta (*mantha*). Ele oferece oblações ao fogo, dizendo: 'Saúdo o ouvido, saúdo a morada!'. Verte o que permaneceu aderido à concha, pingando dentro da pasta (*mantha*). Ele oferece oblações ao fogo, dizendo: 'Saúdo o pensamento, saúdo a raça humana!'. Verte o que permaneceu aderido à concha, pingando dentro da pasta (*mantha*). Ele oferece oblações ao fogo, dizendo: 'Saúdo o órgão procriador!'. Verte o que permaneceu aderido à concha, pingando dentro da pasta (*mantha*)".

COMENTÁRIO: Ele faz oblações ao fogo e, cada vez que o faz, começa com a palavra 'Saúdo". Salve o mais velho, o grande, o *prâna, Vasistha,* o olho, o ouvido, o pensamento, a raça humana, o órgão reprodutor.

As palavras citadas são as características do *prâna* e apenas os que o conhecem estão habilitados a realizar essa cerimônia. Este verso deve ser comparado com o VI, 1, 1-6.

VERSO 3: "Ele oferece oblações ao fogo, dizendo: 'Salve o fogo!'. Verte o que permaneceu aderido à concha, pingando dentro da pasta (*mantha*). Ele oferece oblações ao fogo, dizendo: 'Salve a Lua!'. Verte o que permaneceu aderido à concha, pingando dentro da pasta (*mantha*). Ele oferece oblações ao fogo, dizendo: 'Salve o firmamento!'. Verte o que permaneceu aderido à concha, pingando dentro da pasta (*mantha*). Ele oferece oblações ao fogo, dizendo: 'Salve o céu!'. Verte o que permaneceu aderido à concha, pingando dentro da pasta (*mantha*). Ele oferece oblações ao fogo, dizendo: 'Salve a terra, o firmamento e o céu!'. Verte o que permaneceu aderido à concha, pingando dentro da pasta (*mantha*). Ele oferece oblações ao fogo, dizendo: 'Salve o *brâhamene*!'. Verte o que permaneceu aderido à concha, pingando dentro da pasta (*mantha*). Ele oferece oblações ao fogo, dizendo: 'Salve o *kshâtrya*!'. Verte o que permaneceu aderido à concha, pingando dentro da pasta (*mantha*). Ele oferece oblações ao fogo, dizendo: 'Salve o passado!'. Verte o que permaneceu aderido à concha, pingando dentro da pasta (*mantha*). Ele oferece oblações ao fogo, dizendo: 'Salve o futuro!'. Verte o que permaneceu aderido à concha, pingando dentro da pasta (*mantha*). Ele oferece oblações ao fogo, dizendo: 'Salve a totalidade!'. Verte o que permaneceu aderido à concha, pingando dentro da pasta (*mantha*). Ele oferece oblações ao fogo, dizendo: 'Salve todas as coisas!'. Verte o que permaneceu aderido à concha, pingando dentro da pasta (*mantha*). Ele oferece oblações ao fogo, dizendo: 'Salve *Prâjapati*!' o que permaneceu aderido à concha, pingando dentro da pasta".

COMENTÁRIO: Ao fazer cada uma das oferendas ao fogo, a pasta é mexida uma vez mais, com a pequena vara.

VERSO 4: "Então, ele toca a pasta, pronunciando o *mantra*: 'Tu te moves (como o *prâna*), queimas (como o fogo), és infinito (como *Brahmân*), és firme como o firmamento. Tu incluis todas as coisas. Tu és o som *hing*. Tu és o *Udgîtha* e és cantado. Tu és recitado e voltas a sê-lo. Tu estás brilhando em uma nuvem. Tu és onipresente, és o mestre. Tu és alimento (como a Lua) e luz, como o fogo. Tu és a morte, Tu és aquele onde todas as coisas submergem".

COMENTÁRIO: A expressão "Ele toca" significa a pasta identificada com sua deidade: *Prâna* (a energia vital cósmica), cujo epítetos aplicados ao *prâna* são usados no texto, com referência à pasta, segundo *Nikilananda* (p. 365). "Tu te moves" significa a pasta, identificada com o *prâna,* cuja natureza é se mover. "Queimas como o fogo" significa a pasta identificada com o fogo. O som *hing* é usado durante o ritual *Prastotr,* de acordo com *Swami Mâdhavananda* citado por Martín (p. 481). *Udgitha* é um hino do *Sâma-Vêda,* cantado pelos sacerdotes *udgâtri.* A expressão "Tu és recitado e voltas a sê-lo" se refere ao oficiante *adhvaryu* dos sacrifícios que o recita e após recitá-lo, volta a fazê-lo o *adnîdhra.* A pasta é considerada, por fim, como aquilo onde tudo submerge.

VERSO 5: "Então, ele levanta a pasta, dizendo: 'Sabes que tudo é o *prâna.* E és consciente da tua grandeza. O *prâna* é o rei, o senhor que regula, o soberano. Que possas fazer de mim um rei, Ó senhor, Ó soberano".

VERSO 6: "Então, ele come a pasta, dizendo: '*Tat saviturvarenyam*' (Aquela adorável luz). Os ventos estão soprando docemente (*madhu*), os rios derramam mel. Que as ervas sejam doces dentro de nós. Salve a terra (*Bhuh*). *Bhargo Devasya Dhimahe* (Glória àqueles em quem meditamos). Que as noites e os dias sejam encantadores, possa o céu, nosso pai, ser doce. Salve o céu (*Bhuvah*)! *Dhyo Yo Nah Prachodayât* (Possa Ele, estimular as nossas ideias). Possa o *soma* que desliza ser doce dentro de nós, possa o Sol ser amável, possam os pontos cardeais ser cheios de doçuras para nós! Saúdo o Sol!'. Então, ele repetiu todo o *Gaiatry Mantra* e todo o hino do agradável (*Madhumati*), e disse ao final: 'Que eu possa ser tudo isso! Saúdo a terra, o firmamento e o céu". Então, ele bebeu o que restou, lavou suas mãos e se estendeu ante o fogo, com a cabeça para o Leste. De manhã, saúda o Sol, dizendo: 'És o lótus dos pontos cardeais. Que seja eu, o lótus dos humanos. Então, retorna pelo caminho que veio, senta-se ante o fogo e repete a linhagem dos mestres".

COMENTÁRIO: Segundo *Nikilananda* (p. 366), a totalidade da pasta deve ser dividida em quatro partes. Depois, come a primeira parte pronunciando a primeira linha do *Gaiatry Mantra,* uma parte do *Madhumatî* e o primeiro *Vyahit.* Come a segunda parte, pronunciando a segunda linha do *Madhumâti* e a segunda do *Vyahit*. Do mesmo modo, come a terceira parte, pronunciando a terceira linha do *Gaiatry*, a terceira parte *do Madhumâti* e a terceira do *Vyahi*. Daí, repete todo o *Gaiatry* e todo *Madhumâti*. O objetivo do ritual é alcançar a unidade com o *Prâna* ou tudo.

VERSO 7: "*Uddâlaka*, o filho de *Aruna*, ensinou isso a seu discípulo *Yâjnavalkya*, o *Vâjasaneya*, e lhe disse: 'Até de uma estaca seca cresceriam ramos e brotariam pétalas se sobre ela caísse uma chuva leve".

VERSO 8: "*Yâjnavalkya*, o *Vâjasaneya*, ensinou isso a seu discípulo *Madhuka*, o filho de *Paingî*, e disse: 'Até em uma estaca seca cresceriam ramos e brotariam pétalas se sobre ela caísse uma chuva leve'".

VERSO 9: "*Madhuka*, filho de *Paigî*, também ensinou isso a seu discípulo *Cûla*, o filho de *Bhagavitta*, e disse: 'Até de uma estaca seca cresceriam ramos e pétalas se sobre ela caísse uma chuva leve'".

VERSO 10: "*Cûla*, filho de *Bhagavitta*, ensinou isso a seu discípulo *Jânaki*, o filho de *Ayasthûpa*, e disse: 'Até em uma estaca seca cresceriam ramos e brotariam pétalas se sobre ela caísse uma chuva leve'".

VERSO 11: "*Jânaki*, o filho de *Ayasthûpa*, também ensinou isso a *Satyakâma*, filho de *Jâbala*, e disse: 'Até em uma estaca seca cresceriam ramos e brotariam pétalas se sobre ela caísse uma chuva leve'".

VERSO 12: "E *Satyakâma*, filho de *Jâbala*, em seu momento, ensinou a seu discípulo isso e disse: 'Até em uma estaca seca cresceriam ramos e brotariam pétalas se sobre ela caísse uma chuva leve. Não se deve ensinar isso a qualquer pessoa, mas somente a um filho ou a um discípulo'".

COMENTÁRIO: A *Upanishad* repete a linhagem, começando por *Uddâlaka* e terminando em *Satyakâma*. O mestre de *Satyakâma* ensinou a doutrina do *Matha*, transmitida por um grande número de discípulos, todos eles dizendo: 'Até em uma estaca seca cresceriam ramos e brotariam pétalas se sobre ela caísse uma chuva leve'. Ou seja, o tronco seco são os discípulos despreparados, a chuva leve são os ensinamentos dos mestres que, após ser transmitidos, geram frutos no coração dos discípulos. Diz Martín (p. 483) que há seis discípulos capacitados a aprender: um discípulo, alguém que conhece os *Vêdas*, uma pessoa inteligente, o que paga pelo que vai aprender, e o que vem de outro ramo de ensinamentos. Dentre esses, apenas o filho e o discípulo são considerados os mais aptos para aprender.

VERSO 13: "Quatro artigos são feitos da madeira da figueira: "a colher, o recipiente, o combustível e as duas varetas para misturar. Os grãos cultivados são dez: arroz, cevada, sésamo, fava, painço (*Anu*), *Priyagnû*, trigo, lentilha, grão-de-bico e alfarroba (*vîcia*). Devem ser esmagados e umedecidos em coalhada de leite e manteiga clarificada e, depois, oferecidos como oblação".

COMENTÁRIO: Os quatro artigos fabricados com a madeira da figueira já foram explicados em VI, 3, 1. Em seguida, o verso explica quais são os dez cereais usados para fazer a pasta. *Priyagnû* também é chamado em alguns lugares de *Kamgu*. O grão-de-bico é chamado de *Nispâva* ou *Valla* e a alfarroba, de *Kulattha*. Dependendo do ritual, outros cereais poderiam ser colhidos.

QUARTO *BRÂHAMANA*
O RITUAL DA PROCRIAÇÃO
(CONCEPÇÃO E NASCIMENTO COMO RITUAIS)

VERSO 1: "A terra é a essência da todos os seres, a água é a essência da terra, as ervas são a essência da água, as flores são a essência da erva, os frutos são a essência das flores, os seres humanos são a essência dos frutos e o sêmen é a essência dos humanos".

COMENTÁRIO: Sobre a terra, ver II, 5, 1. A água é a essência da terra porque esta é permeada pela água. As ervas são a essência da água porque estas são feitas de água. O sêmen é a essência do ser humano porque dele surgem os humanos e porque do corpo surge o sêmen. Sobre isto, deve-se citar a *Aitareiya Upanishad* (TINOCO, C. A., 1996):

> "Primeiramente, a pessoa é o germe de um homem. O sêmen é aqui chamado de germe. Este sêmen é o vigor (*tejas*) e é produzido por todas as partes do corpo. O homem mantém o sêmen no corpo. Quando ele coloca seu sêmen dentro do corpo

de uma mulher, ele produz um nascimento. Este é o primeiro nascimento da alma (*Âtman*) encarnada".

"O sêmen torna-se uno com a mulher – semelhante aos seus próprios membros. Por essa razão, o sêmen não causa danos à mulher. Ela alimenta este Ser que nela penetrou". (*Aitareiya Upanishad* II, 1; 1-2)

Este quarto *Brâhamana* é dedicado a traçar um método por meio do qual se pode obter os tipos certos de filhos que, pelas suas boas qualidades, ajudará a alcançar mundos celestiais para eles mesmos e para seu pai. Segundo *Nikilananda* (p. 369), o nascimento de um filho depende da performance do ato sexual, de acordo com certos rituais religiosos. Apenas as pessoas que conhecem a meditação no *prâna* e têm realizado os ritos da pasta (*Matha*) são capazes de realizar a cerimônia a ser descrita neste capítulo. Essa pessoa qualificada, após realizar a cerimônia, deveria aguardar sua esposa, no tempo adequado.

VERSO 2: "Então, *Prajapâti* pensou: 'Que eu faça uma morada para o sêmen'. Assim, criou a mulher. Tendo criado-a, Ele penetrou-a por baixo e a adorou. Mas, um homem poderia adorar uma mulher, possuindo-a sexualmente. Ele (*Prajapâti*), com seu órgão ereto, com ele, engravidou-a".

COMENTÁRIO: Parece estranho que o Criador *Prajapâti* realize ato sexual com a mulher que Ele mesmo criou. Entretando, Ele assim procedeu objetivando criar os seres humanos e outros seres. Não se trata de algo pecaminoso. Assim, qualquer homem poderia seguir o exemplo de *Prajapâti* para gerar filhos, desde que realizasse ato sexual com sua esposa. Segundo *Nikilananda* (p. 371), a palavra "órgão" também pode ser compreendida como se referindo à pedra de bater do pilão (*Grâvânam*), com a qual o *soma* é esmagado no ritual *Vâjapeya*.

VERSO 3: "Seu seio é o altar, seus pelos são a erva sacrificial, sua pele é a prensa do *soma,* os dois lábios da vagina são o fogo do centro. Tão grande como o mundo de quem realiza o sacrifício, *Vâjapeya* é o de quem, sabendo disso, realiza a união sexual. Assim, ele transfere os frutos das façanhas dos *Devas* para as mulheres. Mas ele, sem conhecer isso, realiza ato sexual, transferindo para as mulheres suas próprias boas façanhas".

COMENTÁRIO: Aqui, o ato sexual não é um erro, a não ser que seja realizado sob o espírito de um ritual religioso. É grande o mundo daquele que realiza o ritual *Vâjapeya*. Maior ainda é o mundo de quem realiza o ato sexual, como algo sagrado. Ao proceder assim, transfere os méritos das façanhas dos *Devas* para as mulheres. Mas, se não sabe disso, transfere para as mulheres os méritos das suas próprias façanhas. Em outras palavras, quem realiza o ato sexual para obter prazer sensual, obtém efeitos medíocres.

VERSO 4: "Isto é o que *Uddãlaka Aruni, Nâka Mâugalaya* e *Kumârahârita* conheciam quando disseram: 'Muitos mortais, *brâhmanes* de origem, partem deste mundo sem vigor (impotentes) e sem mérito por boas obras, ao praticarem a união sexual, sem saber disso. Mesmo se tanto sêmen assim – seja dormindo, seja desperto – for derramado".

COMENTÁRIO: As palavras acima, ditas pelos mestres citados, referem-se ao ato sexual apenas por prazer. Os homens que procedem assim perdem muito sêmen e partem deste mundo sem vigor, impotentes e sem méritos.

VERSO 5: "Ele poderia tocar isso e repetir o seguinte mantra: 'Recupero qualquer sêmen meu que tenha caído sobre a terra, sobre as plantas e sobre as águas. Que me retorne o vigor, a energia, a alegria. Deixe-se o fogo no altar, no seu lugar habitual. Possam as deidades que estão no fogo do sacrifício colocar o sêmen no local de onde saiu'. Depois, tomando os dedos polegar e anular, deve acariciar os seios e as sobrancelhas".

VERSO 6: "Agora, se um homem vê a si mesmo (seu reflexo) na água, ele deveria recitar o seguinte mantra: 'Possam os *Devas* me dar vigor, masculinidade, fama, saúde e méritos (Agora, uma prece para a esposa que esperará dele um filho). Ela é, em verdade, a deusa da beleza entre as mulheres. E, em continuação, ele deve aproximar-se dessa formosa mulher e falar com ela".

COMENTÁRIO: Na tradição da Índia antiga, o homem deveria se aproximar de uma bela mulher e falar com ela somente após ela tomar um banho durante três noites. Isto, de acordo com Martín (p. 485).

VERSO 7: "Se ele não está desejando ainda (seu filho) para ele, ele poderia persuadi-la com presentes. E, caso se mantenha inflexível, deve golpeá-la com uma vara ou com a mão e recitar o seguinte mantra: 'com meu poder e fama, eu retiro de ti a tua glória'. Assim, ela fica desacreditada".

COMENTÁRIO: Se ela não deseja o filho para dar ao seu esposo, este deve ganhar a sua vontade dando-lhe presentes. Mas, se ainda assim, se mantiver inflexível, seu marido deve bater nela com uma vara ou com a mão. Depois disso, deve dizer, como se recitasse um mantra: 'Com meu poder e fama, retiro de ti a tua glória'. Uma recomendação triste e machista, própria daquela época, quando a mulher era inferior ao homem.

VERSO 8: "Se ela quer, seu marido deveria pronunciar o seguinte mantra: 'Com o meu poder e a minha fama, eu te dou a glória'".

VERSO 9: "Se o homem deseja sua esposa, deveria dizer o seguinte mantra: 'Que possa ela desfrutar do amor, comigo'. Então, após penetrá-la com o seu pênis, beijá-la na boca e acariciar seus seios, sussurrando estas palavras: 'Tu, Ó sêmen, que tens tua origem em todos os membros, que brotaste do coração, és a essência do corpo, mantenha esta mulher sob meu controle, como se a atravessasse uma seta envenenada".

VERSO 10: "Se a esposa que ele deseja não deve conceber, ele deveria dizer o seguinte *mantra*: 'Que ela possa não conceber'. Após penetrá-la com seu pênis, unindo sua boca à dela, ele deveria pronunciar o seguinte mantra: 'Com o poder do meu sêmen, recupero o meu sêmen que está em ti'. Assim, ela fica sem o sêmen".

COMENTÁRIO: Esta *Upanishad* é muito antiga, talvez datada de 1000 a 800 a.C. O autor nada sabe sobre técnicas sexuais, nessa recuada época. Mas, aqui há referência a uma técnica de recolher o sêmen, após o homem ter ejaculado, fazendo-o retornar para a uretra do homem. Textos do *Hatha Yoga* fazem referência ao *Vajrolì Mudrâ*. É uma técnica tântrica de recolher o sêmen após a ejaculação. *Amaroli* e *Sahajoli* são duas técnicas de *Vajroli*. Sobre *Vajroli,* assim diz o *S'iva Samhitâ* (TINOCO, Carlos Alberto, 2009):

> "O sábio *yoguin* primeiro absorveria, no seu próprio corpo, o fluido ovariano na vagina da sua companheira, pela contração do duto da uretra do seu pênis. Depois disso, realizaria o coito

sem ejetar o fluido seminal. Este seria guardado sem emissão, que pode ser alcaçado por *Yoni Mudrâ*. Depois, o mesmo fluido seminal seria desviado para a *Nadi* da esquerda (*Idâ*) e o coito, interrompido por certo tempo. Depois disso, de acordo com as instruções do guru, com uma longa tomada (inspiração) do *apâna* o *yoguin* extrairia, com um controlado e triunfal esforço, o fluido ovariano residual da vagina". (*S'iva Samhitâ*, IV, 81-84)".

O *Yoni Mudrâ* referido acima deve ser realizado durante uma relação sexual, em que o homem é a parte ativa e a mulher, passiva.

VERSO 11: "Se ele deseja que ela conceba, deveria dizer o seguinte mantra: 'Que possa ela conceber'. Após penetrá-la com o seu pênis, unindo a sua boca com a da esposa, ele deveria inalar e exalar, repetindo o seguinte *mantra*: 'Com o poder do meu sêmen, eu deposito meu sêmen em ti'. Assim, ele a engravidava".

VERSO 12: "Se a esposa de um marido tem um amante e ele deseja prejudicá-lo, deve pôr o fogo em um recipiente de barro sem cozer, colocar ali pedaços de cana e grama (*kusha*) na ordem inversa e oferecer pontas de cana empapadas de manteiga clarificada, dizendo: 'Fostes sacrificado no meu agradável fogo. Eu te elimino a inspiração (*prâna*) e a expiração (*apâna*) ó... (dizer o nome da pessoa). Eu te sacrifico no meu agradável fogo. Eu elimino teus filhos e teu gado, ó (...) Eu te sacrifico no meu fogo agradável. Eu retiro de ti os ritos *vêdicos* e aqueles realizados por meio dos *Smitis*, ó (...) Eu te sacrifico no meu fogo agradável. Eu retiro de ti a esperança e expectativas, ó (...) O homem ao qual se dirige um *brâhmane*, no curso desta cerimônia, parte deste mundo desprovido de méritos. Portanto, não se deve nem sequer brincar com a esposa de alguém versado nos *Vêdas* e que conheça esta cerimônia. Porque quem possui esse tipo de conhecimento é um inimigo perigoso".

COMENTÁRIO: Aqui, há a descrição de uma magia, um feitiço, que é pedido pelo marido traído. É um feitiço contra o amante da sua esposa. A descrição é clara. Mas, se o marido traído é *brâhmane* bem versado nos *Vêdas* e conhece este ritual, é um perigoso inimigo do amante.

VERSO 13: "Se a esposa de alguém se encontra no período menstrual, não deve beber durante três dias em um vaso de bronze (*kamsa*). E ninguém da casta inferior (*shudra*), seja homem ou mulher, deve tocá-la. Após três noites, deve banhar-se, pôr vestido limpo e descascar arroz".

COMENTÁRIO: Segundo Martín (p. 486-7), o parágrafo "Se a esposa de alguém, etc., 'deveria preceder àquele que se inicia com: "Ela é, em verdade, a deusa da beleza entre as mulheres", em respeito à coerência. A esposa em período menstrual não deve beber durante três dias em vaso de bronze. Ninguém de casta inferior deve tocá-la, seja homem ou mulher. Após três noites, deve banhar-se e por um vestido limpo. A frase "por um vestido limpo", próxima à proibição de não beber em vaso de bronze, deve vir antes disso e não após o banho.

VERSO 14: "Quem deseja que seu filho nasça bem formado, que estude um *Vêda* e alcance uma vida plena; deve ter arroz cozido em leite, e ele e sua esposa devem comê-lo com manteiga clarificada. Desse modo, estariam em condições de gerar um filho assim".

VERSO 15: "Quem deseja que seu filho nasça moreno, de olhos negros, que estude os *Vêdas* e alcance uma vida plena; deve ter arroz cozido em coalhada, e ele e sua esposa devem comê-lo com manteiga clarificada. Então, estariam em condições de ter um filho assim".

VERSO 16: "Quem deseja que seu filho nasça escuro e com olhos vermelhos, que estude os *Vêdas* e alcance uma vida plena; deve ter arroz cozido em água, e ele e sua esposa devem comê-lo com manteiga clarificada. Então, estariam em condições de ter um filho assim".

VERSO 17: "Quem deseja que nasça uma filha que estude e alcance uma vida plena, deve ter arroz cozido com sésamo, e ele e sua esposa devem comê-lo com manteiga clarificada. Então, estarão em condições de ter uma filha assim".

COMENTÁRIO: Na Índia antiga, os estudos da filha se prendiam ao aprendizado das coisas domésticas. Não estudavam os *Vêdas,* um assunto masculino. Martín (p. 487) expressa admiração por um grande mestre como *Shankaracharya* ter aceitado e divulgado algo tão machista como este verso. Sobre esse machismo da Índia antiga, deve-se citar aqui um trecho do *Manarva Dharma Sastra,* o *Código de Manù* (DONINGER, W; SMITH, B. K. *The Laws of Manu,* 1991):

"Na infância, a mulher deve ficar sob o controle do seu pai, na juventude, sob do seu marido e, quando seu marido morre, sob o controle dos seus filhos". (*Manarva Dharma Sastra,* V, 147)

VERSO 18: "Quem deseja o nascimento de um filho, que possa chegar a ser um estudante famoso, que frequente as assembleias e se expresse com encantadoras palavras, que estude os *Vêdas* e alcance vida plena; deve ter arroz cozido com a carne de um vigoroso touro ou um mais avançado em anos, e ele e sua esposa devem comê-lo com manteiga clarificada. Então, estariam em condições de ter um filho assim".

COMENTÁRIO: Na Índia antiga, as pessoas não eram vegetarianas, comiam carne de gado, dentre outras. Nesse verso, a palavra famoso é *Vigita* em sânscrito. Era uma honra para um pai ter um filho eloquente, possuidor de belas palavras.

VERSO 19: "Pela manhã, ele purifica a manteiga clarificada, segundo o modo *Sthâlîpaka*, e oferece as oferendas, uma e outra vez, dizendo: 'Salve o fogo, salve *Anumati,* salve o Sol radiante que produz resultados infalíveis!'. Após a oferenda, recolhe o que fica, come uma parte e dá o resto à sua esposa. Em continuação, lava as mãos, enche um vaso com água, dizendo: 'Levanta-te daqui, ó *Vishvâvasu*, busca outra jovem mulher e deixa uma esposa com o seu marido. Salve o fogo, etc.'. Aqui, deve-se entender todos os detalhes, de acordo com os *Grihya Sûtras*".

COMENTÁRIO: Segundo Martín (p. 488), *Anumati* é a personificação da Graça Divina. Sobre isso, veja-se *Rig-Vêda*, X, 59, 6. *Vishvâvsu* é o *Deva* do amor. *Grihya Sûtras* são textos que contêm regras para a família. *Sthâlîpaka* significa comida cozida em recipiente de barro ou uma cerimônia citada no *Grihya Sûtras*. O verso é um ritual matinal, incluindo-se saudações ao fogo e ao Sol. Há uma exortação a *Vishvâvasu*.

VERSO 20: "Então, ele a abraça, dizendo: 'Eu sou o *prâna* e tu és a palavra. Tu és a palavra e eu sou o *prâna*. Eu sou *sâman* e tu és o *Ric*. Eu sou o céu e tu és a terra. Vem, lutemos juntos e, assim, teremos um filho varão".

COMENTÁRIO: Ele a purifica com mantras e ambos comem arroz cozido em leite e em outras coisas citadas, de acordo com o tipo de filho que desejam. Ao concluir, ele a abraça, repetindo o mantra: 'Eu sou o *prâna*'. *Sâman* é um hino *vêdico* que é cantado com os versos medidos do *Ric*. (*Rig-Vêda*)

VERSO 21: "Então, ele separa as coxas dela, dizendo: 'Que o céu e a terra se separem. E, após penetrá-la, põe a sua boca na boca da mulher e a acaricia três vezes na direção dos seus pelos, dizendo: 'Que *Vishnu* prepare teu útero. Que *Tvastar* modele as distintas formas (da criança). Que *Prajapâti* te inunde. Que *Dhatar* deposite em ti o germe e *Sinîvâli* faça-a capaz de conceber. Ó *Devas,* faça-a capaz de conceber. Dama de grandes tranças, que os *Asvins*, guirlandados com lótus, sustente o embrião e coloquem a semente em ti!'".

COMENTÁRIO: *Tvastar* é o Sol. *Dhatar* é *Hiranyagarbha. Sinîvâli* é a *Devi* que preside o dia anterior à Lua Nova. *Ashvinis*, aqui, se refere ao Sol e à Lua. Na tradução de Martín, a palavra *Asvinis* foi substituída por *Dhâtar*, o que mantém a vida. *Asvins* ou *Ashvings* são *Devas* obscuros associados à aurora. Não se sabe ao certo o que signicam. Alguns pensam que são os irmãos de *Surya*. São gêmeos, jovens e belos, sendo invocados em casos prementes, como doenças, tempestades, perigos, etc. São chamados "Senhores dos Cavalos".

VERSO 22: "'Que os *Asvinis* façam brotar uma chama com as duas varetas de ouro. Assim te pedimos que o germe brote aos dez meses. Assim como a terra contém o germe do fogo, e a terra tem em seu seio a tormenta (*Indra*) e o vento (*Vâyu*) é o germe das regiões do espaço, eu deposito o sêmen em teu útero'. Após recitar este *mantra,* ele pronuncia o seu próprio nome e o da sua esposa, colocando nela sua semente".

VERSO 24: "Quando a criança nasce, aqui após dez meses de gestação, é exposta ao fogo e sua mãe a toma no colo, põe uma mistura de coalhada com manteiga clarificada na taça do sino de metal, oferecendo oblações no fogo, repetidamente, pronunciando o mantra: 'Que eu possa crescer (como a criança) em minha própria casa e manter milhares de pessoas! Possam (os *Devas* da fortuna) nunca saírem dessa linhagem em filhos e gado. Salve! O *prâna* que está em mim, eu te ofereço mentalmente. Salve! Que aquelas coisas que foram feitas de mais ou de menos neste ritual transformem em correto o onisciente e benfazejo fogo. Salve!'".

VERSO 25: "Então, colocando sua boca no ouvido direito da criança, deve repetir o mantra três vezes: 'Palavras, palavras'. Em seguida, misturando coalhada de leite e manteiga clarificada, o alimenta com uma colher de ouro puro, sem nenhuma impureza, dizendo: 'Coloco em ti, o céu, coloco em ti todas as coisas da terra, do firmamento e do céu".

VERSO 26: "Então, o pai dá um nome ao seu filho, dizendo: 'Vocês são os *Vêdas*'. E este passa a ser o seu nome secreto".

VERSO 27: "O pai apresenta-o à mãe, para que esta lhe dê o seu seio, pronunciando o mantra: '*Sarasvati*, este seio que é infalível o sustenta, é abundante, generoso e saudável, e nele são nutridos os seres do mundo. Procura (minha esposa e meu filho) aqui, no ato de amamentar".

COMENTÁRIO: *Sarasvati* é a esposa de *Brahmâ*, e *Devi*, da palavra e da sabedoria, é considerada a criadora do sânscrito.

VERSO 28: "Então se dirige à sua esposa, dizendo: 'Tu és a adorável *Arundhati*, esposa de *Vasista*. Tu deste à luz um filho com a minha ajuda, que sou homem. Sê a mãe de muitos filhos, como o fostes deste'. Ao filho que nasceu de um *brâhmane*, com os seus conhecimentos, se diz: 'Superastes teu pai, haverás de superar o teu avô. Alcançastes o mais belo esplendor, fama e poder'. O nobre ser, nascido de nobres pais de uma maneira nobre, é elogiado pelos videntes *vêdicos*".

COMENTÁRIO: *Arundhati* é Vênus, a estrela matutina. *Vasista* podem ser as sete estrelas da Ursa Maior. Também é o nome de um dos sete *rishis* ou sábios da tradição *vêdica*. Nesse verso, um filho como esse (o do *brâhamane*) é motivo de grande orgulho por parte de todos, em especial do seu pai. Isso é expresso pelas palavras: "Superaste teu pai, haverás de superar o teu avô, etc".

QUINTO *BRÂHAMANA*
LINHA GENEALÓGICA DOS MESTRES
(A LINHA DE PROFESSORES)

VERSO 1: "O filho de *Pautimâshi* recebeu o conhecimento do filho de *Kâtyâyani*. O filho de *Kâtyâyani*, do filho de *Gautami* (...) O filho de Kapi (...)".

VERSO 2: "Do filho de *Âtrey*. O filho de *Âtrey*, do filho de *Gautami* (...) *Âsurâyana*, de *Â*suri. *Â*suri (...)".

VERSO 3: "De *Yâjnavalkya*. *Yâjnavalkya*, de *Uddâlaka*. *Uddâlaka*, de (...) Estes *Yajuses* brancos (as fórmulas não viciadas pelos defeitos humanos) são explicadas por *Yâjnavalkya*, pertencente à escola *Vâjasaneyî*".

VERSO 4: "A linhagem de mestres é a mesma dada acima, para o filho de *Sânjivi*. O filho de *Sânjivi* recebeu o conhecimento de *Mândukâyani*. *Mândukâyani*, de (...) *Prajapâti* recebeu esse conhecimento da sua relação com *Brahmân* (os *Vêdas*). *Brahmân* é autoexistente. Saudação a *Brahman*!".

COMENTÁRIO: A relação de mestres é muito longa. De nada valeria colocá-la aqui, de modo completo. Cada nome é relacionado após o nome das respectivas mães porque as esposas possuem papel mais importante nas cerimônias descritas. No verso 3 foi dado (não aparece aqui) que o Sol, é o mesmo que *Prajapâti*. Segundo *Nikilananda* (p. 382), os *Vêdas* se originaram da linhagem de mestres iniciada por *Prajapâti*. *Yajuses* brancos do verso 3 se referem aos versos do *Yajur-Vêda* branco, considerados puros. Tudo termina em *Brahmân,* o Absoluto, puro, sem princípio nem fim, eterno, cuja origem está em Si mesmo.

* * *

"*Om*. Aquilo é pleno; este é pleno. Esta plenitude tem sido projetada daquela plenitude.

Quando essa plenitude emerge naquela plenitude, tudo o que permanece é plenitude.

"*Om*. Paz! Paz! Paz!

Bibliografia

DONINGER, W; SMITH, B. K. *The Laws of Manu*. London: Peguin Books, p. 115, 1991.

MÜLLER, Max. *The Upanishads*. New York: Dover Publication, Inc, p. 116, sd.

TAIMNE, I. K.. *A Ciência do Yoga*. Brasília: Ed. Teosófica, p. 19 a 22, 1996.

TINOCO, Carlos Alberto. *As Upanishads*. São Paulo: Ibrasa, 1996.

MAHASHI, Ramana. *Be as You Are. The teaching of Sri Ramana Mahashi*. New York, Arkansas: Peguin, p. 192, 1975.

MARTÍN, Consuelo. *Brahma-Sutra, con los Comentários de Advaita de Shankara*. Madrid: Editorial Trotta, p. 222 a 224, 2000.

PRABHUPADA, A. C. Bhaktivedanta Swami. *Bhagavad-Gita como Ele é*. São Paulo, 1993.

SHANKÃRA. *Viveka-Chûdâmani*. Brasília: Ed. Teosófica, p. 168 e 169, 1992.

Leitura Recomendada

DEUSES E DEUSAS HINDUS

Sua hierarquia e outros assuntos sagrados

B.K. Chaturvedi & Suresh Narain Mathur

Esse livro procura detalhar as características mitológicas dos deuses e deusas hindus, bem como as particularidades do Hinduísmo, como as crenças, os sanskars, os santos venerados, etc. Trata também de ciclos cósmicos, eventos mitológicos, calendário hindu e outros assuntos que enriquecem a leitura.

Deuses e Deusas Hindus apresenta as informações popularmente disponíveis em um estilo direto e uma linguagem bastante simples, para facilitar sua leitura e compreensão.

FESTIVAIS E JEJUNS HINDUS
Suresh Narain Mathur

Jejuns e festivais têm um papel muito importante na vida dos hindus. Embora a maior parte deles possa ser chamada, direta ou indiretamente, de religiosos, nenhum deles é obrigatório. A pessoa é livre para assistir a eles e comemorá-los de acordo com sua conveniência, sem provocar a ira de ninguém. Ainda assim, a maioria dos hindus observa e celebra esses eventos com muito entusiasmo e interesse. Esse livro fornece um resumo dos jejuns e festivais populares associados a diversas partes do vasto território hindu, incluindo informações básicas, sua importância e rituais a eles relacionados, assim como as lendas que os levaram a fazer parte do almanaque hindu.

SIVA SAMHITĀ

Ensinamentos de Shiva sobre Hathā Yoga

Siva Samhitā

Siva Samhitā é um texto poético atribuído à divindade Shiva, escrito provavelmente no século XVIII. Samhitā é uma palavra sânscrita e significa "coleção de ensinamentos", ou seja, Siva Samhitā é a coleção de ensinamentos de Shiva. A obra contém 645 versos sobre Hathā Yoga. Esses versos, compostos na métrica chamada trishtubh, estão divididos em cinco capítulos.

www.madras.com.br

Leitura Recomendada

As Upanishads do Yoga
Textos Sagrados da Antiguidade

Carlos Alberto Tinoco

Em As Upanishads do Yoga — Textos Sagrados da Antiguidade, o leitor cuidadoso que enxergar a obra de modo intuitivo, sem utilizar a lógica como instrumento de interpretação, poderá tirar bons ensinamentos de vida, uma vez que as Upanishads são a chave de acesso ao aspecto mais profundo do ser humano.

Magia Indiana
Atharva-Veda, Fórmulas e Práticas

O Atharva-Veda é o quarto e último dos Vedas. Esta compilação tem em média um terço do material original. Ela é composta por hinos e técnicas de magia, como encantamentos para curar doenças, preces para a vida longa, encantos para mulheres, encantos para obter prosperidade, entre outros. Os quatro Vedas são Rig, Yajur, Sama e Atharva, e também pode-se considerar literatura védica toda aquela que esteja de acordo com o sidhanta védico, que poderia ser resumido na descrição sobre o conhecimento encontrada no Bhagavad Gita: "Aceitar a importância da auto-realização e buscar a Verdade Absoluta".

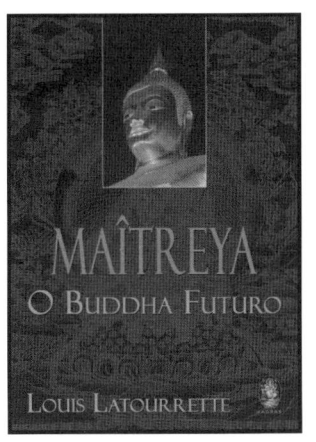

Maîtreya
O Buddha Futuro

Louis Latourrette

Buddha significa "O Iluminado", aquele que alcançou o mais alto grau de conhecimento, e Budismo é um estado de iluminação interior. Buddha renasce todos os dias, mas poucos são despertados para essa iluminação. Não existem dogmas no Budismo, nada de coisas externas, ao contrário, apenas o que vem de dentro importa. Maîtreya é a Luz da manhã, é amor universal e incondicional, é compaixão e ternura pela humanidade. Ele é generosidade. Nas páginas dessa obra, o leitor poderá conhecer um pouco mais a respeito de Maîtreya e de sua filosofia.

www.madras.com.br

Leitura Recomendada

Kundalini Ioga
M.P.Pandit

A ciência da Ioga inclui muitas disciplinas de poder e realização, sendo a Kundalini Ioga, talvez, a mais famosa de todas elas. A busca pelo despertar interior e pelo descobrimento dos poderes ocultos tem conduzido o homem até o limiar da última fronteira: ele mesmo. Por ser profunda, precisamos encontrar a chave secreta para abrir a porta há tanto tempo mantida longe da nossa visão. A Kundalini Ioga mostra que, por meio de várias disciplinas psicofísicas, podemos começar a conhecer as verdades interiores de nosso ser e de nossa vida. Dessa forma, é possível alcançar a realização e a unidade.

Yoga
Dominando os Princípios Básicos
Sandra Anderson e Rolf Sovik, Psy. D.

Yoga – Dominando os Princípios Básicos é único em sua integração de todos os elementos da prática da Yoga que, quando combinados, tornarão sua vida mais feliz, saudável e produtiva. Também estão inclusas duas sequências de posturas ilustradas de 60 minutos cada: a primeira desenvolve a força e a flexibilidade em uma rotina direcionada tanto a iniciantes quando a praticantes mais experientes; a segunda dá continuidade a esses fundamentos para aqueles que desejam aprofundar sua prática.

Yoga-Pilates
Uma Combinação única de duas disciplinas, com mais de 70 posturas mostradas por meio de 300 fotos, passo a passo, fáceis de serem seguidas

Jonathan Monks

Nesse empolgante livro, Jonathan Monks funde as ideias essenciais de duas disciplinas: o alongamento e equilíbrio da Yoga e o controle muscular exigido pela técnica de Pilates. Este novo estilo de prática começa com o fortalecimento do centro de gravidade do corpo, o centro de força que mantém toda a estrutura em equilíbrio. As únicas ferramentas necessárias são você e a boa vontade de ouvir seu corpo e reaprender o que ele pode fazer.

www.madras.com.br

MADRAS Editora — CADASTRO/MALA DIRETA

Envie este cadastro preenchido e passará a receber informações dos nossos lançamentos, nas áreas que determinar.

Nome _____

RG _____ CPF _____

Endereço Residencial _____

Bairro _____ Cidade _____ Estado ____

CEP _____ Fone _____

E-mail _____

Sexo ❏ Fem. ❏ Masc.   Nascimento _____

Profissão _____ Escolaridade (Nível/Curso) _____

Você compra livros:

❏ livrarias   ❏ feiras   ❏ telefone   ❏ Sedex livro (reembolso postal mais rápido)
❏ outros: _____

Quais os tipos de literatura que você lê:

❏ Jurídicos   ❏ Pedagogia   ❏ Business   ❏ Romances/espíritas
❏ Esoterismo   ❏ Psicologia   ❏ Saúde   ❏ Espíritas/doutrinas
❏ Bruxaria   ❏ Autoajuda   ❏ Maçonaria   ❏ Outros:

Qual a sua opinião a respeito desta obra? _____
_____

Indique amigos que gostariam de receber MALA DIRETA:

Nome _____

Endereço Residencial _____

Bairro _____ Cidade _____ CEP _____

Nome do livro adquirido: A Grande Upanishad da Floresta

Para receber catálogos, lista de preços e outras informações, escreva para:

MADRAS EDITORA LTDA.
Rua Paulo Gonçalves, 88 – Santana – 02403-020 – São Paulo/SP
Caixa Postal 12183 – CEP 02013-970 – SP
Tel.: (11) 2281-5555 – Fax.:(11) 2959-3090
www.madras.com.br

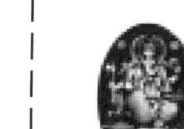

Este livro foi composto em Times New Roman, corpo 11,5/13.
Papel Offset 75g
Impressão e Acabamento
Única Gráfica e Editora — Rua Passos, 132
— Belenzinho/São Paulo/SP
CEP 03058-010 — Tel.: (011) 3277-1660